"十四五"职业教育国家规划教材

全国船舶工业职业教育教学指导委员会推荐教材

船 舶 焊 接

（第 2 版）

主　编　奚　泉　吴志亚

副主编　李　伟

主　审　陈玉华

哈尔滨工程大学出版社

Harbin Engineering University Press

内 容 简 介

本书以焊接技能培养为核心,结合高职船舶专业人才培养方案的基本要求,以"船舶焊接基础技能—专业技能—焊接检验技能—先进焊接技能"等主要能力的培养为主线进行项目化教学,共安排了船舶焊接基础、焊条电弧焊、CO_2 气体保护焊、埋弧焊、氩弧焊、船舶结构焊接、船舶焊接检验、焊接机器人八个模块。

本书适用于高职高专船舶工程技术专业、焊接技术及自动化专业教学,也适合用作技工学校相关专业教材及企业培训用书。

图书在版编目(CIP)数据

船舶焊接 / 奚泉,吴志亚主编. — 2 版. — 哈尔滨:
哈尔滨工程大学出版社,2022.4(2024.5 重印)
ISBN 978-7-5661-3496-7

Ⅰ. ①船… Ⅱ. ①奚… ②吴… Ⅲ. ①造船-焊接工艺-教材 Ⅳ. ①U671.83

中国版本图书馆 CIP 数据核字(2022)第 070713 号

选题策划 史大伟
责任编辑 雷 霞 张志雯
封面设计 李海波

出版发行 哈尔滨工程大学出版社
社　　址 哈尔滨市南岗区南通大街 145 号
邮政编码 150001
发行电话 0451-82519328
传　　真 0451-82519699
经　　销 新华书店
印　　刷 哈尔滨午阳印刷有限公司
开　　本 787 mm×1 092 mm　1/16
印　　张 15.75
字　　数 421 千字
版　　次 2022 年 4 月第 2 版　2023 年 7 月修订版
印　　次 2024 年 5 月第 3 次印刷
定　　价 45.00 元
http://www.hrbeupress.com
E-mail:heupress@ hrbeu.edu.cn

修 订 说 明

目前,二十大报告非常明确地把大国工匠和高技能人才作为人才强国战略的重要组成部分,坚持系统观念,推动职业教育的高质量发展。为了进一步满足现阶段职业院校深化教学改革对教材建设的需求,编者对本教材进行了全面修订。

本书于 2020 年被评为"十三五"职业教育国家规划教材。编者依据高职高专船舶专业人才培养方案的基本要求,以焊接技能培养为核心,邀请行业、企业、院校优秀专家及教师全程参与教材编写,广泛听取了有关学校师生的意见,继续保持第一版教材的特色,除了在义字、插图等方面进行修订,尤其在突出课程思政、安全教育及工程应用、焊接技能上做了进一步修改。

具体的修订工作主要有以下几个方面:

1. 进行教材内容结构的升级。基于工作流程开发项目化教材,融入思政元素,突出工匠精神,加强安全教育。

2. 突出高技能人才培养目标。吸收行业、企业人员参与教材编写,加强船舶焊接特色,增加了新技术、新工艺、新方法,加强焊接技能的培养。

3. 教材表现形式创新。开发立体化数字教材资源,对视频、课件、习题、插图等资源分别进行补充修订,使之与相应知识点联系更加紧密,方便读者学习。

4. 适应职业发展的新形势。加强专业术语的规范性,采用最新的国家及行业标准。

鉴于编者水平有限,书中难免有不妥之处,恳请同行和广大读者批评指正。

编 者

2022 年 11 月

前　言

为了更好地满足企业对焊接高技能人才的需求,全面提升教学质量,《船舶焊接》教材编写组充分调研企业生产实际,结合教学实际情况,精心编写了本书。

本书以焊接技能培养为核心,结合高职船舶专业人才培养方案的基本要求,以"船舶焊接基础技能—专业技能—焊接检验技能—先进焊接技能"等主要能力的培养为主线进行项目化教学,共安排了船舶焊接基础、焊条电弧焊、CO_2 气体保护焊、埋弧焊、氩弧焊、船舶结构焊接、船舶焊接检验、焊接机器人等八个模块。本书具有以下特色:

(1)在内容结构上充分体现课程的实用性。引入企业生产案例,突出了船舶结构焊接内容,从而更好地体现了船舶焊接特色。

(2)注重技能培养。在每个项目中都安排有针对性的技能训练任务,有利于学生将理论与实际应用结合起来,突出实践技能的培养。

(3)反映新技术的发展。引入焊接机器人、焊接检验等新方法、新技术,拓宽学生的视野,培养学生的学习兴趣。

(4)每个项目都有配套的习题、课件、动画等学习资源。此外还针对焊接技能的教学专门录制了视频教学部分,方便读者学习。

本书由奚泉、吴志亚担任主编,李伟担任副主编。九江职业技术学院奚泉编写模块三、模块六;江苏省无锡交通高等职业技术学校吴志亚编写模块一、模块七;九江职业技术学院李伟编写模块二和模块四项目4.1;九江职业技术学院吴鸿燕、张施楠共同编写模块五;江苏海事职业技术学院沈雁、南通航运职业技术学院仇潞共同编写模块八;江苏省镇江船厂(集团)有限公司史华恩编写模块四项目4.2。本书由奚泉统稿。

本书由南昌航空大学陈玉华教授担任主审。编写及资源制作过程中,得到了高靖、张庆红、徐剑、刘赣华等老师的大力支持,在此表示感谢!

由于作者水平有限,书中难免有欠妥和错误之处,恳请读者批评指正。

编　者

2019 年 4 月

目　　录

模块一　船舶焊接基础

项目 1.1　船舶焊接基础

学习目标

1. 掌握焊接的基本概念；
2. 熟练掌握船舶焊接的分类；
3. 理解船舶焊接技术在造船中的地位与意义；
4. 了解船舶焊接技术的发展方向。

项目任务

本项目的任务是掌握船舶焊接基础。焊接作为组装工艺之一，已成为现代工业不可分割的组成部分。焊接在造船中的应用，引起了造船工业的革命，促进了造船事业的发展。在现代造船中，焊接是一种很关键的工艺。学生应在掌握焊接的基本概念和分类的基础上，理解船舶焊接技术在造船中的地位和意义，了解船舶焊接技术的发展方向。图1-1-1为"蛟龙"号载人潜水器。

图1-1-1　"蛟龙"号载人潜水器

知识能力

1.1.1　焊接技术的发展

1. 我国古代焊接技术

我国是最早应用焊接技术的国家之一。根据考古发现，远在战国时期的一些金属制品，就已采用了焊接技术。古代的焊接方法主要是铸焊、钎焊和锻焊。中国商朝制造的铁刃铜钺，是铁与铜的铸焊件，其表面铜与铁的熔合线蜿蜒曲折，接合良好。春秋战国时期曾侯乙墓中的建鼓铜座上有许多盘龙,是分段钎焊连接而成的。战国时期制造的刀剑,刀刃为钢,刀背为熟铁,一般是经过加热锻焊而成的。秦始皇陵铜车马是我国古代焊接的杰出成就,如图1-1-2所示。铜车马主体为青铜所铸,被誉为"青铜之冠"。铸焊是铜车马铸造中使用最多的一种方法。钎焊使用在铜车马的两侧窗户上,小型零部件常常用这种焊接技术。据明朝宋应星所著《天工开物》一书记载:中国古代将铜和铁一起入炉加热,经锻打制造刀、斧。古代焊接技术长期停留在铸焊、锻焊和钎焊的水平上,使用的热源都是炉火,温度低、能量不集中,无法用于大截面、长焊缝工件的焊接,只能用以制作装饰品、简单的工具和武器。

图1-1-2 秦始皇陵铜车马

2. 近代焊接技术

近代焊接技术是从1885年出现碳弧焊开始,直到20世纪40年代初期出现了优质电焊条,才使长期以来人们所怀疑的焊接技术得到了一次飞跃。20世纪40年代后期,埋弧焊和电阻焊的应用,使焊接过程的机械化和自动化成为现实。50年代的电渣焊、各种气体保护焊、超声波焊,60年代的等离子弧焊、电子束焊、激光焊等先进焊接方法的不断涌现,使焊接技术达到了一个新的水平。近年来对能量束焊接、太阳能焊接、冷压焊等新的焊接方法也正在研究和使用,尤其是在焊接工艺自动控制方面有了很大的发展,焊接过程中采用工业机器人,使焊接工艺自动化达到了一个崭新的阶段。

1.1.2 船舶焊接概述

1. 焊接简介

焊接是指通过加热或加压,或两者并用,并且视情况采用填充材料,使焊接达到原子间结合的一种方法。被结合的两个物体可以是各种同类或不同类的金属、非金属(石墨、陶瓷、塑料等),也可以是一种金属与一种非金属。

在科学技术飞速发展的今天,焊接已经成功地完成了自身的蜕变,从一种传统的热加工工艺发展为集材料学、工程力学、冶金、结构、自动控制、电子等多门类学科为一体的交叉性学科。而且,随着相关学科技术的发展和进步,不断有新的知识融合在焊接之中。

剖析现代的焊接,有以下几个特征。

(1)焊接已成为最流行的连接技术

在当今社会,没有哪一种连接技术像焊接那样广泛、普通地应用于建筑、汽车、电子、航空航天、船舶等各个领域。

（2）焊接有极高的技术含量和附加值

在人类社会步入 21 世纪的今天，焊接已经进入了一个崭新的发展阶段。当今世界的许多最新科研成果、前沿技术和高新技术，诸如计算机、微电子、数字控制、信息处理、工业机器人、激光技术等，已经被广泛地应用于焊接领域，这使得焊接的技术含量得到了空前的提高，并且在制造过程中创造了极高的附加值。

（3）焊接已成为关键的制造技术

焊接作为组装工艺之一，通常被安排在制造流程的后期或最终阶段，因此对产品质量具有决定性作用。正因为如此，在许多行业中，焊接被视为一种关键的制造技术。

（4）焊接已成为现代工业不可分离的组成部分

在人类发展史上留下辉煌篇章的三峡水利枢纽工程、西气东输工程以及"神舟"号载人飞船，采用的都是焊接结构。以西气东输工程项目为例，全长约 4 300 km 的输气管道，焊接接头的数量达 35 万个以上，整个管道上焊缝的长度至少有 15 000 km。离开焊接，简直无法想象如何完成这样的工程。国家体育场"鸟巢"钢结构工程在焊接施工技术和管理上均代表了中国建筑钢结构先进的焊接技术。整个工程没有一颗螺丝钉和铆钉，100% 全焊钢结构，所有构件作用力全都由焊缝承担，用钢 48 000 t，使用焊接材料超过 2 000 t，钢结构焊缝总长达到 32 km。

毋庸置疑，焊接已经深深地溶入了现代工业经济中，并在其中起到了十分重要甚至不可替代的作用。

2. 焊接在造船中的应用

焊接在造船中的应用，引起了造船工业的革命，促进了造船工业的发展。焊接代替铆接后，不仅出现了全焊接船（1920 年出现了世界上第一艘全焊接船），还使船体的建造方式从散装建造发展到分段建造，大大缩短了造船周期。

在现代造船中，焊接是一项很关键的工艺，它不仅对船体的建造质量有很大的影响，而且对提高生产率、缩短造船周期起着很大的作用。目前，焊接工时在整个船体建造周期中占 40% 左右，焊接成本占船体建造总成本的 40% 左右。因此，研究、改进焊接技术，对提高造船生产率有着重大的意义。20 世纪 70 年代以来，随着船体建造量的增加，世界各造船生产厂都陆续地进行了现代化的改进，分别建立了平面分段流水生产线，实现了平面分段装配焊接的机械化、自动化，形成了由数十种焊接工艺方法组成的以节能、高效为特征的造船焊接技术体系，大大加快了造船速度。

近年来，我国的造船工业有了很大的发展，船舶焊接新技术、新工艺不断涌现。远控防触交流弧焊机、硅整流焊机、CO_2 气体保护焊机、逆变式焊机、气电垂直式焊机等设备和以不同材质为衬垫的单面焊双面成形焊等工艺，在我国很多船厂得到了应用。

3. 船舶焊接技术发展历史

焊接技术应用于造船已有 90 多年的历史，在这段时间内，焊接技术的发展可分为 4 个时期。头 30 年为全手工焊接时期；20 世纪 50 年代初至 60 年代中期为第二时期，主要发展了埋弧焊、半自动焊、电渣焊、气体保护焊及大直径平角焊条等新技术、新材料；20 世纪 60 年代中期到 20 世纪 70 年代末为第三时期，主要发展和应用了单面焊双面成形焊、重力焊、自动角焊、垂直自动焊和横向自动焊等新技术；20 世纪 70 年代末到现在为第四时期，主要发展高效焊接技术,这一时期船舶焊接技术发展最快,在造船生产中应用的高效焊接技术方法达40多种,船舶焊接高效化的比例从1990年的50%提高到现在的81%。

船舶焊接作为一种传统的船舶制造工艺技术,在进入21世纪后遇到了新的机遇和挑战。先进制造技术的蓬勃发展,对船舶焊接技术提出了越来越高的要求,使船舶焊接技术在广度和深度方面均发生了质的飞跃。就船舶焊接技术而言:一方面,在21世纪前期仍将在目前传统船舶焊接技术的范围内继续提高与改进;另一方面,新钢材、新焊材、新焊接工艺、新焊接设备等的出现,可能对船舶焊接技术产生重大影响。

目前国外船舶焊接技术的发展主要表现为:船舶焊接机械化、自动化水平不断提高;具有高参数、高寿命、大型化等特征的船舶焊接制品不断出现;结构设计革新迅速;新工艺、新方法不断出现,投入生产实际应用的周期大为缩短;高效、优质的船舶焊接材料及焊接设备的系列化均攀上新台阶;标准体系日趋完整、科学。

4. 船舶焊接技术发展趋势

以提高整体技术水平,保证质量,降低生产成本为目标,船舶焊接技术的发展趋势主要表现在以下几方面。

(1)进一步提高机械化、自动化程度。在保持和扩大埋弧焊、CO_2气体保护半自动焊、CO_2气体保护自动角焊、垂直气电焊等高效焊接技术应用的基础上,研究应用CO_2气体保护自动立角焊、气体保护横向自动焊、埋弧角焊、等离子焊、激光焊等高效率和高能束焊接技术,进一步提高焊接效率。如今在造船工厂中自动化、机械化焊接方法已占主导地位。我国船舶行业的焊接自动化和半自动化率达到65%以上,国外已达90%以上。

(2)加大焊接设备的更新力度,实现焊接设备节能化、高效化。从船舶工业1983年提出"自然淘汰旋转式焊机"到现在已有30多年的时间,然而不少造船厂仍在继续使用旋转式焊机,在已进入21世纪的今天,已到了"全面淘汰旋转式焊机"的时候。同时,还应逐步淘汰一般整流式焊机和交流焊机,大力推广应用逆变式焊机,争取用3~5年的时间,使逆变式焊机成为船舶焊接的主要设备。

(3)研究开发新技术,适应新船型开发的需要。在今后一个时期,船舶行业将重点开发海洋工程设备、疏浚工程船舶、液化气运输船和高速客船等高技术、高附加值产品,应结合这些产品的特点研究开发相应的焊接技术,为新产品开发和产品结构调整提供技术支持。我国的一些骨干船厂都十分重视开展铝合金、高镍合金、低合金高强钢、超低碳不锈钢、不锈复合钢等新材料的焊接工艺研究。

(4)研究探索焊接机械手和焊接机器人的应用问题,为将来实现更高层次的集成制造模式和智能制造模式做技术储备。必须指出,船厂现代化改造的经验证明,只依靠发展单项技术,而不组成完整系统的生产流水线,并不能进一步提高生产率和缩短造船周期。此外,在目前的情况下,船体建造时有许多地方仍离不开手工焊,所以,提高手工焊效率仍然有相当重要的意义。船舶焊接机器人的研制与应用已在船舶型材装焊流水线、管子装焊流水线上应用,目前正进一步开发智能型焊接机器人,应用在船舶的特种工况下,以获得较高的焊接质量,改善焊工作业条件,提高生产率。

1.1.3 船舶焊接的特点及船舶焊接方法的分类

1. 船舶焊接的特点

由于船舶结构的复杂性,船舶焊接不同于普通的金属焊接,具有其特殊性。一般来讲,船舶焊接具有以下特点。

（1）船舶焊接材料的使用需要严格遵循使用范围。例如：对于普通的船体钢结构，要用酸性焊条焊接；而对于船体环型对接焊缝、各种型材和骨材对接焊缝、机座及其连接构件、艏艉柱及各种管材和开孔结构等，则要采用低氢型焊条即碱性焊条焊接。

（2）船舶焊接过程需要遵守相应的规则。例如：整体建造部分和箱体分段等应从结构的中央向左右和前后逐个对称地进行焊接；在建造过程中，先焊接对接焊缝，后焊接角焊缝。

（3）船舶焊接方法较多，每种焊接方法都有其相应的使用范围。例如：焊条电弧焊主要用于全船不能实现自动焊的位置；埋弧焊主要用于全船板材的焊接，包括内外底板、舷侧外板、甲板、舱壁板以及上层建筑甲板等；气体保护焊主要用于各种型材和骨材及其与平直板材的焊接。

（4）局部需要加强的地方，其焊接要遵守相应的规定。例如：用肘板连接的肋骨、横梁、扶强材的端部的加强焊，在肘板范围内应双面连续焊。

（5）特殊部位的焊接，需要遵守特殊的规定。例如：间断焊的角焊缝要在施焊的部位点焊，不施焊的部位不能乱点焊。

2. 船舶焊接方法的分类

目前，在工业生产中应用的焊接方法已达百余种。根据它们的焊接过程特点可将其分为熔焊、压焊、钎焊三大类，每大类又可按不同的方法细分为若干小类。船厂常用的焊接方法及应用如图 1-1-3 所示。

（1）熔焊

将待焊处的母材金属熔化以形成焊缝的焊接方法称为熔焊。实现熔焊的关键是要有一个温度足够高、能量集中的局部热源。若温度不够高，则无法使材料熔化；而能量集中程度不够，则会加大热作用区的范围，增加能量损耗。按所使用热源的不同，熔焊可分为：电弧焊（以气体导电时产

电弧焊

生的电弧热为热源，以电极是否熔化为特征分为熔化极电弧焊和非熔化极电弧焊两类）、气焊（以乙炔或其他可燃气体在氧中燃烧的火焰为热源）、铝热焊（以铝热剂的放热反应产生的热为热源）、电渣焊（以熔渣导电时产生的电阻热为热源）、电子束焊（以高速运动的电子流撞击焊件表面所产生的热为热源）、激光焊（以激光束照射到焊件表面而产生的热为热源）等若干种。

在熔焊时，为了避免焊接区的高温金属与空气相互作用而使性能恶化，在焊接区要实施保护。保护的方法通常有造渣、通保护气体和抽真空三种。保护形式常常是区分焊接方法的一个特征。

（2）压焊

焊接过程中必须对焊件施加压力（加热或不加热）以完成焊接的焊接方法称为压焊。为了降低加压时材料的变形抗力，增大材料的塑性，压焊时加压常常伴随加热措施。

点焊

按所施加焊接能量的不同，压焊可分为电阻焊（包括点焊、缝焊、凸焊、对焊）、摩擦焊、超声波焊、扩散焊、冷压焊、爆炸焊等。

气焊——各种管路、有色金属焊接等

手工电弧焊——船体结构各种位置的焊接等

埋弧半自动焊——船体结构的平角焊,舱壁、构架的角焊等

熔焊
- 电弧焊
  - 埋弧焊
    - 双面焊：单丝、多丝、加铁粉、预热焊丝
    - 单面焊：单丝、多丝
      - 铜衬垫
      - 加铁粉铜衬垫(IF法)
      - 焊剂-铜衬垫(FCB法)
      - 石棉-焊剂衬垫(FAB法)
      - 热固化树脂衬垫(RF法)
      - 甲板、舷侧板、平面分段等的直缝或环缝对接焊
    - 带极堆焊
  - 气体保护焊
    - 二氧化碳保护焊
      - 半自动焊——构架角焊、封底焊等
      - 自动焊——大接缝、对接板缝等的焊接
    - 氩弧焊
      - 非熔化极
      - 熔化极
      - 船用铝合金、铜合金及不锈钢构件的焊接和堆焊
    - 等离子焊——各种有色金属、不锈钢、铸铁构件的焊接
- 电渣焊
  - 丝极电渣焊——船用艉柱、舵杆等的焊接
  - 熔嘴电渣焊——龙骨、平钢等的焊接

压焊
- 电阻对焊——船用锚链焊接等
- 缝焊
- 点焊
- 船用风道焊接等

钎焊
- 烙铁钎焊
- 火焰钎焊
- 船用通风管道焊接等

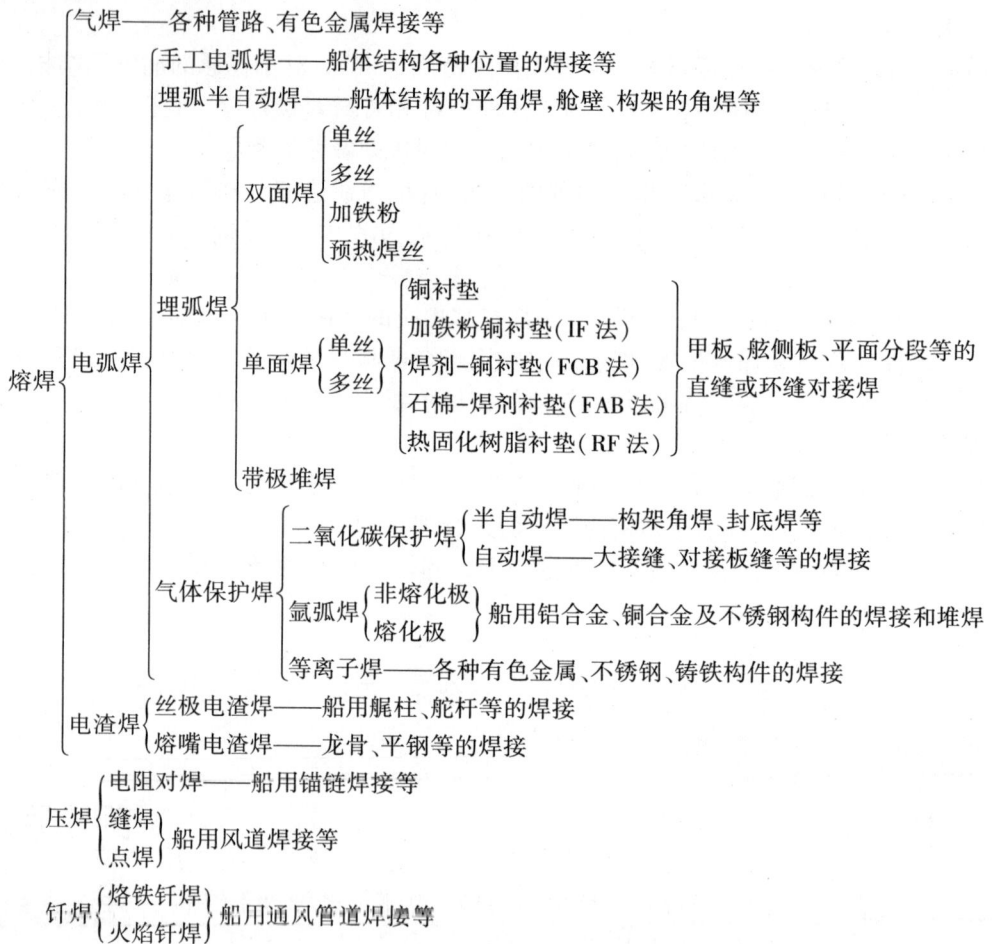

图1-1-3　船厂常用的焊接方法及应用

（3）钎焊

钎焊是采用比母材熔点低的钎料,在低于母材熔点、高于钎料熔点的温度下,借助钎料润湿母材的作用使钎料填满母材的间隙并与母材相互扩散,最后冷却凝固形成牢固接头的焊接方法。常见的钎焊方法有烙铁钎焊、火焰钎焊等。

3.近代船舶焊接方法与设备

随着船舶建造量的增加及船舶吨位的增大,造船业对焊接机械化、自动化的要求愈加迫切。单面焊双面成形自动焊是20世纪70年代发展起来的一项船舶焊接新技术,目前已被广泛应用。实践证明,单面焊双面成形自动焊适应现代造船需要,它去掉了翻身仰焊等工序,有利于组织生产流水线,提高平台的周转率和焊接生产率。

角焊缝占船体焊缝总长度的80%,因此,提高角焊缝焊接的机械化、自动化程度对提高船舶焊接的生产率起着重要的作用。

（1）埋弧焊

船舶自动化焊接方法中,埋弧焊仍占第一位。凡是船体长板对接缝、长角焊缝的焊接场合,埋弧焊都有大量的应用(图1-1-4、图1-1-5)。

图1-1-4 甲板的埋弧焊

图1-1-5 船零件(工字梁)的埋弧焊

近代船舶埋弧焊工艺方法中,还突出了各种高效埋弧焊工艺方法,例如各种双丝窄间隙埋弧焊和多丝(六丝)埋弧焊(图1-1-6、图1-1-7)。

图1-1-6 双丝窄间隙埋弧焊

图1-1-7 多丝(六丝)埋弧焊

(2)熔化极气体保护焊

在造船业中应用最多的熔化极气体保护焊是CO_2气体保护焊。目前CO_2气体保护焊在造船中实现的技术工艺主要有衬垫单面自动平对接焊、自动平角焊、自动对接立焊、自动对接横焊、全位置自动角焊等(图1-1-8、图1-1-9)。

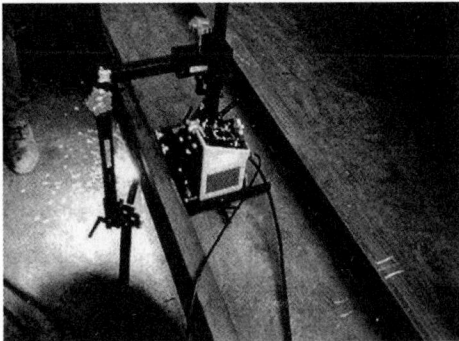

图1-1-8 CO_2气体保护焊自动平角焊

图1-1-9 CO_2气体保护焊自动对接立焊

（3）气电自动立焊

气电自动立焊适合用于船体总段大合拢缝（图1-1-10）的焊接,多个永磁体吸盘将铝合金齿条轨道固定在船体钢板上,其轨道可以接长数十米;焊机的整体机架内具有自动提升机构和自动锁定装置,便于船体立缝焊接时的高空作业,使操作安全可靠,焊接熔池始终处于最佳观察状态。

图1-1-10　船体总段大合拢缝

思考与练习

一、判断题（在题末括号内做记号：√表示对,×表示错）

1. 金属与非金属不能焊接。 （　）
2. 许多工业产品的制造已经无法离开焊接技术。 （　）
3. 船体的建造方式从散装建造发展到分段建造,大大缩短了造船周期。 （　）
4. 目前在工业生产中应用的焊接方法已达几十种。 （　）
5. 以高速运动的电子流撞击焊件表面所产生的热为热源的焊接方法叫激光焊。 （　）
6. 压焊是焊接过程中必须对焊件施加压力（加热或不加热）以完成焊接的焊接方法。 （　）
7. 单面焊双面成形自动焊适应现代造船需要,因此它去掉了翻身仰焊等工序。 （　）
8. 实现熔焊的关键是要有一个温度足够高、能量集中的热源。 （　）
9. 在造船业中应用最多的熔化极气体保护焊是焊条焊。 （　）

二、填空题

1. 焊接代替 _____ 后,不仅出现了 _____ 焊接船,还使船体的建造方式从 _____ 发展到 _____,大大缩短了造船周期。

2. 目前,焊接工时在整个船体建造周期中占 _____ 左右,焊接成本占船体建造总成本的 _____ 左右。

3. 根据焊接过程的特点可将焊接分为 _____、_____、_____ 三大类。

4. 熔焊可分为 _____、_____、_____、_____ 等若干种。

5. 按所施加焊接能量的不同,压焊可分为 _____、_____、_____、_____、_____ 等。

6. 电阻焊分为_____、_____、_____、_____四种方法。

7. 常见的钎焊方法有_____、_____等。

三、选择题

1. 世界上第一艘全焊接船出现在(　　　)。

A. 1920年　　　　　B. 1930年　　　　　C. 1935年　　　　　D. 1940年

2. 在现代造船中,(　　　)是一项很关键的工艺,它不仅对船体的建造质量有很大的影响,而且对提高生产率、缩短造船周期起着很大的作用。

A. 铆接　　　　　B. 焊接　　　　　C. 切割　　　　　D. 气割

3. (　　　)形式常常是区分熔焊方法的另一个特征。

A. 保护形式　　　B. 焊接材料　　　C. 焊丝　　　　　D. 母材

4. 按所使用(　　　)的不同,熔焊可分为电弧焊、气焊、铝热焊、电渣焊、电子束焊、激光焊等若干种。

A. 保护形式　　　B. 热源　　　　　C. 焊接材料　　　D. 电极

5. 熔焊中,保护的方法通常有(　　　)、通保护气体和抽真空三种。

A. CO　　　　　B. CO_2　　　　　C. 造渣　　　　　D. 造气

6. 角焊缝占船体焊缝总长度的(　　　),因此,提高角焊缝接的机械化、自动化程度对提高船舶焊接的生产率起着重要的作用。

A. 40%　　　　　B. 50%　　　　　C. 60%　　　　　D. 80%

四、问答题

1. 什么叫焊接?

2. 现代焊接有什么特征?

3. 船舶焊接技术的发展可以分为哪几个时期?

4. 船舶焊接技术的发展趋势是什么?

模块二 焊条电弧焊

项目 2.1 平敷焊条电弧焊

学习目标

1. 理解焊接电弧的物理基础；
2. 掌握焊接电弧基本构成；
3. 了解焊接电弧的几种特性；
4. 熟悉焊条电弧焊焊接基本操作。

项目任务

本项目的任务是学习平敷焊条电弧焊。要求学生能读懂工程图样，按照要求准备材料，划线，完成平敷焊接，达到技术要求。平敷焊条电弧焊是最基本的焊条电弧焊，要求学生熟练掌握焊条电弧焊的基本操作技能，包括引弧、运条、焊道连接和焊道收尾等。图 2-1-1 为平敷焊条电弧焊操作。

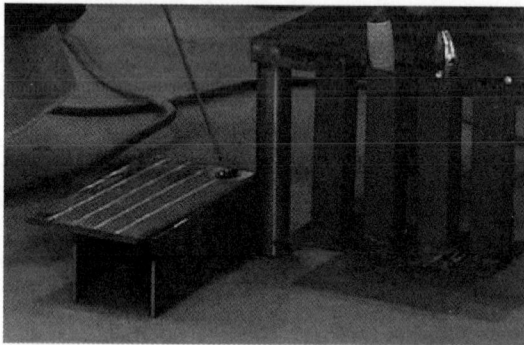

图 2-1-1　平敷焊条电弧焊操作

知识能力

2.1.1 焊条电弧焊相关知识

焊条电弧焊是金属熔化焊中最基本的焊接方法之一，使用的设备简单，操作方便、灵活，适应各种条件下的焊接，特别适合结构形状复杂的焊件、小零件、短焊缝及一些新型焊接材料的焊接。焊条电弧焊回路由焊接电源、焊接电弧、焊接电缆、焊钳、焊条、工件等构成。焊接电源为焊接电弧稳定燃烧提供合适的电弧电压和焊接电流；焊接电弧是负载，是在焊条端部和工件之间建立的稳定燃烧的电弧;焊接电缆用于连接焊接电源、焊钳和工件。

1. 焊条电弧焊的基本原理

焊条电弧焊是手工操纵焊条进行焊接的电弧焊方法,利用焊条与焊件之间建立起来的稳定燃烧的电弧使焊条和焊件熔化,从而获得牢固的接头,其原理如图 2-1-2 所示。焊接时通过电弧的高温和吹力作用使焊件局部熔化,在被焊金属上形成一个椭圆形充满液体金属的凹坑,称为熔池。焊条药皮在电弧热作用下不断地分解、熔化而生成气体及熔渣,保护焊条

焊接成形

端部、电弧、熔池及其附近区域,防止大气对熔化金属的有害污染。焊芯也在电弧热作用下不断地熔化,成为焊缝填充金属。随着焊条的移动,熔池冷却凝固后形成焊缝。

液态熔渣　气体　焊芯　焊条药皮　固态熔渣　工件　焊缝　熔池　金属熔滴

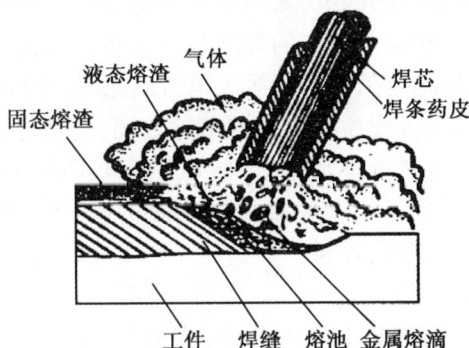

图 2-1-2　焊条电弧焊原理示意图

2. 焊接电弧的产生过程

焊条电弧焊时,一般采用接触引弧,电源接通后,先将焊条与焊件相互接触而形成短路。引弧开始时的电压比电弧正常燃烧时的电压要高,即引弧电压总是高于电弧正常燃烧的电压。

焊条电弧焊时,为了使电弧容易引燃和保持稳定燃烧,焊条药皮中多含有易于电离的成分,如钾、钠、钙及钛等的化合物。

3. 焊条电弧焊的特点

(1) 设备简单、操作灵活

焊条电弧焊之所以能成为应用最广泛的焊接方法,主要是因为它的灵活性。焊条电弧焊设备简单、移动方便、电缆长、焊把轻,因而广泛应用于平焊、立焊、横焊、仰焊等各种空间位置及各种接头形式的焊接。可以说凡是焊条能达到的任何位置的接头,均可采用焊条电弧焊的方法焊接。

(2) 对焊接接头装配精度要求低

焊条电弧焊由于焊接过程由焊工手工控制,可以适时调整电弧位置和运条姿势,修正焊接参数,以保证跟踪接缝和均匀熔透,因此对焊接接头的装配精度要求相对较低。

(3) 可焊金属材料广泛

焊条电弧焊广泛用于低碳钢、低合金结构钢的焊接。选配相应的焊条,焊条电弧焊也常用于不锈钢、耐热钢、低温钢等合金结构钢的焊接,还可用于铸铁、铜合金、镍合金等材料的焊接,以及有耐磨损、耐腐蚀等特殊使用要求的构件的表面层堆焊。

(4)焊接生产率低

焊条电弧焊与其他电弧焊相比,由于其使用的焊接电流小,每焊完一根焊条必须更换焊条,以及有时因需清渣而要停止焊接等,因此熔敷速度慢,焊接生产率低,劳动强度大。

(5)焊缝质量依赖性强

虽然焊接接头的力学性能可以通过选择与母材力学性能相当的焊条来保证,但焊条电弧焊的焊缝质量在很大程度上依赖于焊工操作技能及现场发挥,甚至焊工的精神状态也会影响焊缝的质量。

2.1.2　焊接电弧

自然界中我们看到的天空中的闪电,城市中无轨电车高空电线和引电的辫子线之间产生强烈的火花,都是气体放电现象。通电的焊条和焊件接触短路后拉开所产生的电弧是持续而强烈的气体放电现象,它是电弧焊的能源。电弧放电时产生高温(温度可达8 000 ℃左右),同时也产生强光。焊接电弧发生在电极与工件之间,是带电粒子通过两电极间气体空间而产生的持续放电现象。通过气体放电,能将电能有效而简便地转换为热能、机械能和光能,电弧焊要利用电弧热熔化母材和焊接材料从而实现连接,焊接电弧的形态和稳定特性必然对焊接过程及产品质量造成影响。

1. 焊接电弧的物理基础

金属导电是通过金属内部的自由电子的定向移动实现的,而电弧是一种气体放电现象,是带电粒子通过两电极间气体空间的一种导电过程。一般情况下气体为电中性,具有良好的绝缘性能。所以,实现气体导电必须具备两个条件,即两电极间具有带电粒子和两电极间存在一定的电势场。

焊接电源可以提供带电粒子运动所需的电势差,如能使电极间的电中性气体粒子成为带有电荷的粒子,其就可以在电场作用下运动而形成电流,如图2-1-3所示。此时,两电极间气体空间成为导体,从而实现气体放电,形成电弧。

电弧导电时,电弧气氛中的电子、正离子和负离子均参与导电。这些带电粒子的来源包括中性气体粒子的电离、金属电极发射电子及负离子等,其中中性气体粒子的电离和金属电极发射电子是产生带电粒子的两个基本物理过程,是形成电弧和维持电弧稳定不可缺少的必要条件。

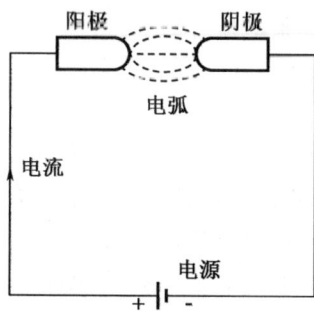

图2-1-3　焊接电弧形成示意图

电弧气氛中可以形成带电粒子,满足电弧导电的物质基础。同时,焊接电源具备一定的空载电压,提供了足够的电势差。在两因素的共同作用下,形成了带电粒子的定向移动,从而形成电流,完成了电弧导电过程。

2. 焊接电弧的组成

焊接电弧的特性直接影响焊接电弧稳定性能,从而对焊接质量产生决定性的影响。对于焊接电弧来说,不同的部位其特性也不相同。当电源形式发生变化时,其特性也随之改变。

焊接电弧沿其长度方向分为三个区域:阴极区、阳极区和弧柱区,如图2-1-4所示。

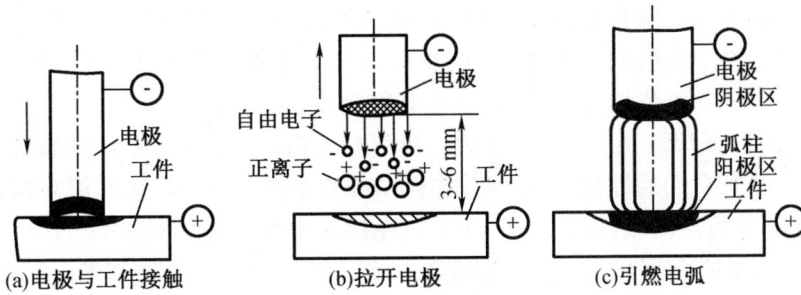

(a)电极与工件接触　　(b)拉开电极　　(c)引燃电弧

图 2-1-4　焊接电弧的组成

阴极区指电弧紧靠负电极(阴极)的区域,是电弧的重要组成部分。它是靠近阴极表面的一段很短的区域,其长度为 $10^{-6} \sim 10^{-5}$ cm,温度达 2 100~3 200 ℃,放出的热量为电弧总热量的 38%左右。在阴极区的阴极表面有一个发射电子的明亮部分,称为阴极斑点,其为电弧放电时阴极表面上集中发射电子的微小区域,其电压称为阴极电压降。在阴极区中,除了存在向弧柱区发射的电子外,还存在从弧柱区进入阴极区的阳离子。阳离子触及阴极表面(阴极斑点)发生中和,停止运动。

阳极区指电弧紧靠正电极(阳极)的区域。阳极区是靠近阳极的很薄一层,但它的长度比阴极区要长些,为 $10^{-3} \sim 10^{-2}$ cm。在阳极区的阳极表面有一个接受电子流的明亮部分,称为阳极斑点,其电压称为阳极电压降。由于阳极不需消耗使电子发射的能量,其表面受高速电子的撞击获得的能量多于阴极,因此在和阴极材料相同的情况下,阳极表面的温度略高于阴极表面的温度,达 2 330~3 930 ℃,放出的热量为电弧总热量的 42%左右。

弧柱区指电弧阴极区和阳极区之间的部分。弧柱区内主要是阳离子和自由电子的混合物,也有一些阴离子和中性微粒。由于不受电极材料沸点的限制,弧柱温度通常高于阴极斑点和阳极斑点的温度,其中心温度达 5 000~8 000 ℃,放出的热量为电弧总热量的 20%左右。由于阴极和阳极的部件很薄,因此弧柱长度几乎等于电弧长度。弧柱电压降的大小与弧长成正比,一般为 20~40 V/cm。焊接电流越大,弧柱中电离程度越大,弧柱温度也越高。弧柱虽然温度很高,但大部分热量都散失于周围空气中,对金属熔化不起主要作用,焊接电弧使金属熔化的热量主要来自焊接阴极区和阳极区。

3. 焊接电弧的特性

(1)焊接电弧的静特性

以一定电弧长度稳定燃烧的电弧,其电弧电压 U_f 与电弧电流 I_f 之间的关系,称为焊接电弧的静态伏安特性,简称焊接电弧的静特性。表示它们关系的曲线 $U_f = f(I_f)$ 称为焊接电弧的静特性曲线,如图 2-1-5 所示。

焊接电弧作为焊接回路中的负载是非线性负载,即电弧电压与电弧电流之间不呈正比例关系。

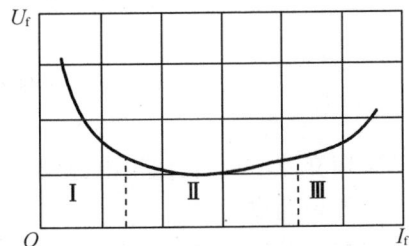

图 2-1-5　焊接电弧的静特性曲线

当电弧电流从小到大在很大范围内变化时,焊接电弧的静特性曲线近似呈 U 形,故焊接电弧的静特性也称 U 形特性。

焊接电弧的静特性曲线可看成由三段(Ⅰ、Ⅱ、Ⅲ)组成。在小电流的Ⅰ段,电弧电压随电流的增大而下降,是下降特性段;在正常焊接的Ⅱ段,呈等压特性,即电弧电压不随电流而显著变化,而取决于电弧的长度,电弧的长度愈长则电弧电压愈大,是平特性段;在大电流的Ⅲ段,电弧电压随电流增大而上升,是上升特性段。

对于不同的电弧焊方法,由于采用的电极材料、气体介质以及电弧燃烧条件和焊接电流的使用范围不同,它们的焊接电弧的静特性曲线也有所不同,而且其正常使用范围并不包括焊接电弧的静特性曲线的所有段,仅工作在焊接电弧的静特性曲线的某一段,焊接电弧的静特性曲线的下降特性段由于电弧燃烧不稳定而很少采用。如焊条电弧焊、粗丝 CO_2 气体保护焊和埋弧焊,通常工作在焊接电弧的静特性曲线的平特性段;细丝 CO_2 气体保护焊、等离子焊,其一般工作区位于焊接电弧的静特性曲线的上升特性段。

（2）焊接电弧的稳定性

焊接电弧的稳定性就是电弧不产生断弧、飘移、偏吹而保持稳定燃烧的程度,电弧燃烧稳定与否对焊接的质量影响很大,进而影响产品质量。影响焊接电弧稳定性的因素如下。

①焊接电源的种类和极性

焊接电源的种类和极性都会影响焊接电弧的稳定性。直流电的电弧要比交流电的电弧稳定;空载电压较高的焊接电源其电弧燃烧比空载电压较低的稳定;有良好动特性的焊机容易保证电弧稳定燃烧。

采用直流电源时,如果工件同电源正极相连,则称为直流正接,又称正极性,如图 2-1-6(a)所示。此时,工件端处于电弧的阳极区,焊条处于电弧的阴极区,在阳极区与阴极区之间则为弧柱区。同样采用直流电源,如果工件同电源负极相连,则称为直流反接,又称反极性,如图 2-1-6(b)所示。此时,工件端处于电弧的阴极区,焊条处于电弧的阳极区。用碱性焊条时,必须采用直流反接才能使电弧燃烧稳定。实际生产中一般都采用直流反接,这样可以减少焊缝出现气孔和飞溅,噪声小,电弧燃烧稳定。

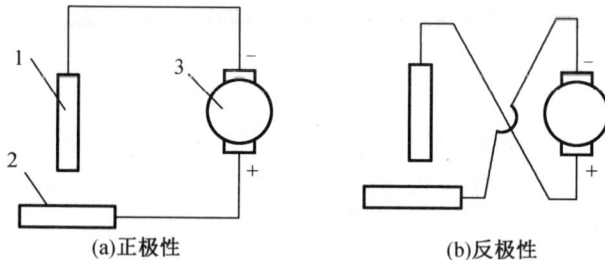

1—焊条;2—焊件;3—直流弧焊机。

图 2-1-6 焊接电源的极性

采用交流电源时,由于电源极性按一定频率变化,电弧阴极区和阳极区发生同步变化。

②焊条药皮

当焊条药皮中含有过多氟化物时,由于氟在气体电离过程中容易获得电子而形成阴离子,会使电子大量减少,并且它与阳离子结合后会成为中性微粒,因此会降低电弧的稳定性。一般说来,厚药皮的优质焊条要比薄药皮焊条更能获得稳定燃烧的电弧。当药皮局部剥落或采用裸焊条焊接时,电弧是很难稳定燃烧的。

③焊接处清洁状况

焊接处如有油漆、油脂、水分和锈层等,也会严重影响电弧的稳定燃烧。因此,焊前做好焊件表面清洁工作十分重要。

④气流

在露天进行焊接时,气流会影响电弧的稳定性,特别是在大风中或狭小长缝处进行焊接时,由于空气的流速快,会造成严重电弧偏吹而无法进行焊接。一般规定气体保护焊时环境风速应小于 2 m/s,其他方法焊接时环境风速应小于 8 m/s。

⑤电弧偏吹

在自身磁场作用下电弧具有一定的挺直性,会使电弧尽量自然保持在焊条的轴线方向。即使焊条与工件有一定倾角,电弧仍能指向其轴线方向而不是垂直工件表面,确保焊接过程顺利进行。但实际生产中由于多种因素影响,会出现电弧因周围磁力线均匀分布的状况被破坏,或在风的作用下偏离焊条轴线,此现象称为偏吹。因磁力线不均匀分布而出现的偏吹现象称为磁偏吹,电弧磁偏吹形成示意图如图 2-1-7 所示。

焊接电弧的偏吹现象使电弧轴线很难对准焊缝中心,导致焊接操作困难,最终使焊缝成形不规则。此外,电弧偏吹还会减弱其对熔池金属的保护作用,进而影响焊缝内部质量。严重的偏吹还将导致电弧熄灭,使焊接过程无法进行。导致磁偏吹现象的根本原因是电弧周围磁场分布不均匀使电弧两侧电磁力不同。

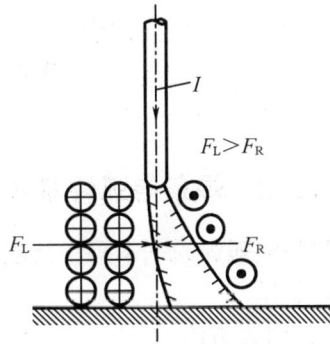

图 2-1-7　电弧磁偏吹形成示意图

在生产中引起磁力线不能均匀分布的因素,主要包括以下几个方面。

①导线接线位置不当

焊接时如导线接在工件一侧,则电弧该侧的磁力线由两部分叠加而成,即由电流通过电弧及电流通过工件产生,而电弧另一侧的磁力线则仅由电流通过电弧本身产生。显然电弧两侧受力不平衡,使电弧偏向无导线一侧,如图 2-1-8 所示。

②电弧附近存在铁磁物体

在电弧附近放置铁磁物体时,因铁磁物体磁导率大,大多磁力线通过铁磁物体形成回路,使铁磁物体一侧磁力线变稀,造成电弧两侧磁力线分布不均匀而产生磁偏吹,电弧会向铁磁物体一侧偏移,如图 2-1-9 所示。

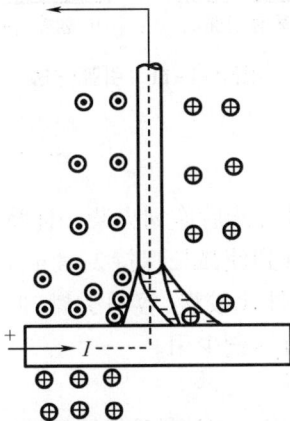

图 2-1-8　导线接线位置不当引起的磁偏吹

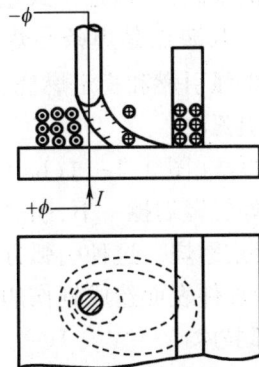

图 2-1-9　电弧附近存在铁磁物体引起的磁偏吹

实际生产中为减弱电弧偏吹的影响可优先选用交流电源。采用直流电源工作时,应在工件两端对称接线,尽量避免使电弧周围存在铁磁性物质。接地线部位对磁偏吹的影响如图 2-1-10 所示。操作时,使用短弧和小电流施焊,将焊条向电弧偏吹方向倾斜,采用分段退焊法等,也是控制偏吹影响的有效措施。

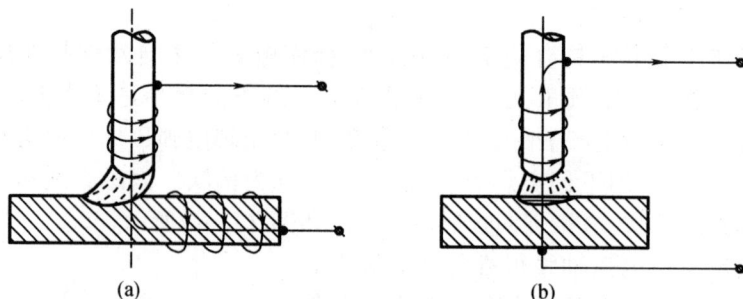

(a)　　　　　　　　　　(b)

图 2-1-10　接地线部位对磁偏吹的影响

2.1.3　焊条电弧焊基本操作技能

焊条电弧焊的基本操作技能包括引弧、运条、焊道连接和焊道收尾。

1. 引弧

(1)引弧方法

采用焊条电弧焊时,引燃焊接电弧的过程叫作引弧。焊条电弧焊常采用接触引弧,即把焊条与焊件轻轻接触形成短路,再拉开焊条引燃电弧。常用的引弧方法有下面两种。

①垂直引弧法(敲击法)

垂直引弧法(图 2-1-11(a))是让焊条末端垂直地接触焊件表面,然后迅速将焊条提起,电弧引燃后,令焊条末端与焊件保持一定距离,使电弧稳定燃烧。这种引弧方法的优点是不会在焊件表面造成划伤缺陷,且不受焊件表面的大小及焊件形状的限制,所以是正式生产时采用的主要引弧方法。其缺点是焊条与焊件往往要碰击几次才能使电弧引燃和稳定燃烧,操作不易掌握。

(a) 垂直引弧法　　(b) 划擦引弧法

图 2-1-11　引弧方法

②划擦引弧法

划擦引弧法(图 2-1-11(b))是先将焊条末端对准焊件,然后像划火柴一样将焊条向焊件表面接缝处轻轻划擦一下,引燃电弧,再迅速将焊条提到使弧长保持 2~4 mm 高度的位置,并使之稳定燃烧。这种引弧方法的优点是焊条离开焊件比较慢,容易引燃,但容易损伤焊件表面,在焊件表面造成划伤的痕迹,在焊接正式产品时尽量少用。

(2)引弧技术

由于工件引弧部位温度低,焊条药皮没有充分发挥作用,容易使引弧处焊缝产生气孔,因此通常在焊缝起点后 10 mm 处引弧。引燃电弧后应迅速将电弧移至焊缝起点处进行预

焊条电弧焊电焊机

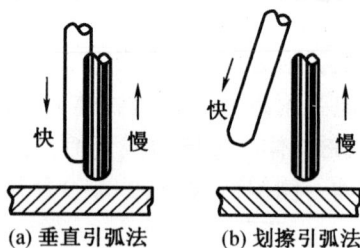

热,预热后压低电弧。为保证焊缝起点处焊透,焊条可做适当的横向摆动,并在坡口根部两侧稍加停留,以形成一定大小的熔池。

引弧时若焊条和工件粘连,应迅速左右摆动焊条,使焊条与工件分离,如果焊条仍不能脱离工件,应立即松开焊钳并切断电源,避免短路时间过长而损坏焊机。

2.运条

电弧引燃后,即可进行焊接,为了保持电弧燃烧稳定和获得良好的焊缝成形,焊条要做三个方向的运动,即三个基本动作:向熔池送进、沿焊接方向前进和横向摆动。运条的动作如图2-1-12所示。运条是整个焊接过程中最重要的环节,它直接影响焊缝的成形,其是衡量焊工操作技术水平的重要标志之一。

(1)焊条向熔池送进,维持所需电弧长度

随着焊条连续被电弧熔化,弧长拉长。为了维持电弧长度,焊条送进速度应与焊条的熔化速度相适应。焊条送进速度太慢,则电弧长度增大,会产生断弧现象;焊条送进速度太快,则电弧长度减小,会发生焊条和熔池接触,产生短路现象,同样导致电弧熄灭。实际操作时,焊工是通过观察电弧长度来操作焊条的送进速度的。

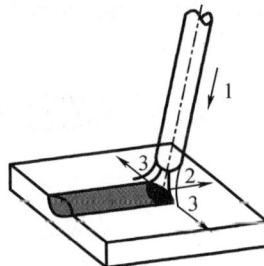

图2-1-12　运条的动作

(2)焊条沿焊接方向前进,形成线状焊缝

焊条沿焊接方向前进的快慢就是焊接速度,它对焊缝质量有很大的影响。随着焊条的不断熔化,逐渐形成一条焊道(焊缝)。焊接速度太快,电弧热量来不及熔化足够的基本金属,会造成焊缝断面太小及未焊透或未熔合缺陷;焊接速度太慢,会形成大断面的焊缝,同时金属会过热造成焊件烧穿。焊条移动时,应与前进方向成70°～80°的夹角,将熔化金属和熔渣推向电弧后方,如果熔渣流向电弧的前方,则会造成夹渣等缺陷。

(3)焊条横向摆动,获得一定宽度的焊缝

有时为了增加焊缝的宽度,保证焊缝正确成形,焊条可做横向摆动。焊条的横向摆动可延缓熔池金属的冷却结晶时间,有利于熔渣和气体的浮出。横向摆动的幅度根据焊缝的宽度要求和焊条直径而定。焊条横向摆动要力求均匀,如此才能得到整齐的焊缝。

运条的方式如图2-1-13所示。在焊接时,除应保持正确的焊条角度外,还应根据接缝位置、接头形式、焊件厚度等灵活应用运条的三个动作,分清熔渣与熔化金属,控制熔池的开头与大小,才有可能焊出合格的焊缝。

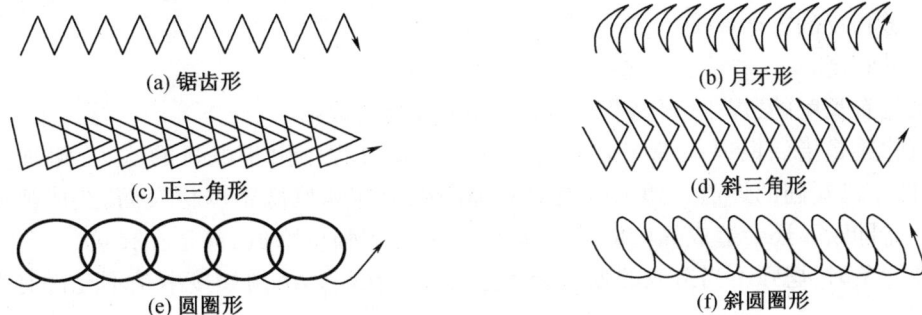

(a) 锯齿形　　　　　　　　　　(b) 月牙形

(c) 正三角形　　　　　　　　　(d) 斜三角形

(e) 圆圈形　　　　　　　　　　(f) 斜圆圈形

图2-1-13　运条的方式

此外，焊接大间隙接缝和立焊时，为了不使熔池过热导致烧穿或焊缝成形不良，要让焊条(电弧)暂时离开熔池，使熔池温度下降，然后令电弧回到熔池稍前方，继续对熔池加热，熔化金属。

3. 焊道连接

受焊条长度的限制，一根焊条不能焊完整条焊缝，焊接长焊缝时需要逐段地将焊道连接起来。此外，由于焊接顺序的需要，后焊焊道的端头或弧坑要去连接先焊焊道。为了保证焊缝的连续性，要求每根焊条所焊的焊道相连接，此连接处称为焊道的接头。一条焊缝常常要用几根或十几根焊条完成，这样，焊缝就由数段或十余段焊道连接而成，为了保证焊缝外观质量，必须注意焊道之间的连接。焊道的连接形式有四种，如图2-1-14所示。无论采用哪一形式，都需要保持焊缝高低、宽窄一致。

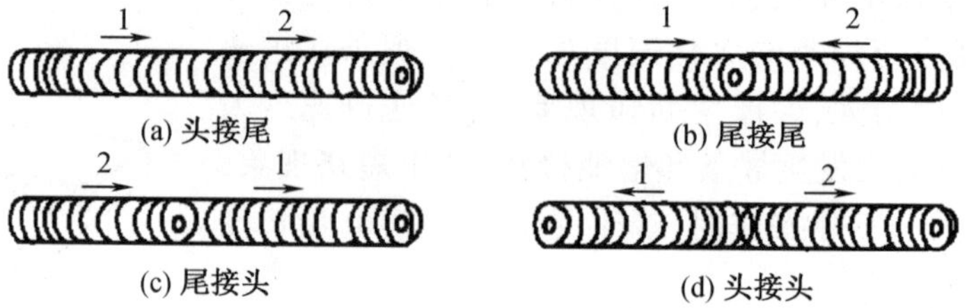

图 2-1-14　焊道的连接形式

①头接尾

在先焊焊道结尾处前面约10 mm处引弧，弧长比正常焊接时稍长些，然后将电弧移到原弧坑的2/3处，填满弧坑后，即可开始正常焊接。电弧后移太多，可能造成接头过高；电弧后移太少，将造成接头脱节，弧坑填不满。

②尾接尾

后焊焊道从接头的另一端引弧，焊到先焊焊道的结尾处，焊接速度略慢些，以填满焊道的焊坑，然后以较快的焊接速度再略向前，熄弧。

③尾接头

后焊焊道的结尾处与先焊焊道的起头处相连接，再利用结尾时的高温熔化先焊焊道的起头处，将焊道焊平后快速结尾。

④头接头

要求先焊焊道的起头处略低些，连接时在先焊焊道的起头处的略前处引弧，并稍微拉长电弧，将电弧引向先焊焊道的起头处并覆盖其端头，待先焊焊道的起头处焊道焊平后向与先焊焊道相反的方向移动。

4. 焊道收尾

焊条是有长度的，焊条熔化到无药皮前10 mm处要收弧。

焊道收尾是指一根焊条焊完后如何熄弧。焊接过程中由于电弧的吹力，熔池呈凹坑状，并且低于已凝固的焊道。如果收尾时立即断弧会使弧坑低于母材表面，造成弧坑未填满缺陷。立即断弧还会造成弧坑低处截面积减小，引起强度降低，甚至在弧坑处产生裂缝。使用碱性焊条时，熄弧不当造成的弧坑会产生气孔。在船体结构焊接中是不允许有弧坑存在的。

为避免出现弧坑，焊道收尾可采用以下三种方法，如图2-1-15所示。

(a) 划圈收尾法　　　　(b) 回焊收尾法　　　　(c) 反复断弧收尾法

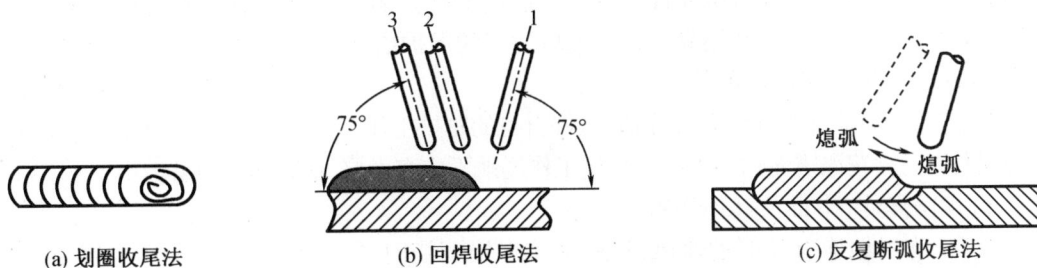

图 2-1-15　焊道的收尾方法

（1）划圈收尾法

焊条移至焊道终点时,焊条压短电弧不向前行,利用手腕动作(臂不动)做划画圈动作,待填满弧坑后拉断电弧,此法适用于厚板焊接,用于薄板则有烧穿的危险。

（2）回焊收尾法

如图 2-1-15(b)所示,电弧在焊道收尾处停住,同时改变焊条的方向,由位置 1 移至位置 2,等弧坑填满后,再稍稍后移至位置 3,然后慢慢拉断电弧。若使用低氢型焊条宜采用此法。

（3）反复断弧收尾法

在焊道收尾处,在较短时间内熄灭电弧和引燃电弧数次,直到弧坑填满。此种方法多用于薄板、大电流焊接或打底层焊缝的焊接。若使用碱性焊条不宜采用此法,因为容易在弧坑处产生气孔。

任务实施

现有板件材质为 Q235,规格为 300 mm×150 mm×8 mm,如图 2-1-16 所示。读懂工程图样,完成平敷焊接,达到技术要求。具体操作为:将厚 6～8 mm 的低碳钢板表面打磨至露出金属光泽,将焊件置于水平位置,在焊件上堆敷焊道。

平敷焊焊前准备

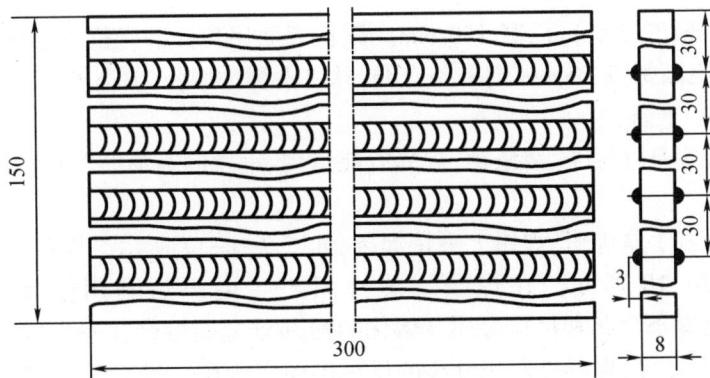

图 2-1-16　堆焊试板图样

1. 焊条电弧焊的安全注意事项

（1）预防电弧光伤害

焊接电弧产生的强烈弧光,主要是可见光和不可见的紫外线与红外线,对焊工的眼睛和皮肤有较大的刺激性,它能导致电光性眼炎和皮肤的灼伤。焊工必须配有遮光镜片合乎要求的面罩,穿戴好个人防护用品和用具。还应采取适当的保护措施以防周围人群受弧光伤害。

(2)预防飞溅金属造成的灼伤和火灾

焊工应穿戴好帆布工作帽及工作服,做好自身的防护工作。工作服、皮手套和面罩不应有灼伤的破洞,以免火花溅进而灼伤皮肤。焊接工作场地不应有木屑、油脂和其他易燃物。

(3)预防爆炸、中毒及其他伤害

焊接工作场地应有良好的通风设备,拖拉焊接电缆时要注意周围环境,不要用力过猛,避免拉倒人和物体,造成意外事故。易燃、易爆等危险作业场所,严禁吸烟和明火作业。

(4)焊条电弧焊设备安全使用注意事项

电焊机必须装有独立的专用电源开关,其容量应符合要求;当焊机超负荷时,应能自动切断电源,禁止多台焊机共用一个电源开关;焊机的接地装置必须经常保持连接良好,定期检测接地系统的电气性能;焊机用的软电缆线应采用多股细铜线电缆,其截面应根据焊接电流和导线长度选择;电缆应轻便柔软,能任意弯曲或扭转,便于操作;当电焊机的空载电压较高,而又在有触电危险的场所作业时,则必须对焊机采用空载自动断电装置。

2. 平敷焊的焊前准备

焊前,焊工必须穿戴好劳动防护用品,包括工作服、皮手套和面罩等,选用合适的护目玻璃色号。要牢记焊工操作时应遵循的安全操作规程,在作业中贯彻始终。

(1)焊机的准备

焊机由电工接好电源线和接地线,并用测电笔测量机壳的带电情况,然后由焊工本人接好焊机的输出焊接电缆线。连接焊件的电缆线可固定在一块方钢上,便于使用中移动。

(2)焊条的准备

酸、碱性焊条具有不同的焊接工艺性能,焊工都应掌握。本任务焊接时选用 E4303(酸性焊条)和 E5015(碱性焊条)两种型号的焊条,直径分别为 2.5 mm 和 5 mm。焊条使用前应放在焊条烘箱内按规定的温度和时间进行烘干。在正式焊接前,应对焊条进行现场检验,检验合格后方可进行试焊。

(3)焊件的准备

Q235 钢板,厚 6~8 mm,长 300 mm,宽 150 mm。钢板表面用角向磨光机打磨至露出金属光泽,再用划针在钢板表面每隔 30 mm 划一条直线,并打上样冲眼作为标记。

(4)辅助工具和量具的准备

焊接操作作业区附近应备好錾子、清渣锤、焊缝万能量规、钢丝刷等辅助工具和量具。

3. 平敷焊的操作特点

操作时,左手持面罩、右手拿焊钳,焊钳上夹持焊条,如图 2-1-17 所示。焊条电弧焊的各种焊接姿势如图 2-1-18 所示。在焊条与焊件间产生电弧后利用电弧的高温(为 6 000~8 000 K)熔化焊条金属和母材金属。熔化的两部分金属熔合在一起成为熔池。焊条移动后,熔池冷却成为焊缝,焊缝将两块分离的母材牢固结合在一起,实现焊接。

平敷焊是将焊件置于水平位置,在焊件上堆敷焊道的操作方法,这是焊条电弧焊最基本的一种操作方法。平敷焊有许多优点:容易焊接,熔滴借本身的重力易落入熔池,不易滴落在外,焊缝成形较好;观察电弧方便,手持焊钳不易疲劳;可以使用粗焊条和大电流,从而提高生产效率。

图 2-1-17　焊条电弧焊操作

图 2-1-18　焊条电弧焊的各种焊接姿势

4.平敷焊的操作技术要领

(1)引弧、运条、焊道连接和焊道收尾的方法要正确

手持面罩,看准引弧位置,用面罩挡着面部,将焊条端部对准引弧处,用划擦引弧法或垂直引弧法引弧,迅速而适当地提起形成电弧,调试电流。

(2)引弧后看飞溅

电流过大时,电弧磁偏吹力大,可看见较大颗粒的铁水向熔池外飞溅,焊接时爆裂声大;电流过小时,电弧磁偏吹力小,熔渣和铁水不易分清。

(3)焊接时对熔池的观察

熔池的亮度反映熔池的温度,熔池的大小反映焊缝的宽窄。

(4)看焊缝成形

电流大小适中时,焊缝两侧与母材金属熔合很好,呈圆滑过渡。运条若均匀,焊接波纹就均匀,焊缝缺陷少,焊件焊后无引弧痕迹。

(5)看焊条熔化状况

电流过大,当焊条熔化了大半截时,其余部分均已发红;电流过小,电弧燃烧不稳定,焊条易粘在工件上。

(6)每条焊缝焊完后,清理熔渣。

评分标准见表 2-1-1。

表 2-1-1　评分标准

序号	操作内容	评分标准	配分	得分
1	操作姿势	蹲、坐、站姿每项不正确扣 4 分	9	
2	夹持焊条	焊钳握法、夹持角度不正确各扣 2 分	4	
3	引弧方法	引弧法不正确、粘条各扣 4 分	8	
4	运条方法	运条方法不正确使焊条摆动超差扣 5 分	9	
5	焊缝宽度	宽 9~11 mm,每超差 1 mm 扣 4 分	8	
6	焊缝高度	高 1~3 mm,每超差 1 mm 扣 4 分	8	
7	焊缝成形	要求波纹细、均匀、光滑,否则每项扣 2 分	8	

表 2-1-1（续）

序号	操作内容	评分标准	配分	得分
8	弧坑	弧坑饱满，否则每处扣 4 分	6	
9	接头	要求不脱节，不凸起，否则每处扣 4 分	8	
10	夹渣	无，若有点渣<2 mm 扣 4 分，条渣扣 8 分	8	
11	电弧擦伤	无，若有每处扣 2 分	6	
12	飞溅	清干净，否则每处扣 2 分	6	
13	熔渣的分辨	分辨较清扣 2 分，分辨一般扣 4 分，分辨不清扣 8 分	8	
14	安全文明生产	要求服从管理、安全操作，否则扣 4 分	4	
总分		实训成绩	100	

思考与练习

一、判断题（在题末括号内做记号：√表示对，×表示错）

1. 电弧阳极区的作用是接受阴极发射并通过弧柱到达阳极的电子，产生通过弧柱到阴极的正离子流。　　　　　　　　　　　　　　　　　　　　　　（　　）

2. 电弧弧柱电压与弧长成正比。　　　　　　　　　　　　　　　　（　　）

3. 电弧在含有 K、Na 等元素的气氛中不容易引燃，而在含有 Ar、He 等元素的气氛中电弧的引燃就比较容易。　　　　　　　　　　　　　　　　　　　　（　　）

4. 电弧电压仅仅取决于电弧的长度，当电弧被拉长时，电弧电压即升高。（　　）

5. 电弧的磁偏吹力和焊接回路内的电流成正比。　　　　　　　　　（　　）

6. 交流电弧磁偏吹要比直流电弧磁偏吹弱得多。　　　　　　　　　（　　）

7. 可以近似地认为弧柱的长度即为电弧长度。　　　　　　　　　　（　　）

8. 交流电弧的燃烧稳定性较直流电弧的燃烧稳定性差得多，引弧也困难得多。（　　）

二、选择题

1. 某元素的原子或分子电离需要的能量称为该元素的电离势，电离势很低的元素有（　　）。

A. Ar、He　　　　　B. K、Na　　　　　C. H_2、O_2　　　　　D. Li、W

2. 焊接过程中弧长缩短时，电弧电压将（　　）。

A. 升高　　　　　B. 不变　　　　　C. 降低　　　　　D. 为零

3. 焊接电弧的静特性曲线近似呈（　　）。

A. L 形　　　　　B. 上升形　　　　　C. U 形　　　　　D. 陡降形

4. 焊接电弧的静特性曲线的水平段特性适用于（　　）。

A. 摩擦焊　　　B. 大电流钨极氩弧焊　　　C. 细丝 CO_2 气体保护焊　　　D. 埋弧焊

三、问答题

1. 什么是焊接电弧的静特性？不同的电弧焊方法的焊接电弧的静特性曲线有哪些特点？

2. 焊条电弧焊的引弧、运条、焊道连接及焊道收尾各有哪些方法？

3. 什么是电弧的磁偏吹？其影响因素有哪些？减少或防止磁偏吹产生的方法有哪些？

项目 2.2　平对接单面焊双面成形焊

学习目标

1. 理解焊条电弧焊设备；
2. 掌握焊条电弧焊电源的种类及特点；
3. 掌握焊条电弧焊电源、焊钳、面罩等辅助工具的使用方法；
4. 识别焊条的类型及其编号。

项目任务

平对接焊(图 2-2-1)时,金属熔滴借助熔滴自重能够顺利进入熔池,熔池液态金属易控制,操作较容易。钝边 V 形坡口平对接双面多层焊因焊缝处于水平焊位置,与平敷焊相似。V 形坡口平对接单面焊双面成形焊与 V 形坡口平对接多层双面的填充焊和盖面焊相似,差别在于第一层打底焊时对焊件组对间隙 b 和钝边 p 的值的要求较严格。

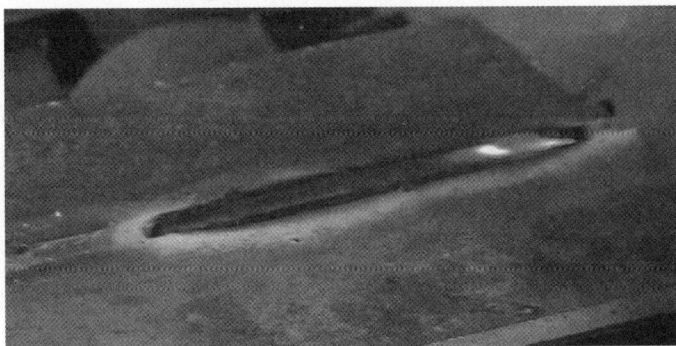

图 2-2-1　平对接焊

知识能力

2.2.1　焊条电弧焊设备

1. 焊条电弧焊电源

焊条电弧焊电源是一种额定电流在 500 A 以下,具有下降外特性,为焊接电弧提供电能的一种电力设备,是电弧焊机的重要组成部分。焊接电弧能否稳定燃烧而不断弧在很大程度上取决于焊条电弧焊电源的特性。焊条电弧焊电源应引弧容易,能保证焊接电弧稳定燃烧,保证焊接电流和电弧电压的稳定,并具有足够的调节范围;焊条电弧焊电源应是电能消耗较少、性能可靠、节能节材型设备;焊条电弧焊电源还应具有操作方便、容易维护以及能够保障安全使用等特性。

焊条电弧焊电源的分类方法很多,按结构不同,可分为弧焊变压器、弧焊发电机、弧焊整流器和弧焊逆变器 4 种类型。

（1）弧焊变压器

弧焊变压器是工频交流焊条电弧焊电源，它能将电网的交流电变成适合电弧焊的低电压交流电（将 220 V 或 380 V 的电源电压降到 60~80 V）。弧焊变压器具有结构简单、易造易修、成本低、空载损耗小、噪声较小等优点，但因输出电流波形为正弦波使得电弧稳定性较差。

（2）弧焊发电机

弧焊发电机是由电动机带动发电机旋转而输出直流电的一种焊条电弧焊电源。其优点是在焊接过程中不受电网电压波动的影响，能保证焊接电流和电弧电压的稳定。它与弧焊整流器相比，具有过载能力强、输出脉动小的特点，适用于碱性焊条电弧焊，但因制造复杂、噪声与空载损耗大、效率低、价格高，以及维修复杂等因素而趋于被淘汰。

（3）弧焊整流器

弧焊整流器是将电网的交流电经整流器转变为直流电的一种焊条电弧焊电源。弧焊整流器与弧焊发电机相比，具有制造方便、价格低、空载损耗小、噪声小等优点。大多数弧焊整流器可以远距离调节焊接工艺参数，能自动补偿电网电压波动对输出电压和电流的影响，一般可做各种弧焊方法的电源。其缺点是电弧稳定性较弧焊发电机差，但随着整流元件质量的提高及控制技术的完善，它已逐步替代弧焊发电机。

（4）弧焊逆变器

弧焊逆变器是把单项或三项 50 Hz 的交流电经过整流后，由逆变器转变为几百至几万赫兹的中频交流电，降压后可输出交流或直流电。整个过程由原来的机械式和电磁式控制发展为电子电路控制。它具有调节性能好、反应速度快、适宜遥控与微机控制、功率小、质量轻等优点，应用广泛，适用于多种焊接方法。

ZX7 是我国生产的弧焊逆变器的系列产品，适用于直径 0.8~5 mm 的焊条施焊。其焊接电流调节范围极宽，手工电弧焊时电弧稳定、飞溅极小、焊接性能优良。

ZX7 系列弧焊逆变器的工作原理如图 2-2-2 所示。

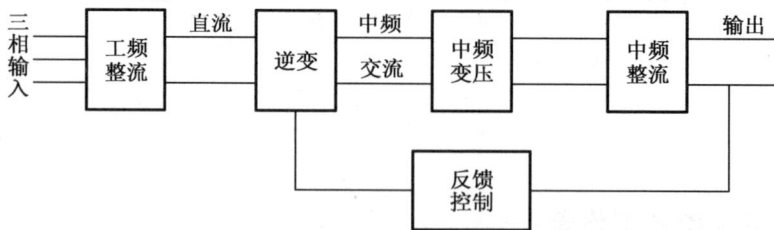

图 2-2-2 ZX7 系列弧焊逆变器的工作原理

网路三相电源送至工频三相整流桥整流后，供给主晶闸管逆变器，逆变成中频交流，然后进行中频变压及中频整流，再经过滤波和反馈控制得到输出平滑并能满足焊接需要，且可连续调节的直流电压和电流。

通过这样的变频处理，大大减小了主变压器的体积和质量，同时也提高了整机的控制精度，使焊机具有很好的电网电压波动补偿功能和优良的焊接特性。

各类焊条电弧焊电源的特点见表 2-2-1。在选用时，应依照技术要求、工作条件、经济性以及生产实际情况等因素来决定。

表 2-2-1 各类焊条电弧焊电源的特点

使用特点	焊机类型			
	弧焊变压器	弧焊发电机	弧焊整流器	弧焊逆变器
焊接电流种类	交流	直流	直流	直流
焊接电弧稳定性	稳定性一般	很稳定	较稳定	很稳定
结构和维护	简单	较烦琐	较简单	一般
空载损耗	较小	较大	较小	最小
触电危险	较大	较小	较小	较小
噪声	较小	较大	很小	最小
电源相数	单相	三相	三相	单相、三相
成本	较低	高	较高	较高
质量	轻	较重	较轻	最轻

2.焊钳

焊钳是用来夹持焊条并传导电流进行焊接的工具,应具有绝缘、隔热、安全、操作灵活的特性。焊钳常用的规格有 300 A 和 500 A 两种,焊钳技术参数见表 2-2-2。

表 2-2-2 焊钳技术参数

型号	额定电流/A	焊接电缆孔径/mm	使用的焊条直径/mm	质量/kg	外形尺寸/mm
352	300	14	2~5	0.5	250×80×40
582	500	18	4~8	0.7	290×100×45

3.焊接电缆

操作时由于焊接电缆要经常移动、弯曲,一般采用多股细铜线软电缆,直径为 0.18 ~ 0.20 mm。因电缆发热的温升不可超过其许可值,电缆截面积应根据焊接电流和电缆长度来选用,参考表 2-2-3 选择。电缆长度在 20 m 以下时,电流密度一般取 4~10 A/mm²。

表 2-2-3 按焊接电流和电缆长度选用的电缆截面积

焊接电流/A	电缆长度/m								
	20	30	40	50	60	70	80	90	100
	电缆截面积/mm²								
100	25	25	25	25	25	25	25	25	25
150	35	35	35	35	50	50	60	70	70
200	35	35	35	50	60	70	70	70	70
300	35	50	60	60	70	70	70	85	85
400	35	50	60	70	85	85	85	95	95
500	50	60	70	85	95	95	95	120	120
600	60	70	85	85	95	95	120	120	120

4. 面罩和护目镜

面罩由耐燃或不燃的绝缘材料制成,是用来防止焊接飞溅、弧光、高温等对焊工面部及颈部损伤的一种遮蔽工具,分手持式和头盔式两种。护目镜镜片按亮度的深浅不同分为若干个型号,号数越大颜色越深,根据焊接电流的不同,可按表2-2-4选用。

表 2-2-4　焊工护目镜镜片选用表

焊接电流/A	≤30	>30~75	>75~200	>200~400
护目镜镜片型号	5~6	7~8	8~10	11~12

2.2.2　焊条

焊条是涂有药皮的供焊条电弧焊用的焊接材料。焊条电弧焊中,焊条既是电极,又是填充金属,熔化后与液态的母材熔合形成焊缝。因此,焊条的性能直接影响电弧的稳定性、焊缝金属的化学成分、焊缝的力学性能和焊接效率等。

1. 焊条的组成

焊条由药皮和焊芯两部分组成,如图2-2-3所示。焊芯外表涂有药皮,焊条前端有45°左右的倒角,尾部有一段裸焊芯,约占焊条总长的1/16。焊条规格（焊芯直径）有2 mm、2.5 mm、3(3.2) mm、4 mm、5 mm、5.8 mm、6 mm等几种,其中3.2 mm、4 mm、5 mm较为常用,长度 L 一般为250~450 mm。

2. 焊条的分类

（1）按焊条的用途分类

按国家机械工业委员会编制的《焊接材料产品样本》焊条分为十大类。

①结构钢焊条(J):用于焊接碳钢和低合金高强度钢。

②钼和铬钼耐热钢焊条(R):用于焊接铬钼珠光体耐热钢。

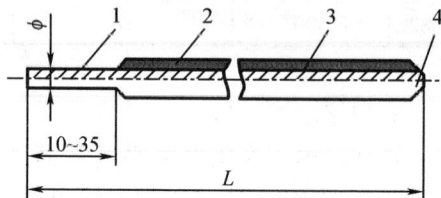

1—夹持端;2—药皮;3—焊芯;4—引弧端。

图 2-2-3　焊条的组成

③低温钢焊条(W):用于焊接低温钢。

④不锈钢焊条(铬不锈钢焊条G,铬镍不锈钢焊条A):用于焊接不锈钢和热强钢(高温合金)。

⑤堆焊焊条(D):用于堆焊要求耐磨、耐热、耐腐蚀等性能的合金钢零件的表面层。

⑥铸铁焊条(Z):用于焊补铸铁件,焊条本身可以不是铸铁。

⑦镍及镍合金焊条(Ni):用于焊接镍及镍合金,也可以用于堆焊、铸铁补焊及异种金属焊接等。

⑧铜及铜合金焊条(T):用于焊接铜及铜合金,也可以用于铸铁补焊。

⑨铝及铝合金焊条(L):用于焊接铝及铝合金。

⑩特殊用焊条(TS):用于水下焊接等场合。

（2）按熔渣酸碱度分类

熔渣是焊接过程中焊条药皮或焊剂熔化后经过一系列化学变化形成的覆盖于焊缝表面的非金属物质。焊条按熔渣酸碱度不同可分为酸性焊条和碱性焊条两类。所谓酸碱度指的是熔渣中碱性氧化物总量与熔渣中酸性氧化物总量之比（酸碱度<1.5为酸性焊条，酸碱度≥1.5为碱性焊条）。

熔渣成分中的酸性氧化物（SiO_2、TiO_2、Fe_2O_3）比例高的焊条称为酸性焊条，此类焊条焊接工艺性好，电弧稳定，熔渣脱渣容易，但此类焊条药皮含有较多氧化性强的物质，因此焊缝合金元素烧损较多，焊缝金属含氢量较高，焊缝的力学性能不是很好，塑性、韧性较低。酸性焊条一般用于焊接低碳钢和不太重要的钢结构。

熔渣成分中的碱性氧化物（如大理石、萤石等）比例高的焊条称为碱性焊条（又称低氢型焊条），此类焊条含有能够降低含氢量的物质，使焊缝金属的含氢量显著降低，提高了焊缝金属的力学性能与抗裂性，但此类焊条引弧、稳弧、脱渣性能不是很理想，焊接过程中飞溅大，焊缝外观成形较差。碱性焊条一般用于合金钢和重要碳钢结构的焊接。

3. 焊芯

焊条中被药皮包覆的金属芯称为焊芯。焊芯的主要作用是传导焊接电流和熔化后作为填充材料与熔化的母材共同形成焊缝金属。一般焊条电弧焊时焊缝金属的50%～70%来自焊芯材料。因此，需要对焊芯的化学成分、各金属元素用量进行严格控制。焊芯中各合金元素对焊接质量的影响如下。

（1）碳（C）

碳在焊接过程中是一种良好的脱氧剂，高温时与氧化合生成CO和CO_2气体，这些气体从熔池中逸出，在熔池周围形成气罩，可减少或防止空气中的氧、氮与熔池的接触，从而减少焊缝金属中氧和氮的含量。含碳量增加，可提高钢的强度和硬度，但会使塑性和冲击韧性下降。含碳量过高，还原作用剧烈，会增加飞溅和产生气孔，使接头产生裂纹的倾向增大。一般要求焊芯的含碳量小于等于0.1%。

（2）锰（Mn）

锰在焊接过程中是一种很好的脱氧剂和合金剂，能减少焊缝中氧的含量，又能与硫化合形成MnS，起脱硫作用，从而防止硫的危害。锰又能作为合金剂渗入焊缝，提高焊缝的强度和韧性。常用焊芯的含锰量为0.30%～0.55%。

（3）硅（Si）

硅也是一种脱氧剂和合金剂，其脱氧能力比锰强。在钢中加入适量的硅能提高钢的强度、弹性及抗酸性能，但含硅量过高会降低其塑性和韧性。硅与氧化合形成SiO_2，它会提高熔渣的黏度，黏度过大会促进非金属夹杂物的生成。过多的硅还会增加焊接熔化金属的飞溅，所以焊芯中的含硅量一般限制在0.03%以下。

（4）铬（Cr）

铬对钢来说是一种重要合金元素，用它来冶炼钢和不锈钢，能够提高钢的硬度、耐磨性和耐腐蚀性。对于低碳钢来说，铬是一种杂质，在焊接过程中易氧化形成难熔的Cr_2O_3，使焊缝金属中存在夹杂物。一般焊芯中的含铬量应限制在0.2%以下。

（5）镍（Ni）

镍对低碳钢来说也是一种杂质。当低温冲击值要求较高时,可适当掺入一些镍。一般焊芯中的含镍量要求小于 0.03%。

（6）硫（S）和磷（P）

硫和磷都是有害杂质,能使焊缝金属的机械性能降低。硫与铁作用生成 FeS,它的熔点低于铁,随着硫含量的增加,将增大焊缝的热裂纹倾向。磷与铁作用生成 Fe_3P 和 Fe_2P,使熔化金属的流动性增大,常温下焊缝易产生冷脆现象。一般焊芯中硫、磷的含量不得大于0.04%。在焊接重要结构时,焊芯中硫、磷的含量不得大于 0.03%。

4. 药皮

压涂在焊芯表面上的涂料层称为药皮。药皮在焊接过程中参与冶金反应和物理、化学变化,能改进焊接接头性能和改善焊条工艺性能。

（1）药皮的作用

①对熔化金属的保护作用

焊接时,药皮熔化后产生大量的气体,笼罩着电弧和熔池,把熔池金属同空气隔离,防止空气中的氧、氮侵入,起着气保护的作用。同时,药皮熔化成熔渣覆盖在焊缝金属表面,保护焊缝金属,使之缓慢冷却,有利于熔池中气体的排出,减少生成气孔的可能性,并能改善焊缝的成形和结晶,起着渣保护的作用。

②冶金处理渗合金作用

若要向焊缝中加入合金,可以通过加入焊芯中过渡到焊缝,也可以通过加入药皮中过渡到焊缝。通过熔渣与熔化金属的冶金反应,可除去有害杂质(如氧、氢、硫、磷)和添加有益的合金元素,使焊缝获得所需的机械性能。

药皮虽然对熔化金属有一定的保护作用,但液态金属仍不可避免地要受到少量空气侵入并氧化,使液态金属中的合金元素烧损,导致焊缝质量降低。因此,在药皮中要加入一些还原剂,使氧化物还原,并加入一定量的铁合金或纯合金元素,以弥补合金元素烧损和提高焊缝金属的机械性能。同时,药皮中根据焊条性能的不同还可加入一些去氢、去硫物质,以提高焊缝金属的抗裂性。

③改善焊条工艺性能

焊条的工艺性能包括焊接电弧的稳定性、焊缝的成形、各种位置的适应性、脱渣性、飞溅大小、焊条的熔敷率等。焊条药皮中加入含有钾和钠的稳弧剂能提高电弧的稳定性。焊芯涂上药皮后,药皮的熔化比焊芯慢,在焊条端头便可形成不长的一小段药皮套筒,使熔滴有方向地射到熔池,从而起到稳定电弧燃烧、减小飞溅、提高熔敷效率的作用。如果在药皮中加入了铁粉,铁粉熔化进入了熔池,焊接生产率可得到提高。

总之,药皮的作用是保证焊缝金属获得具有合乎要求的化学成分和力学性能,并使焊条具有良好的焊接工艺性能,使生产率提高。

（2）药皮的组成

焊条药皮主要由下列成分组成。

①稳弧剂

稳弧剂可以使焊条容易引弧和电弧燃烧稳定。在焊条药皮中加入一些低电离势的物质如钾、钠、钙的化合物,能改善电弧空间气体电离的条件,使电弧的导电性能增强,从而提高电弧的稳定性。稳弧剂有长石、金红石、钛白粉、大理石、云母、钛铁矿等。

②造气剂

药皮中的有机物和碳酸盐(造气剂)在焊接时可产生气体保护电弧和熔池。造气剂有淀粉、纤维素、大理石、白云石、碳酸钡等。

③造渣剂

药皮中某些原材料(造渣剂)在电弧作用下能形成具有一定物理、化学性能的熔渣,熔渣浮于熔池表面,保护熔池并改善焊缝成形。造渣剂有大理石、萤石(氟化钙)、白云石、菱土石、云母、石英等。

④脱氧剂

脱氧剂用于降低药皮和熔渣的氧化性,使金属氧化物还原成金属,提高焊缝的性能。脱氧剂利用熔融在熔渣里的某种与氧亲和力比铁大的元素,通过在熔渣及熔化金属中进行的一系列冶金反应来达到脱氧的目的。常用的脱氧剂有锰铁、硅铁、铝铁及硅钙合金等。

⑤合金剂

合金剂用于补偿焊接过程中烧损的合金元素或蒸发的有益合金元素,向焊缝过渡必要的合金元素,从而确保焊缝的合金成分,提高焊缝金属的某些性能。合金剂可根据需要选用各种铁合金和纯金属。

⑥稀释剂

添加稀释剂可降低熔渣的黏度,增强熔渣的流动性。

⑦黏结剂

在药皮中加入黏结力强的物质(黏结剂),可将药皮中各种粉剂牢固地压涂在焊芯上,使焊条药皮具有一定的强度。黏结剂有水玻璃、酚醛树脂及树胶等。

⑧成形剂

成形剂可使药皮具有一定的塑性和滑性,以便于用机械压涂在焊芯上,使焊条表面光滑而不开裂。

焊条药皮中有些成分同时起几种作用,如大理石有稳弧、造气、造渣等作用,而有些成分对造渣有利却对稳弧不利,所以制订焊条药皮配方时需综合考虑各种因素。

2.2.3 焊条的型号与牌号

1.焊条的型号

(1)碳钢焊条型号表示(GB/T 5117—1995)

①字母"E"表示焊条。

②前两位数字表示熔敷金属抗拉强度的最小值的十分之一,单位为MPa。

③第三位数字表示焊接适用位置,"0"及"1"表示焊条适用于全位置焊接(即可进行平、立、横、仰焊),"2"表示焊条适用于平对接焊、船形焊及横角焊,"4"表示焊条适用于向下立焊。

④第三位和第四位数字组合表示药皮类型和电源种类,见表2-2-5。

⑤第四位数字后缀有字母表示有特殊要求,如附加"R"表示耐吸潮,附加"M"表示耐吸潮和有特殊性能规定。

表 2-2-5　碳钢和低合金钢焊条型号的第三位和第四位数字组合的含义

焊条型号	药皮类型	焊接位置	电流种类
E××00	特殊型	平、立、横、仰焊	交流或直流正、反接
E××01	钛铁矿型		
E××03	钛钙型		
E××10	高纤维钠型		直流反接
E××11	高纤维钾型		交流或直流反接
E××12	高钛钠型		交流或直流正接
E××13	高钛钾型		交流或直流正、反接
E××14	铁粉钛型		
E××15	低氢钠型		直流反接
E××16	低氢钾型		交流或直流反接
E××18	铁粉低氢型		
E××20	氧化铁型	平对接焊、船形焊、横角焊	交流或直流正接
E××22			
E××23	铁粉钛钙型		交流或直流正、反接
E××24	铁粉钛型		
E××27	铁粉氧化铁型		交流或直流正、反接
E××48	铁粉低氢型	平、立、仰、立向下焊	交流或直流反接

碳钢焊条型号示例如图 2-2-4 所示。

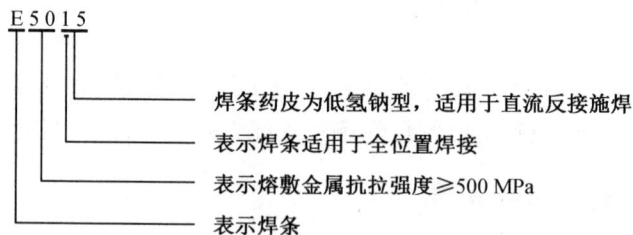

E5015

焊条药皮为低氢钠型，适用于直流反接施焊
表示焊条适用于全位置焊接
表示熔敷金属抗拉强度≥500 MPa
表示焊条

图 2-2-4　碳钢焊条型号示例

（2）低合金钢焊条型号表示（GB/T 5118—1995）

低合金钢焊条型号 E×××× 的编制方法与碳钢焊条相同,第三和第四位数字组合含义见表 2-2-5。不同的是在第四位数字后面有"-"将熔敷金属的化学成分的分类代号与前面数字分开,"A1"表示碳钼钢,"B1"至"B5"表示铬钼钢,"C1"至"C3"表示镍钢,"D1"至"D3"表示锰钼钢,"NM"表示镍钼钢,"G""M"或"W"表示其他低合金钢,字母后的数字表示同一等级焊条中的编号。如还有附加化学成分,直接用化学元素符号表示,并以"-"与前面代号分开。

低合金钢焊条型号示例如图 2-2-5 所示。

```
E 5 5 1 5 - B 2 - V
```
　　　　　　　　　附加化学元素为钒
　　　　　　　　熔敷金属化学成分的分类为铬钼钢
　　　　　　　焊条药皮为低氢钠型，适用于直流反接施焊
　　　　　　表示焊条适用于全位置焊接
　　　　　表示熔敷金属抗拉强度≥550 MPa
　　　　表示焊条

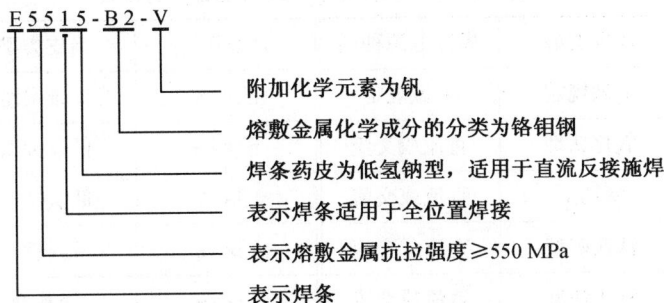

图 2-2-5　低合金钢焊条型号示例

（3）不锈钢焊条型号表示（GB/T 983—1995）

①字母"E"表示焊条。

②"E"后面的数字为不锈钢熔敷金属化学成分的分类代号，大多数型号"E"后有三位数字，少数型号"E"后数字少于三位。

③有特殊要求的化学成分用元素符号表示，放在数字后面。

④型号尾部有两位数字表示焊条药皮类型、焊接适用位置及焊接电流种类，有"15""16""19""25""26"。其中，"15""25"表示碱性低氢型药皮，用直流反接，"16""19""26"表示可用于交流或直流，"25""26"表示只能用于平焊和横焊。

不锈钢焊条型号示例如图 2-2-6 所示。

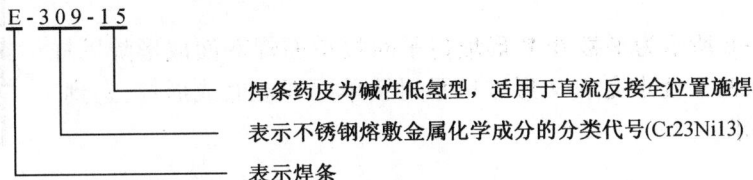

```
E - 3 0 9 - 1 5
```
　　　　　焊条药皮为碱性低氢型，适用于直流反接全位置施焊
　　　　表示不锈钢熔敷金属化学成分的分类代号(Cr23Ni13)
　　　表示焊条

图 2-2-6　不锈钢焊条型号示例

2. 焊条的牌号

实际生产中看到的焊条常用牌号和其型号是不同的。这些牌号相当于老的标准型号。焊条的牌号是根据焊条的主要用途及性能特点对焊条产品的具体命名，由焊条厂制定。现用焊条牌号是根据原机械工业部编制的《焊接材料产品样本》制定的，除焊条生产厂研制的新焊条可自取牌号外，焊条牌号绝大部分已在全国统一。每种焊条产品只有一个牌号，但多种牌号的焊条可以同时对应一种型号。

焊条牌号通常以一个汉语拼音字母（或汉字）与三位数字表示。汉语拼音字母（或汉字）表示焊条属于十大类中的哪一类，后面三位数字中，前两位数字表示各大类中的小类，第三位数字表示该焊条牌号的药皮类型及焊接电源种类，其含义见表 2-2-6。有的焊条牌号三位数字后面还加注字母表示焊条的特殊性能和用途，如"Fe"表示铁粉焊条，"H"表示超低氢型焊条，"R"表示压力容器用焊条，"X"表示向下立焊用焊条，"Z"表示重力焊条等。

表 2-2-6　焊条牌号中第三位数字的含义

焊条牌号	药皮类型	焊接电源种类	焊条牌号	药皮类型	焊接电源种类
□××0	未做规定	未做规定	□××5	纤维素型	直流或交流
□××1	氧化钛型	直流或交流	□××6	低氢钾型	直流或交流
□××2	钛钙型	直流或交流	□××7	低氢钠型	直流
□××3	钛铁矿型	直流或交流	□××8	石墨型	直流或交流
□××4	氧化铁型	直流或交流	□××9	盐基型	直流

结构钢焊条牌号示例如图 2-2-7 所示。

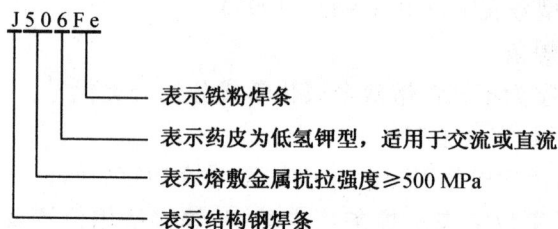

J506Fe
— 表示铁粉焊条
— 表示药皮为低氢钾型，适用于交流或直流
— 表示熔敷金属抗拉强度≥500 MPa
— 表示结构钢焊条

图 2-2-7　结构钢焊条牌号示例

任务实施

如图 2-2-8 所示为平板开 V 形坡口平对接单面焊双面成形焊图样，板件材质为 Q235。要求完成 V 形坡口平对接单面焊双面成形焊，达到工程图样技术要求。

平对接单面焊
双面成形打底焊

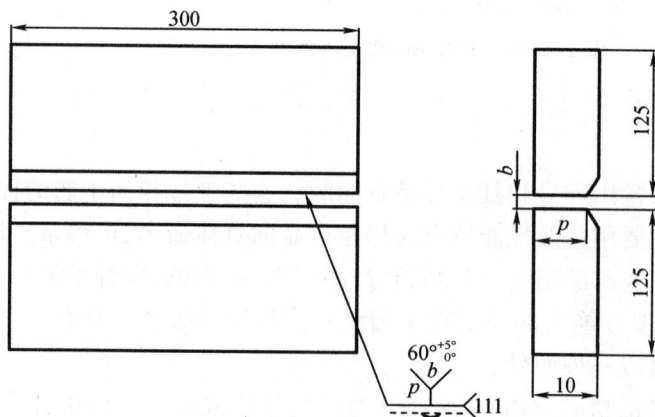

图 2-2-8　平板开 V 形坡口平对接单面焊双面成形焊图样

1. 学习内容

(1)掌握平对接单面焊双面成形焊的技术要求及操作要领。

（2）正确选用焊接电弧的极性和焊接工艺参数。

2. 技术要求

（1）焊前准备

①按规定穿戴好焊接劳动保护用品，准备辅助工具和量具，包括角向磨光机、焊条保温桶、錾子、清渣锤、钢丝刷、焊缝万能量规等。

平对接单面焊板
对接装配定位

②按图样要求准备焊件，材质为 Q235，规格为 300 mm×100 mm×12 mm，钝边值为 0.5~1 mm，单边坡口为 30°。

③焊条选用直径为 3.2 mm 和 4.0 mm 的 E5016（J506）型焊条。打底焊选用直径为 3.2 mm 的焊条，填充焊及盖面焊选用直径为 4.0 mm 的焊条。要求焊条不得受潮变质，焊芯无锈，药皮不得开裂和脱落。焊条用前烘至 350~400 ℃，保温 1~2 h。

④确定焊接工艺参数，见表 2-2-7。

表 2-2-7　焊接工艺参数

焊缝名称	焊缝层次	焊条直径/mm	焊接电流/A
打底焊	1	3.2	90~120
填充焊	3	4	140~170
盖面焊	1	4	140~160

⑤工件的组装与定位焊。将两块钢板装配成 V 形坡口的对接接头，并预留一定的根部间隙。焊件装配定位焊要求始焊端为 3.2 mm，终焊端为 4.0 mm。由于焊接过程中有横向收缩量，为保证熔透坡口根部所需要的间隙，终焊端间隙应放大些。装配时可分别用直径为 3.2 mm 和 4.0 mm 的焊条头分别夹在焊件坡口的始端和终端处，定位焊后再敲除。定位焊应在焊件背面的两端 20 mm 范围内进行，其长度为 10~15 mm，且应焊牢，以避免焊缝的收缩将末端段坡口间隙变小而影响打底层焊接。

⑥预留反变形量。由于 V 形坡口不具对称性，只在一侧焊接，焊缝在厚度方向横向收缩不均，钢板会向上翘起产生角变形，其大小用变形角 α 来表示，如图 2-2-9 所示。由于焊件要求变形角控制在 3° 以内，可采用预留反变形量的方法来控制焊后的角变形。

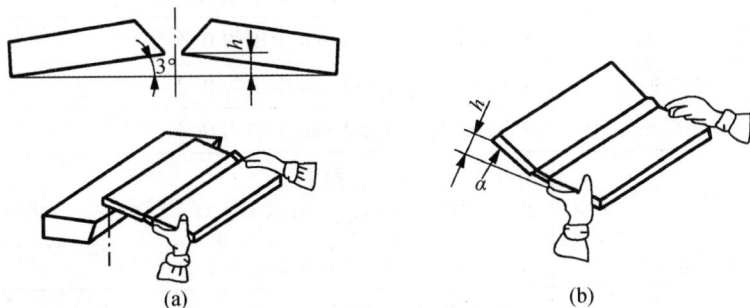

图 2-2-9　预留反变形量

（2）操作技术要领

①由于焊缝处于水平位置，熔滴主要靠重力过渡，钢板厚度为 12 mm，因此可采用较粗

直径的焊条和较大的焊接电流,以提高生产效率。

②最好采用短弧焊。采用多层多道焊时,应注意选好层道数及焊接顺序。

③正确选用运条方法,最好采用横向锯齿形运条方法。在操作中适当调整焊条角度,使焊条向偏吹的一侧倾斜,这是减小电弧偏吹较为有效的方法。焊条摆动到坡口两侧都要稍做停顿,使熔池和坡口两侧温度均匀,防止填充金属与母材交界处形成死角夹渣。

(3)操作手法

平对接单面焊双面成形有一点击穿法、两点击穿法及三点击穿法三种操作方法。

①一点击穿法。其要领是在始焊端定位焊缝上引弧,然后将电弧移至待焊处,来回摆动2~3次进行预热,预热后立即压低电弧,听到电弧穿透坡口根部而发出"噗噗"的声音,在护目镜保护下看到定位焊缝以及相接的坡口两侧金属开始熔化并形成熔池,这时迅速提起焊条、熄灭电弧。此处所形成的熔池是整条焊道的起点,在此点击穿焊接以后再引燃电弧。

②两点击穿法。其要领是当建立了第一个熔池重新引弧后,迅速将电弧移向熔池的左(或右)前方靠近根部的坡口面上,压低焊接电弧,以较大的焊条倾角击穿坡口根部,然后迅速灭弧,大约1 s以后,在上述左(或右)侧坡口根部熔池尚未完全凝固时再迅速引弧,并迅速将电弧移向第一个熔池的右(或左)前方靠近根部的坡口面上,压低焊接电弧,以较大的焊条倾角直击坡口根部,然后迅速灭弧。如此连续不断地反复在坡口根部左右两侧进行交叉击穿的运条操作。

③三点击穿法。其要领是电弧引燃后,在左侧钝边给一滴熔化金属,右侧钝边给一滴熔化金属,中间的间隙处再给一滴熔化金属。然后迅速熄灭电弧,在熔池将凝固时,又在灭弧处引燃电弧,击穿、停顿,周而复始重复操作,形成打底层焊缝。

(4)评分标准(表2-2-8)

表2-2-8 评分标准

项目	内容	评分标准	配分	得分
外观检验	表面成形	优:10分;良:6分;中:3分;差:0分	10	
	焊后角变形	≤3°得4分;>3°本项为0分	4	
	错边	≤1.2 mm得4分;>1.2 mm本项为0分	4	
	焊缝宽度	≤20 mm得4分;>20 mm本项为0分	4	
	焊缝宽度差	≤3 mm得4分;>3 mm本项为0分	4	
	焊缝余高	≤4 mm得4分;>4 mm本项为0分	4	
	焊缝余高差	≤3 mm得4分;>3 mm本项为0分	4	
	咬边	有咬边,每2mm长扣1分;若咬边深度>0.5 mm,本项为0分	6	
	背面焊缝余高	≤3 mm得4分;>3 mm本项为0分	4	
	背面凹坑	无凹坑得6分;有凹坑,每5 mm长扣1分;凹坑深度>2 mm本项为0分	6	
断口检验	按照"锅炉压力容器焊工考试规则"考核	无缺陷合格40分;有缺陷合格30分;不合格本项为0分	40	

表 2-2-8（续）

项目	内容	评分标准	配分	得分
安全文明生产考核	安全操作	不符合安全操作规定者,酌情扣 1～10 分;发生安全事故者判不及格	5	
	文明生产	不符合文明生产,酌情扣 1～5 分	5	
总分合计			100	

注:1. 表面有裂纹、未熔合、烧穿、焊缝低于母材等缺陷,试件做 0 分处理。

2. 夹杂、气孔的缺陷尺寸要求≤3 mm,缺陷尺寸≤1 mm,每个缺陷扣 5 分;缺陷尺寸≤2 mm,每个缺陷扣 10 分;缺陷尺寸≤3 mm,每个缺陷扣 20 分;缺陷尺寸>3 mm,试件做 0 分处理。

3. 焊缝表面成形标准:(1)优,成形美观,鱼鳞均匀细密,高低宽窄一致;(2)良,成形较好,鱼鳞均匀,焊缝平整;(3)中,成形尚可,焊缝平直;(4)差,焊缝弯曲,高低宽窄明显。

拓展知识

焊条的选用

1. 焊件对焊条酸碱性的要求

根据被焊工件和工况条件,能熟练、正确地选用焊条的规格、型号或牌号,是保证焊缝质量的重要环节。碱性焊条形成焊缝的塑性、切性和抗裂性能均比酸性焊条好。所以,在焊接重要结构时,一般采用碱性焊条。选择焊条时,一般要考虑以下几方面的因素:

(1)当接头坡口表面难以清理干净时,应采用氧化性强,对铁锈、油污等不敏感的酸性焊条;

(2)在容器内部或通风条件较差的条件下,应选用焊接时析出有害气体少的酸性焊条;

(3)在母材中碳、硫、磷等元素含量较高时,且焊件形状复杂、结构刚度和厚度大时,应选用抗裂性好的碱性低氢型焊条;

(4)当焊件承受振动载荷或冲击载荷时,除保证抗拉强度外,应选用塑性和韧性较好的碱性焊条;

(5)在酸性焊条和碱性焊条均能满足性能要求的前提下,应尽量选用工艺性能较好的酸性焊条。

2. 焊件对焊条的力学性能和化学成分的要求

根据焊件的力学性能和化学成分,焊条一般遵循的选用原则是"等强"和"近性"原则。

(1)低碳钢和低合金高强度钢的焊接,一般情况下应根据设计要求,按强度相等来选用焊条。选用焊条的抗拉强度与母材相同或稍高于母材。

(2)焊接低温钢时,应根据设计要求,选用低温冲击韧度等于或高于母材的焊条,同时,强度不应低于母材的强度。

(3)耐热钢和不锈钢的焊接,为保证焊接接头的高温冲击性能和耐腐蚀性能,应选用熔敷金属化学成分与母材相同或相近的焊条。

(4)有色金属的焊接,应选用化学成分相近的焊条。

3. 焊件的工作条件的要求

根据焊件的工作条件,包括载荷、介质和温度等,选择满足使用要求的焊条。

（1）在高温条件下工作的焊件,应选择耐热钢焊条;在低温条件下工作的焊件,应选择低温钢焊条。

（2）接触腐蚀介质的焊件应选择不锈钢焊条。

（3）在满足使用性能和操作性能的基础上,尽量选用效率高、成本低的焊条。

（4）在密闭容器内焊接时,应采用低尘、低毒焊条。

思考与练习

一、选择题

1. 钢中的硫化物夹杂主要是(　　)。

A. MnS   B. FeS   C. MnS 和 FeS   D. MnS 和 Fe

2. 熔渣中的酸性氧化物主要有(　　)。

A. K_2O、CaO   B. K_2O、MnO   C. CaO、MnO   D. SiO_2、TiO_2、Fe_2O_3

3. 在焊条药皮中加入一些低电离势的物质,可以降低电弧气氛的电离势,从而(　　)电弧的稳定性。

A. 降低   B. 提高   C. 保持   D. 稍稍降低

4. E5016 焊条的药皮类型为(　　)。

A. 氧化铁型   B. 低氢钠型   C. 钛钙型   D. 高纤维钠型

5. E5015 焊条要求采用(　　)。

A. 交流电源   B. 直流正接   C. 直流反接   D. 脉冲电源

6. 在焊接过程中硫、磷的主要危害是产生(　　)。

A. 咬边   B. 裂纹   C. 飞溅   D. 夹渣

7. 焊接 Q345 钢时应选用下列焊条中的(　　)焊条。

A. E4303   B. E6015   C. E5015   D. E7015

二、问答题

1. 什么是熔渣?其作用有哪些?

2. 什么是焊条、焊芯、药皮?药皮的作用有哪些?药皮的组成物有哪些?

项目 2.3　垂直固定管对接单面焊双面成形焊

学习目标

1. 能通过选择焊接工艺参数等措施来控制焊缝的成形;
2. 掌握焊条熔化及熔滴过渡过程;
3. 理解电弧焊焊缝形成过程及焊接接头的金相组织;
4. 掌握焊条电弧焊的各焊接工艺参数的选择。

项目任务

管子开单面 V 形坡口 60°,采用垂直固定管对接单面焊双面成形焊(图 2-3-1),要求环形焊缝带余高。

图 2-3-1 垂直固定管对接单面焊双面成形焊

知识能力

2.3.1 焊条熔化及熔滴过渡

电弧焊时高温使焊条末端熔化形成熔滴并通过电弧空间向熔池运动的过程称为熔滴过渡。过渡至熔池的熔滴和局部熔化的母材共同构成熔池,经冷却、结晶后形成焊缝。焊条熔化及熔滴过渡,是整个焊接过程最重要的环节,对焊接质量有决定性的影响。合理控制焊条熔化及熔滴过渡,可最大限度地减少飞溅,控制焊接过程的稳定,并改善焊缝成形。

1. 焊条的加热及熔化

电弧加热及熔化焊条的热源包括电弧热、电阻热及化学热,不同焊接方法利用的热量形式不同。

例如,熔化极电弧焊主要利用阴极区或阳极区产生的热量和电流通过焊条部分产生的电阻热熔化焊条,而非熔化极电弧焊主要利用弧柱区产生的热量熔化焊条。生产中应用广泛的焊条电弧焊,所需的热量包括电弧热、电阻热,以及焊接区各种化学反应产生的化学热。下面对前两者进行介绍。

(1)电弧热

阴极区、阳极区的电弧热与焊接电流成正比。细丝熔化极气体保护焊使用含 CaF_2 焊剂或碱性焊条等情况下,如用相同焊接电流焊接同一种材料,焊条为阴极时的产热功率要高于焊条为阳极时的产热功率。在散热条件相同时,焊条为阴极时的熔化速度比焊条为阳极时的快。

(2)电阻热

对于熔化极电弧焊,只有通过导电嘴部分的焊条和电源接通时,焊条伸出部分(焊条的干伸长)才会影响到焊条的加热及熔化。焊条伸出部分的电阻热功率 P 为

$$P = I^2 R = I^2 \rho L / S \qquad (2\text{-}3\text{-}1)$$

式中　P——焊条伸出部分的电阻热功率;

　　　I——焊接电流;

　　　R——电阻;

ρ——焊条的电阻率；

L——焊条伸出长度；

S——焊条的横截面积。

很明显,熔化焊条的电阻热的大小取决于焊条伸出长度、焊条的横截面积及焊条的电阻率。

2. 熔滴的作用力

电弧焊时焊条或焊条端部受热熔化形成熔滴并向母材过渡,与局部熔化的母材共同构成熔池,经冷却、结晶后形成焊缝,而熔滴的作用力是影响熔滴过渡及焊缝成形的主要因素。熔滴的作用力种类较多,可分为表面张力、重力、电磁力、气体吹力和斑点压力等。作用力性质不同,起到的作用也不相同,下面分别加以分析。

（1）表面张力

金属液体与其他液体一样,也具有表面张力,即在没有外力作用时,其表面积会尽量减小,聚集成球形。

焊条金属熔化后,在表面张力作用下,形成球滴状悬挂在焊条末端,只有当其他力超过表面张力时,熔滴才能过渡到熔池中去。

表面张力的大小与许多因素有关,如熔滴尺寸变大,熔滴表面张力也增加；金属液体温度越高,其表面张力越小；在保护气体中加入氧化性气体,可以显著减小金属液体的表面张力,使熔滴变细小。

（2）重力

熔滴在重力作用下有自然下垂的倾向。平焊时,重力有利于熔滴的过渡；横、立、仰焊时,重力起阻碍熔滴过渡的作用。

（3）电磁力

电流流过导体时,在导体周围便产生磁场,此磁场又对导体产生压缩力 P（图2-3-2）,这种力称为电磁力。电磁力的方向垂直于导体表面（更确切地说是垂直于电流线）,力图使导体截面积减小。电磁力对焊条未熔化部分无太大影响,对熔化的金属则有显著的压缩作用。特别是在焊条末端与熔滴之间的细颈部分,电流密度最大,电磁力也最大。此种沿焊条轴线不均匀分布的电磁力构成一种轴向推力,促使熔滴脱离焊条,向熔池过渡。

在空间任何位置进行焊接时,电磁力都有促进熔滴过渡的作用。在大电流施焊时,电磁力是熔滴过渡的主要作用力。在气体保护焊中,调节焊接电流密度以控制熔滴的尺寸和过渡方式是电磁力的具体应用。

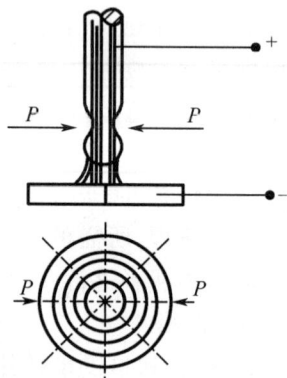

图2-3-2 磁力线压缩作用

（4）气体吹力

焊条电弧焊时,焊条药皮的熔化稍慢于焊芯的熔化,因此在焊条末端形成一小段喇叭形套管（图2-3-3）。套管内因药皮造气剂而生成大量 CO、CO_2 气体和其他蒸气。这些气体因受热而急剧膨胀,顺着套管喷向焊件,将熔滴吹送到熔池,此即所谓的气体吹力。不论焊缝的空间位置怎样,这种气流都有利于熔滴过渡。

（5）斑点压力

焊接电弧中的带电质点主要是电子和正离子,在电场的作用下,电子向阳极运动,正离子向阴极运动。这些带电质点撞击在两极的斑点上,便产生了机械压力,称为斑点压力,它阻碍熔滴过渡。直流正接时,阻碍熔滴过渡的是正离子引起的斑点压力;直流反接时,阻碍熔滴过渡的是电子引起的斑点压力。正离子的质量大、动能高,斑点压力大;电子的质量小、动能低,斑点压力也较小。因此,直流反接时容易产生细颗粒过渡,而直流正接时则不容易产生细颗粒过渡。

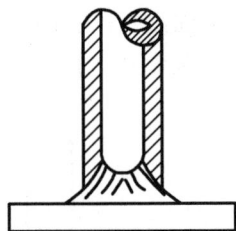

图2-3-3　气体吹力

3.熔滴过渡的形式

熔滴过渡在高温电弧中完成,直接参与了焊接冶金过程,并对焊接电弧的稳定及焊缝成形产生极大影响。熔滴过渡的形式主要包括自由过渡、接触过渡和渣壁过渡。熔滴过渡过程十分复杂,其具体形式随焊接工艺参数等因素发生变化。

(1)自由过渡

自由过渡是指熔滴经电弧空间自由飞行,焊丝端头与熔池不发生直接接触的过渡方式。当过渡的熔滴直径比焊丝直径大的时候称为滴状过渡;当过渡的熔滴直径比焊丝直径小的时候则称为喷射过渡;在电弧气氛或保护气体中含有 CO_2 气体时,有时会发生爆炸现象,使部分熔滴金属爆炸飞溅,而只有部分金属得以过渡,这种形式称为爆破过渡。常用的自由过渡是滴状过渡和喷射过渡。

粗滴过渡

滴状过渡可分为粗滴过渡和细滴过渡,如图2-3-4所示。细滴过渡时熔滴存在时间短,熔滴细化、过渡频率增加、电弧稳定性较高、飞溅较少、焊缝质量高,在生产中广泛采用,如 CO_2 气体保护焊及酸性焊条电弧焊。

喷射过渡具有电弧稳定、没有飞溅、电弧熔深大、焊缝成形好、生产率高等优点,适合于焊接厚度大于3 mm的焊件,不适宜焊接薄板。喷射过渡又分为射滴过渡和射流过渡等,如图2-3-5所示。

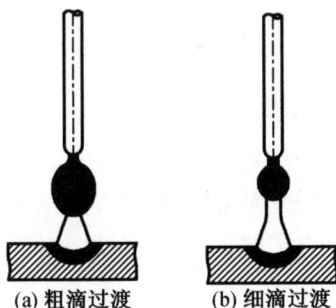

| (a) 粗滴过渡 | (b) 细滴过渡 | (a)射滴过渡 | (b)射流过渡 |

图2-3-4　滴状过渡　　　　**图2-3-5　喷射过渡**

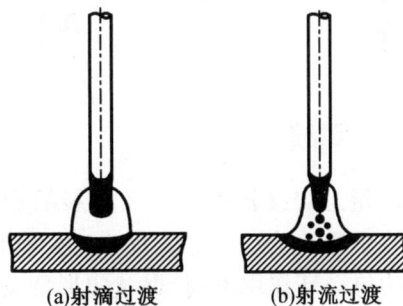

(2)接触过渡

接触过渡是焊丝端部的熔滴与熔池表面通过接触而过渡的方式,其又可分为短路过渡和搭桥过渡,分别如图2-3-6和图2-3-7所示。其中短路过渡能在小功率电弧下可实现稳定的金属熔滴过渡和稳定的焊接过程,所以适合于薄板或低热输入的焊接。细丝气体保护电弧焊及碱性焊条电弧焊生产的熔滴过渡形式主要为短路过渡。搭桥过渡是指焊接时焊丝没

搭桥过渡

有电流通过,在电弧热作用下焊丝熔化形成熔滴,并与熔池直接接触,从而过渡到熔池中的熔滴过渡形式。钨极氩弧焊和气焊,熔滴以搭桥过渡形式进入熔池。

图 2-3-6　短路过渡　　　　图 2-3-7　搭桥过渡

（3）渣壁过渡

渣壁过渡是熔滴沿着熔渣的壁面流入熔池的一种过渡形式。这种过渡方式只出现在埋弧焊和焊条电弧焊中。

沿套筒壁过渡

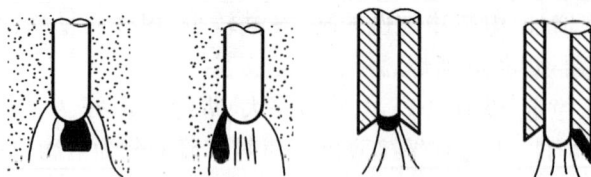

埋弧焊焊接时,电弧在熔渣形成的空腔内燃烧,熔滴主要通过渣壁流入熔池,只有少量熔滴通过空腔内的电弧空间进入熔池,如图 2-3-8(a)所示。

焊条电弧焊采用较厚药皮焊条或质量较差焊条时,焊芯熔化速度比药皮快,就会在焊条端部形成一定角度的药皮套筒,使熔滴沿套筒壁落入熔池,形成渣壁过渡,如图 2-3-8(b)所示。

(a) 埋弧焊　　　　(b) 焊条电弧焊

图 2-3-8　渣壁过渡

2.3.2　焊缝

焊接质量是焊接技术应用及发展的重要保证,焊缝成形质量影响着焊缝的内部质量,是决定焊接质量的关键。电弧焊中,熔化焊条与母材的焊接热源不断移动,致使不同位置焊缝所受的热循环作用不同,焊缝成形特点和规律也不同。

1. 焊缝的形成过程

焊接过程中,电弧热作用使焊条与母材熔化,在工件上形成具有一定形状和尺寸的液态熔池,随电弧移动,熔池前端的母材不断熔化进入熔池,熔池后部随电弧远离不断冷却、结晶形成焊缝,如图 2-3-9 所示。

熔池的形状不仅决定了焊缝的形状,而且对焊缝的组织、力学性能及焊接质量有着重要的影响。

2. 焊缝的结晶

焊缝的结晶过程与熔池的形状有着密切的关系,对焊缝的组织、质量有着重要影响。焊缝结晶总是从熔池边缘处母材半熔化的原始晶粒开始,沿熔池散热的相反方向进行,在熔池中心与不同方向结晶而来的晶粒相遇后终止。显然,焊缝晶粒为柱状晶,其方向均与熔池池壁垂直。图2-3-10为熔池形状对焊缝结晶的影响示意图。

当焊缝宽度与深度之比较小(图2-3-10(a)、图2-3-10(b))时,焊缝柱状晶在焊缝中心交叉,容易使低熔点结晶物及杂质聚焦在焊缝中心而产生裂纹、气孔及夹渣缺陷。焊缝尾部形状决定了晶粒的交角,尾部越细长(图2-3-10(c)、图2-3-10(d)),焊缝中心的杂质偏析越严重,产生纵向裂纹倾向越大。

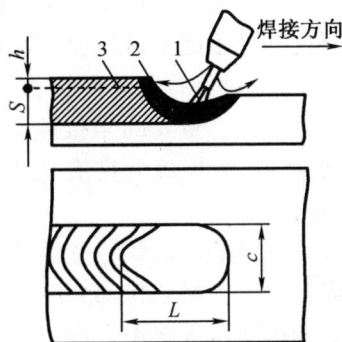

1—电弧;2—熔池;3—焊缝金属;S—熔池深度;L—熔池长度;c—熔池宽度;h—焊缝余高。

图2-3-9 熔池的形状与焊缝形成

3.焊缝的形状

焊缝的形状是指工件熔化区横截面的形状,可用焊缝的有效厚度(熔深)S、焊缝宽度(熔宽)c 和余高 h 三个参数描述。图2-3-11为对接接头和角接接头的焊缝形状及焊缝形状参数的表示方法。

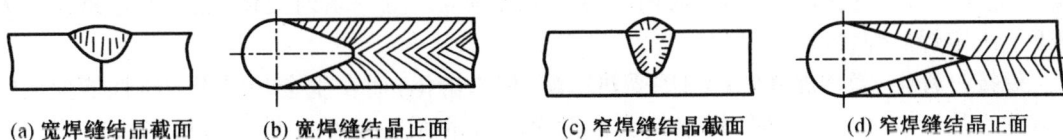

(a) 宽焊缝结晶截面　　(b) 宽焊缝结晶正面　　(c) 窄焊缝结晶截面　　(d) 窄焊缝结晶正面

图2-3-10 熔池形状对焊缝结晶的影响示意图

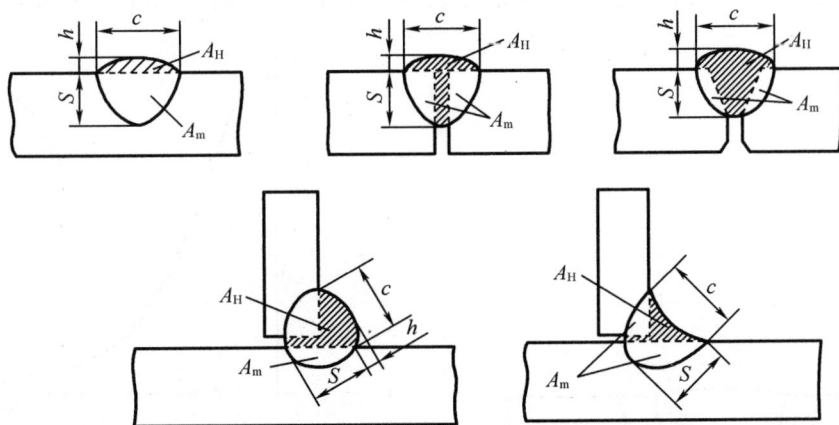

图2-3-11 对接接头和角接接头的焊缝形状及焊缝形状参数的表示方法

合理的焊缝形状要求熔深、熔宽及余高之间的比例适当,生产中主要用焊缝成形系数 φ 和余高系数 ψ 来表示焊缝成形特点,且有

$$\varphi = c/s \qquad (2-3-2)$$
$$\psi = c/h \qquad (2-3-3)$$

焊缝的有效厚度是衡量焊缝质量优劣的主要指标。外观检验时,熔宽、余高与熔深应符合规范比例。

除了有合理的焊缝成形系数,理想的焊缝成形其表面应与工件平齐。存在余高时,焊缝与母材连接处不能平滑过渡,会因几何尺寸的突变产生应力集中,使焊接结构的承载能力减弱。所以,对于特别重要的承受动载负荷作用的构件,可对带有余高的焊缝进行处理,人工将余高磨平。重要的角接接头,应在焊后将余高打磨成凹形。但大多数情况下,为保证焊缝强度,一般焊缝允许有适当的余高,如在有些规范中允许对接接头焊缝余高控制在 0~4 mm。

表征焊缝横截面形状特征的另一个重要参数为焊缝的熔合比。熔合比 θ 是单道焊时,在焊缝横截面上母材熔化部分所占的面积 A_m 与焊缝总面积 A_m+A_H 之比(A_H 为填充金属在焊缝横截面中所占的面积),即

$$\theta = \frac{A_m}{A_m+A_H} \tag{2-3-4}$$

熔合比越大,焊缝的化学成分越接近于母材。焊接时工件的坡口形式、焊接工艺参数等都会影响焊缝的熔合比,调整熔合比可控制焊缝金属的化学成分,是防止产生焊接缺陷及提高焊缝力学性能的重要手段。

4. 焊接接头的金相组织

焊接时,母材受到高温的影响,内部的金相组织会发生一系列变化,这些变化将在很大程度上决定焊后焊接接头的质量。

焊接过程中,紧靠焊缝的母材因受热影响(但未熔化)而发生金相组织力学性能变化的区域称为热影响区。熔焊时,焊接接头由两个相互联系的组织和性能有所区别的两个部分,即焊缝区和热影响区所组成。热影响区分为熔合区、过热区、正火区和不完全重结晶区,如图 2-3-12 和图 2-3-13 所示。实践表明,焊接接头的质量不仅取决于焊缝区,还在相当程度上取决于热影响区,如合金钢的焊接其热影响区存在的问题比焊缝区还要复杂。

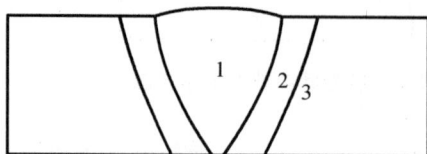

1—焊缝;2—热影响区;3—母材。

图 2-3-12 焊接接头

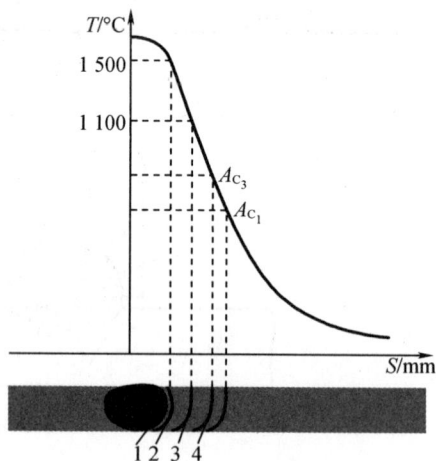

1—熔合区;2—过热区;3—正火区;4—不完全重结晶区。

图 2-3-13 热影响区

根据各部位的不同温度,热影响区可以划分为以下几个主要组织区域。

（1）熔合区

熔合区又称半熔化区，这是很窄的一段，是靠近焊缝的基本金属，加热温度处于液相线和固相线之间的温度范围。在焊接过程中，此区域只有部分金属熔化，所以称为半熔化区。它处在熔池的液态金属和未熔化的基本金属之间。焊接时液态金属和基本金属之间的化学成分互相扩散，所以这一段金属的成分既不同于基本金属也不同于焊缝金属。此区在化学成分、组织和性能上都有较大的不均匀性，靠近基本金属一侧的金属组织是过热组织，塑性很差。对于各种熔化焊，这个区的范围很窄，但对焊接接头的强度和塑性都有很大的影响。许多情况下，熔合区是裂纹、局部脆性破坏的发源地。

（2）过热区

焊接时被加热到 1 100 ℃至固相线的温度区间内温度的金属称为过热区。这部分金属由于加热温度高，超过了相变温度，所以转变为奥氏体后晶粒剧烈长大，冷却后成为晶粒粗大的过热组织，在 1 100 ℃以上停留时间越长，则晶粒越粗大。过热区的塑性很低，特别是冲击韧性通常要较基本金属低 20%~30%。为此，当焊接刚性较大的结构件时，常在过热区产生裂纹。过热区的大小与焊接方法、焊接工艺参数及焊件的板厚等有关。为保证焊接接头质量，焊接时宜采用合理的焊接工艺参数，适当地提高冷却速度，减少高温停留时间，从而减小过热区的宽度。

（3）正火区

将金属加热到稍高于 A_{C_3} 的温度，然后在空气中冷却，使金属的晶粒细化，这就是正火处理。焊接时，热影响区有—段金属被加热到 1 100 ℃以下，A_{C_3} 以上，冷却后得到的铁素体和珠光体组织比基本金属细，这个区域的金属称为正火区。其力学性能略高于基本金属。金属从高温冷却下来，奥氏体晶粒分解为铁素体和珠光体晶粒，这个过程叫作重结晶。过热区和正火区冷却后都发生重结晶，两个区域的区别只是晶粒的粗细不同。

（4）不完全重结晶区（部分相变区）

焊接时处于 A_{C_1}~A_{C_3} 温度范围的热影响区属于不完全重结晶区。焊接低碳钢和某些低合金钢，当金属加热温度稍高于 A_{C_1} 时，首先珠光体转变为奥氏体。随着温度的升高，部分铁素体逐步溶解于奥氏体中，温度越高溶解得越多，直至温度为 A_{C_3} 时，铁素体全部溶解于奥氏体中。当金属冷却时，又从奥氏体中析出微细的铁素体，直至温度为 A_{C_1} 时残余的奥氏体转变为共析组织——珠光体。这样 A_{C_1}~A_{C_3} 范围内只有一部分组织发生相变重结晶，而始终未溶入奥氏体中的铁素体晶粒便不断长大，变成了粗大的铁素体组织。所以，这个区域的金属组织是不均匀的，晶粒大小不一，一部分是经重结晶的细小晶粒的铁素体和珠光体，另一部分则是粗大的铁素体晶粒。晶粒大小不同，因此力学性能也不均匀。

热影响区的大小与接头形式、焊接方法、板厚、热输入、焊条的化学成分以及施工条件有关。通常使用优质焊条焊接时，热影响区的宽度为 5~6 mm。

2.3.3 焊接工艺参数的选择

焊条电弧焊的焊接工艺参数通常包括焊条直径、焊接电流、电弧电压、焊接速度和焊道层数等。焊接工艺参数选择的正确与否，直接影响焊缝形状、焊缝尺寸、焊接质量和生产率，因此如何选择合适的焊接工艺参数是焊接生产中不可忽视的一个重要问题。

1. 焊条直径的选择

焊条直径的选择对焊接质量和生产率的影响很大。焊条直径一般根据焊件厚度选择，同时还要考虑接头形式、施焊位置和焊道层数，对于重要结构还要考虑焊接热输入的要求。为提高生产效率，应尽可能地选用直径较大的焊条。但是，用过粗的焊条会产生未焊透或焊缝成形不良的缺陷，用直径过小的焊条则生产率低。焊条直径与焊件厚度的关系见表2-3-1，各种直径焊条使用的焊接电流的参考值见表2-3-2。

表 2-3-1　焊条直径与焊件厚度的关系

焊件厚度/mm	2	3	4~5	6~12	>13
焊条直径/mm	2	3.2	3.2~4	4~5	4~6

表 2-3-2　各种直径焊条使用的焊接电流的参考值

焊条直径/mm	1.6	2.0	2.5	3.2	4.0	5.0	5.8
焊接电流/A	25~40	40~60	50~80	100~130	160~210	200~270	260~300

在焊件厚度相同的条件下，平焊所选用的焊条直径应比其他位置大一些，立焊、横焊和仰焊应选用较细的焊条，一般不超过4.0 mm。第一层焊道应选用小直径焊条焊接，以后各层可以根据焊件厚度选用较大直径的焊条。T形接头、搭接接头都应选用较大直径的焊条。向上立角焊使用的焊条直径一般为3.2~4 mm，而向下立角焊使用的焊条直径根据焊脚尺寸的大小可选用4~6 mm。

2. 焊接电流的选择

选择焊接电流时，应参考焊条类型、焊条直径、焊件厚度、接头形式、焊接位置和焊道层数等因素综合考虑。焊工在操作时选好焊条直径和焊接位置后，需要调节的只有焊接电流，而电弧电压和焊接速度是由焊工在操作过程中控制的。焊接电流是焊条电弧焊的主要焊接工艺参数。

焊接电流越大，熔深越大，焊条熔化快，焊接效率也高。焊接电流过小会使引弧困难，电弧不稳，产生未焊透、夹渣，以及焊缝成形不良等缺陷，而且生产率低；焊接电流过大易产生咬边和焊穿缺陷，增加焊件变形和金属飞溅量，也会使焊接接头的组织由于过热而发生变化，降低焊接接头的韧性。所以，要合理选择焊接电流。

一般用碳钢焊条焊接时，焊接电流可按下式计算：

$$I = dK \tag{2-3-5}$$

式中　I——焊接电流，A；

　　　d——焊条直径，mm；

　　　K——焊接电流经验系数，A/mm。

焊接电流经验系数与焊条直径的关系见表2-3-3。

表 2-3-3　焊接电流经验系数与焊条直径的关系

焊条直径/mm	1.6	2~2.5	3.2	4~6
经验系数/（A·mm^{-1}）	20~25	25~30	30~40	40~50

应根据式(2-3-5)计算出的焊接电流范围,结合具体情况和实际经验来选择适当的焊接电流。

焊接位置不同,适合的焊接电流也不一样。平焊最大,横焊次之,仰焊再次之,立焊最小。通常横焊、仰焊时选用的焊接电流要比平焊时减小10%~15%;而立焊时选择的焊接电流则要比平焊时减小15%~20%。

对于多层焊接,通常焊接打底焊道时,为保证背面焊道的质量,使用的焊接电流偏小;焊接填充焊道时,为提高效率,保证熔合好,使用较大电流;焊接盖面焊道时,防止产生咬边缺陷和保证焊缝成形美观,使用稍小的电流。

3. 电弧电压的选择

焊条电弧焊的电弧电压主要由电弧长度来决定。焊接过程中,为了保证焊缝质量,要求电弧燃烧稳定,保持一定的电弧长度。电弧长度越长,电弧电压越高;电弧长度越短,电弧电压越低。一般来讲,使用低氢碱性焊条时,应尽量保持短弧焊接。电弧过长,会导致电弧燃烧不稳定,金属飞溅增加,熔深减少以及产生咬边等缺陷。此外,还会由于空气中氧、氮的侵入,而使焊缝产生气孔缺陷。因此,焊接时一般要求弧长不得超过焊条直径,为焊条直径的一半较好,其相应的电弧电压为16~25 V。使用酸性焊条时电弧长度应比使用碱性焊条时长,不得小于焊条直径。立焊、仰焊时电弧长度应比平焊时更短,以利于熔滴过渡,防止熔化金属下滴。

4. 焊接速度的选择

焊接速度是指焊接过程中焊条沿着焊接方向移动的速度,即单位时间内完成的焊缝长度。焊接速度的选择与所采用的焊接电流、电弧电压、坡口形式和焊接位置有关。焊接过程中,焊接速度应该均匀适当,既要保证焊透,又要保证不焊穿,同时还要使焊缝尺寸符合设计要求。焊接速度过快,熔化温度不够,会使得焊缝变窄,严重凹凸不平,容易产生咬边缺陷及使得焊缝波形变尖;焊接速度过慢,高温停留时间增长,热影响区宽度增加,会使焊缝变宽,余高增加,工效降低,当焊接较薄焊件时,易形成烧穿。

焊接速度直接影响焊接生产率,所以应该在保证焊缝质量的基础上采用较大的焊条直径和焊接电流,同时根据具体情况适当加快焊接速度,以提高焊接生产率。

5. 焊道层数的选择

对于开坡口的厚板的焊接,一般采用多层焊或多层多道焊。对于碳钢厚板来说,焊接时每层焊道厚度超过5 mm,对焊接接头的显微组织、力学性能影响不明显,而对低合金高强度钢等材料来说,每层焊道的厚度会影响到显微组织的粗细和力学性能。厚板焊接时,若焊道层数少,每层焊道厚度太大,晶粒粗化,将导致焊接接头的塑性和韧性下降。同样厚度的钢材,若采用多道焊或多层多道焊,其结果是焊接接头显微组织变细,热影响区较窄,前一条焊道对后一条焊道起预热作用,而后一条焊道对前一条焊道起热处理作用,因此接头的塑性和韧性都相对比较好。特别是对于易淬火钢,后焊道对前焊道起回火的作用,可改善接头组织和性能。对于低合金高强度钢等材料,为确保接头的组织和性能,每层焊道厚度不能大于4~5 mm。

焊接层数主要根据焊件厚度、焊条直径、坡口形式和装配间隙等来确定,可用下式近似估算:

$$n=\delta/d \tag{2-3-6}$$

式中　n——焊道层数;

δ——焊件厚度,mm;

d——焊条直径,mm。

2.3.4 焊接接头形式、坡口形式和尺寸

现代的钢质船舶都采用焊接结构,船体的板与板、骨架与骨架、板和骨架的连接组成了各种形式的焊接接头。船体结构焊接接头形式主要是对接接头和角接接头。设计者根据船体结构的受力条件和结构形式的不同,以及板厚和施工适应性的不同,按 CB/T 3190—1997 规定,选用不同的焊条电弧焊焊接接头形式、坡口形式和尺寸。

对接接头是指两工件端面相对平行的接头。这种接头能承受较大的载荷,应力分布比较均匀,容易保证焊接质量,但对焊前准备和装配质量要求相对较高。焊条电弧焊板材对接接头坡口形式和尺寸见表 2-3-4。对接接头均要求焊透,因此在双面焊时,封底焊前要用碳弧气刨等清除焊缝根部,在确保无任何缺陷的前提下封底焊,并要保证焊后获得一定的焊缝宽度。

表 2-3-4　焊条电弧焊板材对接接头坡口形式和尺寸

序号	规格	坡口形式	坡口代号	适用范围
1	$t \leqslant 24$ $t_1 - t < 4$ $b = 1^{+2}_{-1}$ $\alpha = 55° \pm 5°$		V-1	小合拢、中合拢、大合拢现场切割的接缝,如外板的接缝等
2	$t \leqslant 24$ $b = 1^{+2}_{-1}$ $P_1 = 0^{+2}_{-0}$ $\alpha_1 = 45° \pm 5°$ $\alpha_2 = 10°\,^{0°}_{-2°}$		V-5	中合拢、总组大合拢外场加工的接缝,如舷部与底部的接缝等
3	$t \leqslant 10$ $t_1 - t < 4$ $b = 5 \pm 1$ $\alpha = 40° \pm 5°$ $t = 11 \sim 20$ $t_1 - t < 4$ $b = 7 \pm 1$ $\alpha = 40° \pm 5°$ $t > 20$ $t_1 - t < 4$ $b = 9 \pm 1$ $\alpha = 40° \pm 5°$		V-8	反面无法施焊的接缝,如舯、艉部外板的接缝等

表 2-3-4(续1)

序号	规格	坡口形式	坡口代号	适用范围
4	$t = 6 \sim 13$ $t_1 - t < 4$ $b = 2^{+1}_{-2}$ $P = 2$ $\alpha = 55° \pm 5°$ $t = 14 \sim 24$ $t_1 - t < 4$ $b = 2^{+1}_{-2}$ $P = \frac{1}{4}t \pm 2$ $\alpha = 55° \pm 5°$		Y-1	小合拢、中合拢的接缝,如外板、内底板、甲板板、平台板、隔舱板、纵骨的接缝等
5	$t = 8 \sim 13$ $b = 2^{+1}_{-2}$ $P = 2$ $\alpha = 45° \pm 5°$ $\alpha_1 = 10°\,^{0°}_{-2°}$ $t = 14 \sim 24$ $b = 2^{+1}_{-2}$ $P = \frac{1}{4}t \pm 2$ $\alpha = 45° \pm 5°$ $\alpha_1 = 10°\,^{0°}_{-2°}$		Y-5	中合拢、大合拢的接缝,如舷部与底部无余量接缝等
6	$t > 20$ $t_1 - t < 4$ $b = 2^{+1}_{-2}$ $P = 1 \pm 1$ $\alpha = 55° \pm 5°$		X-1	小合拢、中合拢较厚板的接缝,如外板、内底板、甲板板、主辅机座板的接缝等
7	$t > 20$ $h = \frac{1}{3}t$ $b = 2^{+1}_{-2}$ $P = 1 \pm 1$ $\alpha = 55° \pm 5°$		X-5	艏、艉部中合拢的接缝,如外板、主机座纵桁、艉柱外板的接缝等

表 2-3-4(续 2)

序号	规格	坡口形式	坡口代号	适用范围
8	$t>20$ $t_1-t<4$ $b=2^{-1}_{-2}$ $r=5^{+1}_0$ $P=2\pm1$ $\alpha=10°\pm2°$		U-1	
9	$t>30$ $r=5^{-1}_0$ $b=2^{+1}_{-2}$ $P=2\pm1$ $\alpha=10°\pm2°$		U-3	厚板的接缝

角接接头是指两工件端面间构成大于30°、小于135°夹角的接头。角接接头便于组装、能获得美观的外形,但焊缝的承载能力不高,通常只起连接作用,不能用来传递工作载荷,一般多用于箱形构件等不重要的焊接结构。船体结构中的角接接头一般均不开坡口,对承受较大载荷及重要部位的角接接头,如主机座与底板、强力甲板边板与舷顶列板等,则应按CB/T 3190—1997的规定开坡口,并保证焊透。若设计图纸有特殊要求,则应按图纸规定施焊。

接头坡口形式选择的一般原则如下。

(1)根据钢板厚度开坡口。对接接头钢板厚度小于6 mm时,开直角坡口;大于或等于6 mm时,开V形坡口;大于16 mm时,开Y形或U形坡口。

(2)坡口的面向应根据施工条件而定,对于坡口深度较大的一面应开在平焊一面。对于封底焊,坡口面应开在清根方便的一面。

(3)当两块对接板材的单面厚度差 $t_1-t\geq4$ mm 或双面厚度差 $t_1-t\geq8$ mm 时,需对较厚板做单面或双面削斜,削斜长度一般为板厚差的4倍,即 $l=4(t_1-t)$,如图2-3-14所示。

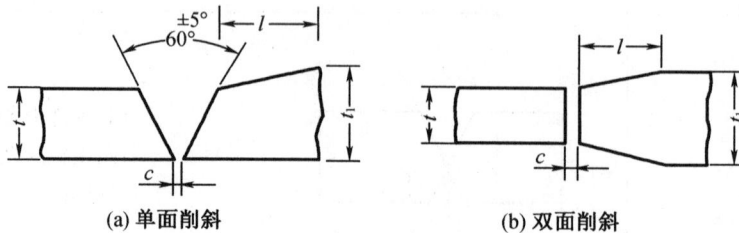

(a) 单面削斜   (b) 双面削斜

图 2-3-14 不同厚度板材对接的削斜

2.3.5 焊缝符号及焊缝的标注方法

1. 焊缝符号

焊缝符号(焊缝代号)是指在图样上标注焊接方法和焊缝尺寸等的符号。根据GB/T 324—2008标准规定,焊缝符号一般由基本符号与指引线组成,必要时还要加上补充符号、焊缝尺寸符号等。

(1)基本符号

基本符号是表示焊缝横截面形状的符号,常用基本符号及标注方法见表2-3-5。

表2-3-5 常用基本符号及标注方法

名称	符号	示意图	图示法	标注法
I形焊缝	‖			
V形焊缝	V			
单边V形焊缝	V			
角焊缝	△			

(2)指引线

指引线一般由箭头线和两条基准线(一条为细实线,一条为虚线)组成,如图2-3-15所示。基准线的虚线可以画在基准线实线上侧或下侧,基准线一般与图样的底边平行,特殊条件下也可与底边相垂直。箭头线用细实线绘制,箭头指向有关焊缝处,必要时允许箭头线折弯一次。

(3)补充符号

补充符号是为了补充说明有关焊缝或接头的某些特征(如表面形状、衬垫、焊缝分布、施焊地点等)而采用的符号,见表2-3-6。

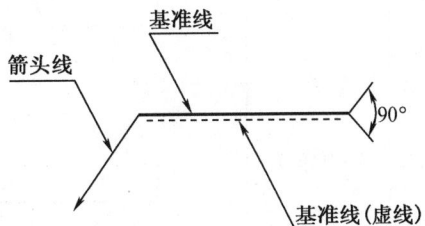

图2-3-15 指引线

表 2-3-6　补充符号

序号	名称	符号	说明
1	平台	▬	焊缝表面通常经过加工后平整
2	凹面	 ◡	焊缝表面凹陷
3	凸面	 ◠	焊缝表面凸起
4	圆滑过渡	 ⌣	焊趾处过渡圆滑
5	永久衬垫	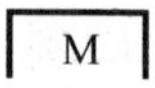 [M]	衬垫永久保留
6	临时衬垫	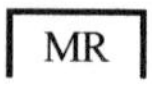 [MR]	衬垫在焊接完成后拆除
7	三面焊缝	⊏	三面带有焊缝
8	周围焊缝	 ○	沿着工件周边施焊的焊缝 标注位置为基准线与箭头线的交点处
9	现场焊缝	 ⚑	在现场进行焊接的焊缝
10	尾部	 <	可以表示所需的信息

（4）焊缝尺寸符号

焊缝尺寸一般不标注,设计或生产需要注明焊缝尺寸时才标注,常用焊缝尺寸符号见表 2-3-7。

表 2-3-7　常用焊缝尺寸符号

符号	名称	示意图	符号	名称	示意图
δ	工件厚度	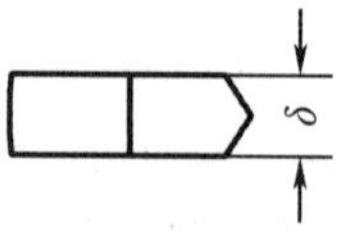	e	焊缝间距	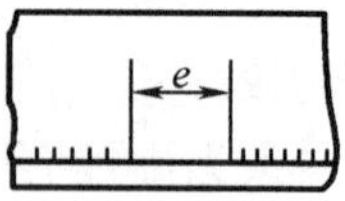
α	坡口角度	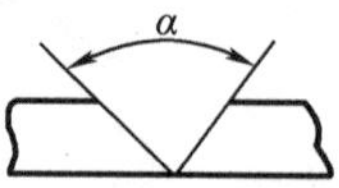	K	焊脚尺寸	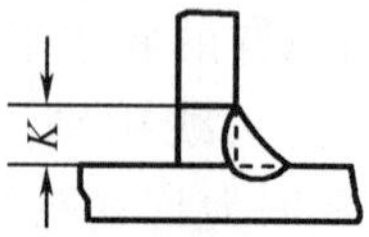
b	根部间隙	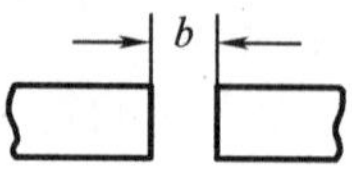	d	熔核直径	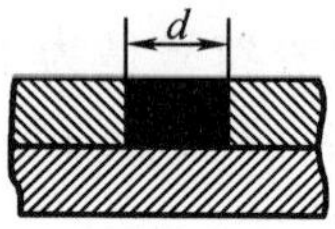

表 2-3-7(续)

符号	名称	示意图	符号	名称	示意图
P	钝边	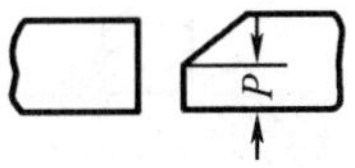	s	焊缝有效厚度	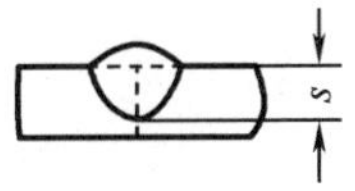
c	焊缝宽度	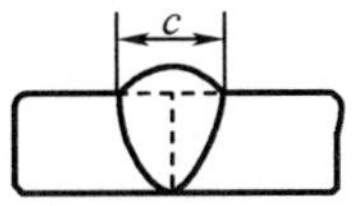	N	相同焊缝数量	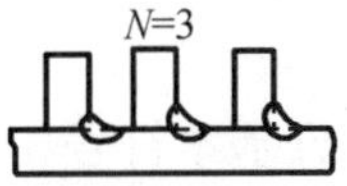
R	根部半径	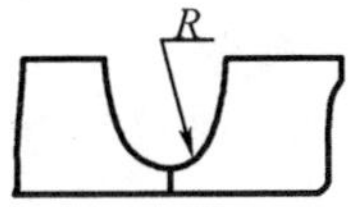	H	坡口深度	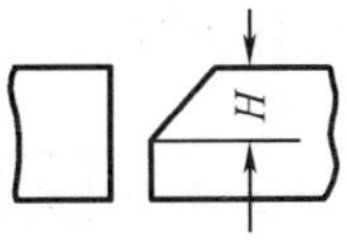
l	焊缝长度	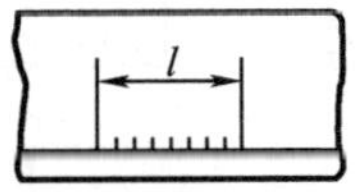	h	余高	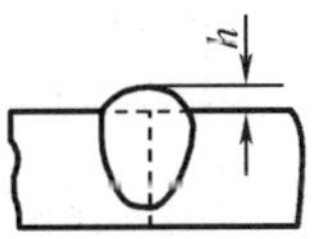
n	焊缝段数	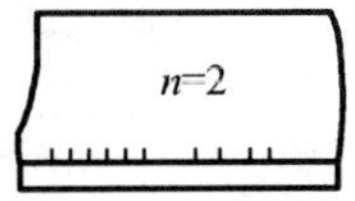	β	坡口面角度	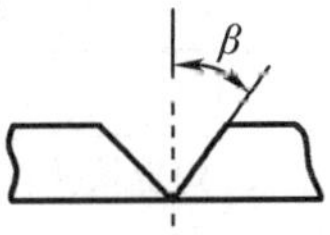

（5）焊接方法

焊接方法很多,常用的有电弧焊、电渣焊、点焊和钎焊等。焊接方法可用文字在技术要求中注明,也可用数字代号直接注写在尾部符号中。常用焊接方法及代号见表 2-3-8。

表 2-3-8　常用焊接方法及代号

代号	焊接方法	代号	焊接方法
1	电弧焊	15	等离子焊
111	手工电弧焊	4	压焊
12	埋弧焊	43	锻焊
3	气焊	21	点焊
311	氧-乙炔焊	91	硬钎焊
72	电渣焊	94	软钎焊

2. 焊缝的标注方法

（1）箭头线相对焊缝的位置

箭头线相对焊缝的位置一般没有特殊要求,箭头线可以标在有焊缝的一侧(焊缝侧),

也可以标在没有焊缝的一侧(非焊缝侧),如图 2-3-16 所示。

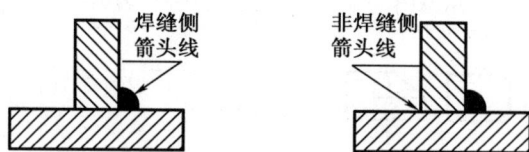

图 2-3-16　箭头线相对焊缝的位置

(2)基本符号相对基准线的位置

为了能在图样上确切地表示焊缝位置,标准中规定了基本符号相对基准线的位置,如图 2-3-17 所示。

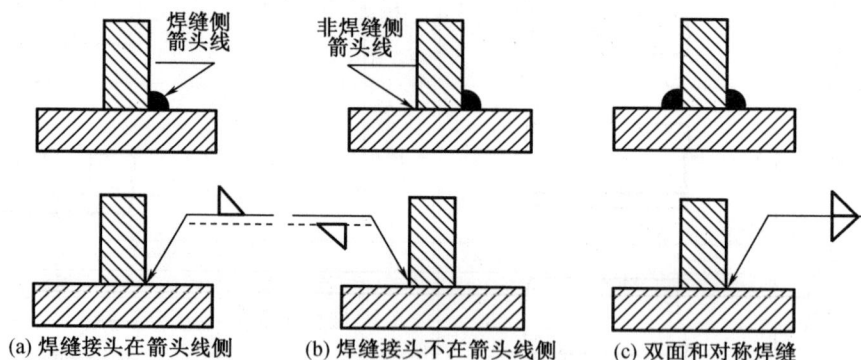

(a) 焊缝接头在箭头线侧　　(b) 焊缝接头不在箭头线侧　　(c) 双面和对称焊缝

图 2-3-17　基本符号相对基准线的位置

焊缝接头在箭头线侧,则将基本符号标在基准线的细实线一侧,如图 2-3-17(a)所示;焊缝接头不在箭头线侧,则将基本符号标在基准线的虚线一侧,如图 2-3-17(b)所示;标注对称焊缝和双面焊缝时,可不画基准线的虚线,如图 2-3-17(c)所示。

(3)焊缝尺寸符号及数据的标注

焊缝尺寸符号及数据的标注原则如下。

①焊缝横截面上的尺寸,标在基本符号的左侧。

②焊缝长度方向的尺寸,标在基本符号的右侧。

③坡口角度 α、坡口面角度 β、根部间隙 b 等尺寸标在基本符号的上侧或下侧。

④相同焊缝数量符号及焊接方法代号标在尾部符号中。

⑤当需要标注的尺寸数据较多又不易分辨时,可在尺寸数据前面增加相应的尺寸符号。箭头方向变化时上述原则不变。

3. 常见焊缝的标注示例

常见焊缝的标注示例见表 2-3-9。

表 2-3-9　常见焊缝的标注示例

接头形式	焊缝形式	标注示例	说明
对接接头	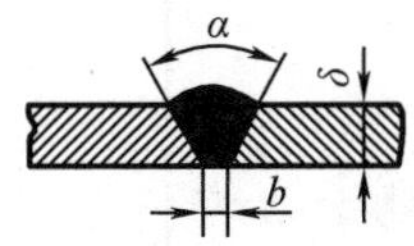	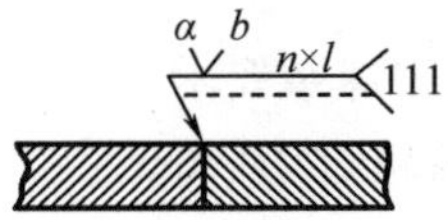	111 表示用手工电弧焊，V 形坡口，坡口角度为 α，根部间隙为 b，有 n 段焊缝，焊缝长度为 l
T 形接头	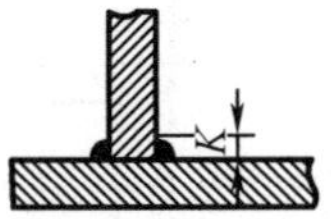	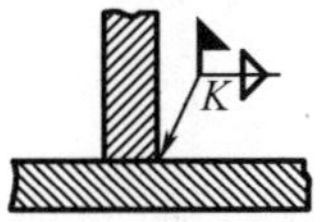	▶表示在现场进行焊接，▷表示双面角焊缝，焊脚尺寸为 K
	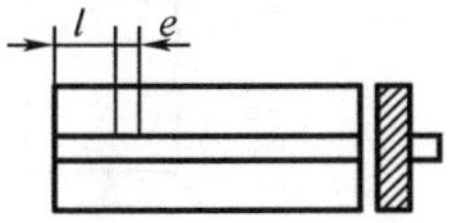	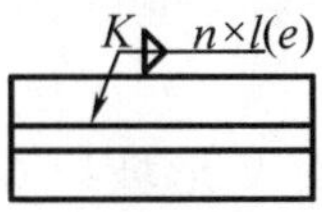	▷$n\times l(e)$表示有 n 段双面角焊缝，l 表示焊缝长度，e 表示焊缝间距
角接接头	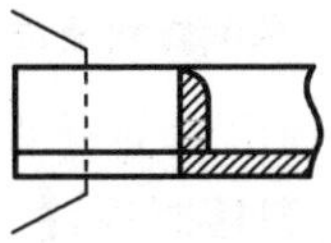	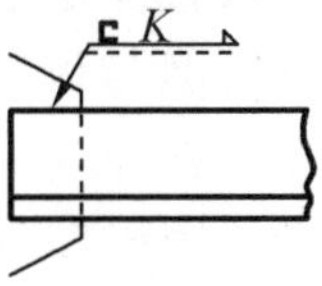	⊏表示三面焊缝，◣表示单面角焊缝
	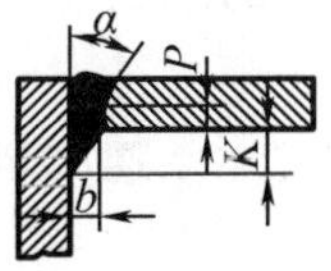	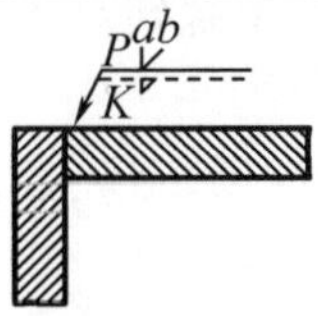	表示双面焊缝，上面为带钝边单边 V 形焊缝，下面为角焊缝
搭接接头	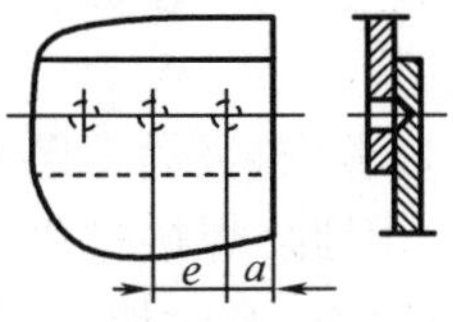	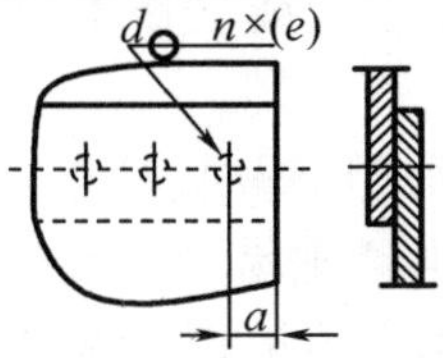	O表示周围焊缝，d 表示焊点直径，e 表示焊点的间距，a 表示焊点至板边的间距

任务实施

如图 2-3-18 所示为垂直固定管对接单面焊双面成形焊图样，材料为 20 钢管。读懂工程图样，完成垂直固定管对接单面焊双面成形焊，达到工程图样技术要求。

1. 焊前准备

（1）焊接材料及要求

焊条型号 E4315，直径 3.2 mm，要求按规定焙烘、保温、保管、使用。

（2）母材要求

船体结构用钢或低碳钢、低合金钢，直径≤60 mm，壁厚 3~6 mm。

（3）坡口形式及要求

单边坡口 30°±1°，可以保留钝边 1 mm。钢管坡口内、外边 20 mm 范围内清除水、锈、油漆等。

（4）装配要求

①可选用一根 60 mm×60 mm×500 mm 的角钢，将其按船形位置固定在焊接平台上，把

钢管放置在角钢中间,两坡口端对齐相接。

②钢管内、外壁对齐无明显错边再定位焊,间隙≤1.5 mm。

③定位焊所用焊条和施焊所用焊条要求一致。

④在坡口内定位焊长度不能超过 10 mm,并且不能焊穿使反面形成焊瘤,在钢管相对应的两个点,时钟 3 点钟位置和 9 点钟位置定位焊。

(5)辅助工、量具

准备焊钳、手锤、敲渣锤、錾子、钢丝刷、保温桶、工具盒、钢直尺、焊缝测量器等工、量具各一套。

2. 任务分析

由图 2-3-18 可知,钢管开单面 V 形坡口 60°,实施带余高的环形焊缝的焊条电弧焊,垂直固定管对接单面焊双面成形。焊接位置为横焊位,但与板对接横

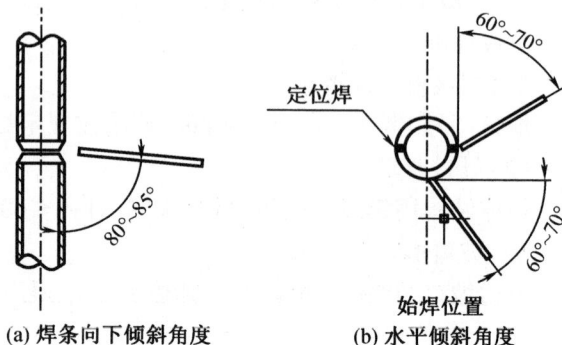

图 2-3-18　垂直固定管对接
单面焊双面成形焊图样

焊有所不同,管垂直固定的焊接,操作者在焊接过程中要不断地沿着管子曲率移动身体,并要逐渐调整焊条角度沿管子圆周转动。因操作有一定的难度,焊接时应注意以下问题。

(1)运条时,要沿管子圆周转动,手腕转动不够灵活会使电弧过长,加之焊接电流过大,在盖面焊缝上边缘容易产生咬边。

(2)焊接电流过小,熔渣与熔池混淆不清,熔渣来不及浮出;运条速度过快,在焊缝下边缘容易产生未熔合或夹渣缺陷。

(3)焊接电流过大,运条速度过慢或动作不协调,在焊缝下边缘容易下坠和产生焊瘤缺陷。

垂直固定管对接单面焊双面成形焊时,液态金属受重力影响,极易下坠形成焊瘤或产生下坡口边缘未熔合缺陷,坡口上侧则易产生咬边等缺陷。因此,焊接过程中应始终保持较短的焊接电弧、较少的液态金属送给量和较快的间断熄弧频率,有效地控制熔池温度,从而防止液态金属下坠。注意:焊条角度应随着环形焊缝的周向变化而变化,由此获得令人满意的焊缝成形。

3. 操作要领

(1)起弧

①在坡口处用划擦引弧法引弧。

②焊接电流可以相应大一点,在 100~120 A 范围内。

③焊条与工件的角度,水平倾斜 60°~70°,向下倾斜 80°~85°,如图 2-3-19 所示。保证第一点起弧要在焊接部位前 5~15 mm 处,用长弧进行预热后再压紧电弧,听到有击穿的声音后再开始略加摆动并向焊接方向移动。

(2)运条

用划擦法在坡口内引弧,用长弧预

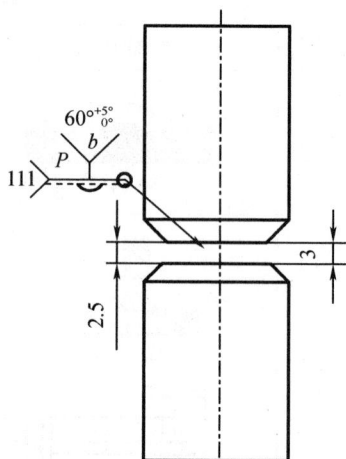

(a) 焊条向下倾斜角度　　(b) 水平倾斜角度

图 2-3-19　垂直固定管对接

热坡口,待坡口两侧温度接近熔化温度时,压低电弧,听到击穿声后,焊条略加摆动形成熔池,随后采用直线往复或斜锯齿运条方式向前移动焊条。焊条有两个倾斜角度,即前进方向的水平倾斜角度和向下的垂直倾斜角度。换焊条的动作要快,当焊缝还未冷却时,再次引燃电弧。焊一圈回到始焊位置接头时,焊条转一个角度,对准始焊位置,听到击穿声后略加摆动,填满熔池后收弧。

第一层焊道要求在坡口正中偏下焊缝的上部,不能够有尖角(夹角不能过尖),下部不能有满溢(卷边)。盖面焊通常采用多道焊,水平倾斜角度不需要改变,在焊接最后一道时,焊条的垂直倾角要小一些,以消除咬口。焊条移动速度要快,焊中间焊道时则要慢,使盖面焊形成凸形焊缝。

(3)易出现的问题

①熔池金属容易下淌,形成上部咬口,下部卷边。

②在操作者移动时焊条的角度发生变化,易形成未焊透及焊瘤等缺陷。

③打底焊时焊缝上部容易形成尖角,使后续焊缝的熔池金属在电弧作用下不能够与之很好熔合而产生夹渣等缺陷。

④盖面焊时,焊道间温差太大会出现明显的沟槽,中间部分凸不出来,最后一道焊缝又低不下去。

(4)处理办法

①采用合适的焊接工艺参数(焊接电流为100~130 A),每一道不要堆积太厚,熟练掌握运条手法。

②操作者移动时要均匀平稳,电弧的长度和焊条的角度不要有太大的变化。

③打底焊时焊条的向下倾斜角度要合适,尽量使充填金属薄一点,运条的手法要快一点。

④盖面焊时坡口两边要留出少许,中间部位稍凸出,为得到凸形焊缝做好准备;进行上下焊道的焊接时速度要快,焊条倾角要小,以消除咬口。

4.焊接总结

单面焊双面成形技术是焊工应熟练掌握的操作技能。在单面焊双面成形操作过程中,不需要采用任何辅助措施,只要在坡口根部组装定位焊时,按不同的操作手法留出适当的间隙,当进行焊接时,就会在坡口的正、反面都得到均匀、整齐、成形良好、符合质量要求的焊缝。作为焊工,在焊接过程中应牢记"心静、气匀、眼精、手稳"八个字。

(1)心静

焊工在焊接过程中,应专心焊接,心无旁骛,任何与焊接无关的杂念都会使焊工分心,在运条、断弧频率、焊接速度等方面出现错误,从而导致产生焊接缺陷。

(2)气匀

焊工在焊接过程中,无论是站位焊接还是蹲位焊接,都要求呼吸平稳,既不能大憋气,以免因缺氧而烦躁,影响发挥操作技能,也不要大喘气,使身体上下浮动,影响手稳。

(3)眼精

在焊接过程中,焊工的眼睛要时刻注意观察焊接熔池的变化,注意熔孔尺寸每一个焊点与前一个焊点重合面积的大小,熔池中液态金属与熔渣的分离等。

(4)手稳

眼睛看到哪儿,焊条就应该按运条方法,选择合适的弧长,准确无误地送到哪儿,保证正、背两面焊缝成形良好。

总之,这八个字是焊工经多年的实践总结出来的,"心静、气匀"是前提,是对焊工的基本要求。在焊接岗位上"一心不可二用",否则,不仅焊接质量不高,还容易发生安全事故,只有做到"心静、气匀",焊工的"眼精、手稳"才能发挥作用。所以说,这八个字,既有各自独立的特性,又有相互依托的共性。这需要在焊接工作实践中,仔细体会其中的奥秘。

思考与练习

一、判断题(在题末括号内做记号:√表示对,×表示错)

1. 定位焊所使用的焊条可与正式焊接所使用的焊条不一致,工艺条件也可降低。（　　）

2. 焊缝成形系数小的焊道焊缝宽而浅,不易产生气孔、夹渣和热裂纹缺陷。（　　）

3. 电弧电压是决定焊缝厚度的主要因素。（　　）

4. 熔焊时,焊缝的组织是柱状晶。（　　）

5. 斑点压力的作用方向总是阻碍熔滴向熔池过渡。（　　）

二、选择题

1. 在焊接工艺参数正常的条件下,焊条金属的平均熔化速度与焊接电流（　　）。

A. 成正比　　　B. 成反比　　　C. 成不规律比例　　　D. 的平方成反比

2. 不论在何种焊接条件下都阻碍熔滴过渡的力有（　　）。

A. 重力　　　B. 斑点压力　　　C. 电磁力　　　D. 表面张力

3. 两焊件端面间构成大于 $30°$、小于 $135°$ 夹角的接头叫（　　）。

A. T 形接头　　　B. 对接接头　　　C. 角接接头　　　D. 搭接接头

4. （　　）其值取决于电弧的长度。

A. 焊接电流　　　B. 电弧电压　　　C. 焊接速度　　　D. 焊条直径

5. （　　）位置焊接可选较大的焊接电流。

A. 平焊　　　B. 横焊　　　C. 立焊　　　D. 仰焊

三、问答题

1. 什么是熔滴过渡? 熔滴过渡的形式有哪些?

2. 焊条电弧焊的熔滴过渡受的作用力有哪些? 其作用如何?

3. 什么是焊接接头? 焊接接头常用基本形式有哪些?

四、计算题

焊条电弧焊时,焊缝成形系数 $\varphi=1.5$,测得焊缝宽度为 5 mm,求焊缝的计算厚度 s。

五、简答题

说明下列图形及符号的含义。

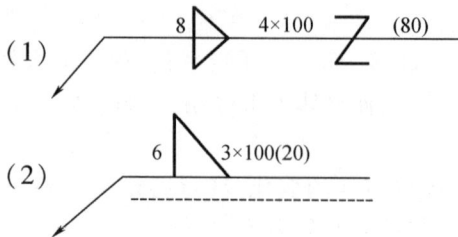

(1)

(2)

模块三　CO₂ 气体保护焊

项目 3.1　CO₂ 气体保护焊平对接焊

学习目标

1. 掌握 CO_2 气体保护焊的工作原理；
2. 熟练掌握 CO_2 气体保护焊设备、焊丝的使用；
3. 熟悉 CO_2 气体保护焊的特点；
4. 掌握 CO_2 气体保护焊的应用范围；
5. 完成 CO_2 气体保护焊平对接焊。

项目任务

由于平焊位焊缝成形良好，平对接焊时熔滴在重力作用下易落入熔池，而不易滴落在外，观察电弧方便、不易疲劳，因此 CO_2 气体保护焊平对接焊（图 3-1-1）在船舶焊接生产中有着广泛的应用。学生应在熟悉 CO_2 气体保护焊基本原理及焊接设备的基础上，掌握引弧、运条、焊道连接和焊道收尾等操作技能，领会 CO_2 气体保护焊安全防护及环境要求，分析焊接技术要求，贯彻 CO_2 气体保护焊的相关焊接标准。

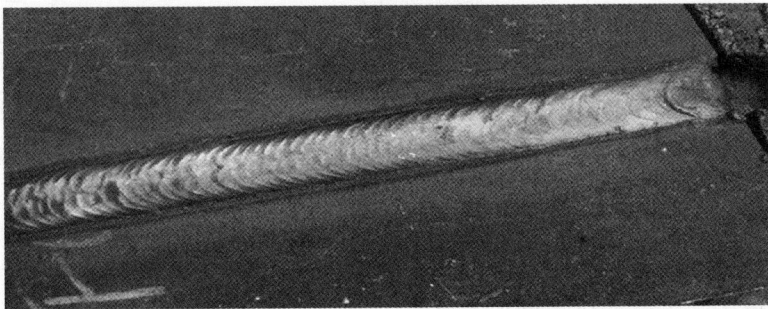

图 3-1-1　CO₂ 气体保护焊平对接焊

知识能力

3.1.1　CO₂ 气体保护焊的工作原理和特点

1. CO_2 气体保护焊的工作原理

CO_2 气体保护焊通过焊丝与母材（工件）间产生的电弧热熔化焊丝与母材形成熔池，CO_2 气体自喷嘴喷出形成一保护气罩，对焊丝、电弧和熔池进行保护，以防止大气的入侵，从而获得良好的焊接接头。

CO₂ 气体保护焊的工作原理如图 3-1-2 所示:焊丝自焊丝盘拉出,经送丝轮进入焊枪导丝软管(弹簧钢丝管),自导电嘴伸出后与母材之间产生电弧,熔化焊丝和母材。流量合适的 CO_2 气体自喷嘴喷出后形成稳定匀称的保护气罩,有效地防止了大气的侵入,这是 CO_2 气体保护焊获得优良焊接质量的重要因素之一。

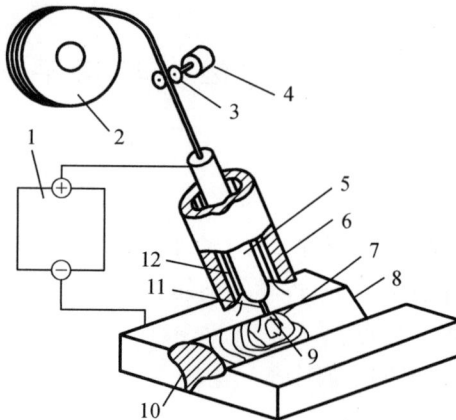

1—焊接电源;2—焊丝盘;3—送丝轮;4—送丝电动机;5—导电嘴;6—喷嘴;
7—电弧;8—母材;9—熔池;10—焊缝金属;11—焊丝;12—保护气体(CO_2)。

图 3-1-2   CO₂ 气体保护焊的工作原理

焊丝的送进是通过送丝机构自动进行的,如果焊枪的移动(有时带摆动)也由机械装置自动完成,称为 CO_2 气体保护自动焊;如果焊枪的移动(有时带摆动)必须由焊工直接操纵,称为 CO_2 气体保护半自动焊。

2. CO₂ 气体保护焊的特点

(1)主要优点

①焊接成本低。CO_2 气体是酒精的副产品,来源广,价格低。CO_2 气体保护焊焊前对焊件的清理工作可以从简,焊后不需要除渣,消耗的焊接电能少。CO_2 气体保护焊的成本只有埋弧焊或焊条电弧焊的 40%~60%。

②生产率高。CO_2 气体保护焊因使用细焊丝焊接,焊接电流密度高达 100~200 A/mm²,熔深大,焊丝熔化率高,熔敷速度快。此外,CO_2 气体保护焊焊后没有焊渣,节省了清渣时间,特别是在进行多层焊时。CO_2 气体保护焊的生产率通常比手工电弧焊高 1~4 倍。

③焊接变形小。由于电弧热量集中,加热面积小,焊接速度快,同时 CO_2 气流具有较大的冷却作用,因此 CO_2 气体保护焊焊接热影响区和焊件变形较小,特别适合用于焊接薄板。

④抗锈能力强。CO_2 气体保护焊中,熔池具有剧烈的沸腾现象,有利于气体逸出;同时由于采用了高锰高硅型焊丝,焊缝金属的还原作用大大增加,对铁锈的敏感性大大降低,因此焊缝中不易产生气孔,含氢量也很少,其强度和冲击韧性都较高。

⑤操作性能好。CO_2 气体保护焊由于是明弧焊,焊接过程中可以看清电弧和熔池情况,能随时发现问题而加以调整。同时,CO_2 气体保护半自动焊具有手工电弧焊的灵活性,特别适合用于全位置焊接。CO_2 气体保护焊还易于实现机械化和自动化。

(2)不足之处

①金属飞溅较多,焊缝表面成形较差。

②很难用交流电焊接,焊接辅助设备较多。

③不能焊接易氧化的金属材料。

④不能在有风的地方施焊,否则容易出现气孔。

3. 应用范围

CO_2 气体保护焊经过多年的不断摸索、改进,在应用中积累了大量经验,目前已成为较成熟的电弧焊方法。

从工件厚度来看,薄板、中板和厚板都可以焊接。

从焊接位置来看,可以进行全位置焊接。

从应用的部门来看,已遍及我国的船舶、汽车、矿山工程机械、石油化工、建筑等行业。

从被焊的材料来看,既能焊接碳钢和低合金钢,又能焊接不锈钢和耐热钢,甚至还可以用来焊补铸铁等焊接性较差的金属材料。

从功能和用途来看,既可用于焊接,又可用于金属表面堆焊,还可用于磨损件和铸钢件缺陷的修复。

3.1.2　CO_2 气体保护焊设备

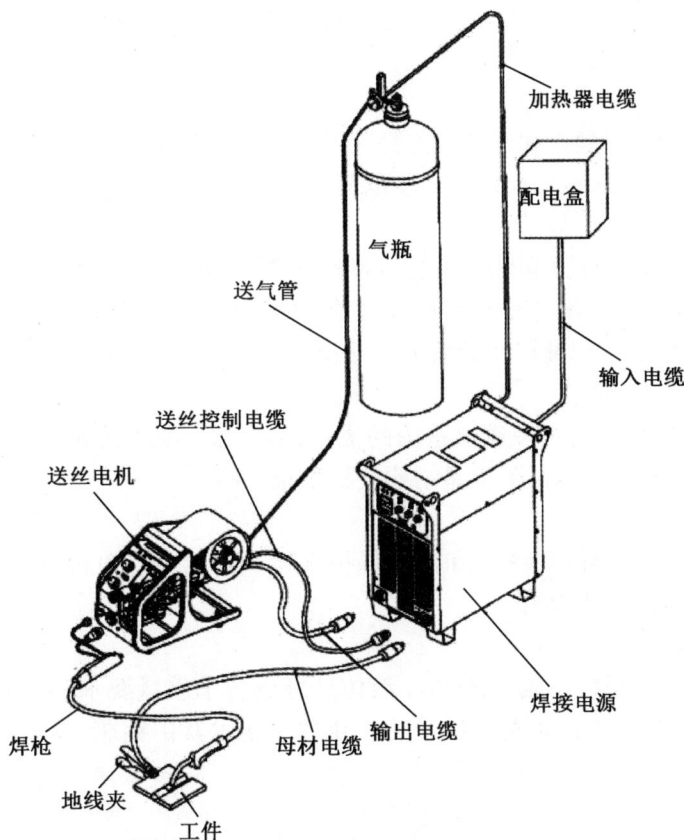

CO_2 气体保护焊设备

1. CO_2 气体保护焊设备的组成

CO_2 气体保护焊设备又称 CO_2 气体保护焊机,由焊接电源、送丝系统、焊枪、供气系统和控制系统等部分组成。图3-1-3为 CO_2 气体保护焊设备示意图。

图3-1-3　CO_2 气体保护焊设备示意图

（1）焊接电源

CO_2 气体保护焊由于电流密度大,且气体对电弧具有冷却作用,因此电弧静特性曲线是上升的。这就要求焊接电源外特性曲线应为平的或略为下降的。目前普遍使用的硅弧焊整流器和晶闸管弧焊整流器电源能获得平硬的外特性。而新型的逆变式焊机体积小、质量轻,具有良好的动特性,例如 NBC-350 型逆变式焊机。

（2）送丝系统

如图 3-1-4 所示,CO_2 气体保护半自动焊的送丝系统有拉丝式、推丝式和推-拉式三种。

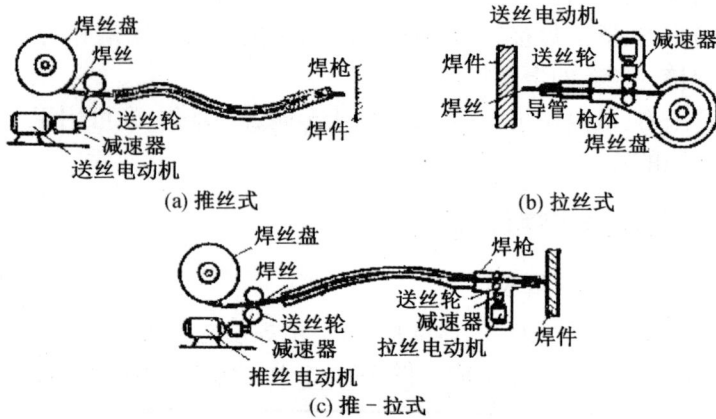

图 3-1-4　CO_2 气体保护半自动焊的送丝系统

①拉丝式

这种送丝系统的焊丝盘和送丝机构都装于焊枪上,因此焊枪结构复杂、较重,只宜采用细焊丝(直径为 0.5~1 mm),操作的活动范围为十几米。

②推丝式

这种送丝系统的焊丝盘和送丝机构与焊枪分离,因此焊枪结构简单、较轻,但焊丝的定向需通过软管来控制,故软管不能太长或扭曲,否则焊丝不能顺利送出。其所采用的焊丝直径宜在 0.8 mm 以上,以便能由软管顺利送出。其操作的活动范围为 2~4 m。

③推-拉式

这种送丝系统兼有前两种送丝系统的优点,而克服了它们的缺点,可以在距焊接电源 10 m 以外的工作场地进行焊接,但是结构要更复杂一些。

（3）焊枪

焊枪的主要作用是导电、送丝和输送保护气体。焊枪可分为自冷式和水冷式两种,电流大于 350 A 时用水冷式焊枪。

（4）供气系统

供气系统的作用是将钢瓶中的 CO_2 液体处理成合乎质量要求的具有一定流速的 CO_2 气体,并使之均匀畅通地从焊枪喷嘴喷出。供气系统通常由钢瓶、预热器、减压阀、干燥器和流量计等组成。

（5）控制系统

控制系统主要完成送丝系统、供气系统、供电系统以及焊接操作程序等的控制要求。

2. NBC 系列逆变式 CO₂ 气体保护焊机

NBC 系列逆变式 CO₂ 气体保护焊机是用于 CO₂ 气体保护焊的高效率通用半自动电焊机,可使用直径为 0.8~1.6 mm 的实心及药芯焊丝焊接低碳钢、低合金钢构件。NBC 系列逆变式 CO₂ 气体保护焊机具有合理的静特性、外特性及良好的动态性能,其电弧自调节能力强、焊接过程稳定。

(1)型号编制

NBC 系列逆变式 CO₂ 气体保护焊机型号编制符合《电焊机型号编制方法》(GB 10249—1988)的规定。CO₂ 气体保护焊机编号示例如图 3-1-5 所示。

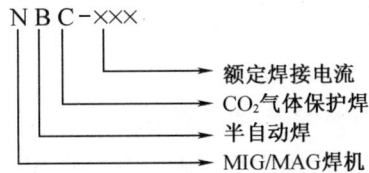

```
N B C-×××
          额定焊接电流
          CO₂气体保护焊
          半自动焊
          MIG/MAG焊机
```

图 3-1-5 CO₂ 气体保护焊机编号示例

(2)主要技术参数

CO₂ 气体保护焊机主要技术参数见表 3-1-1。

表 3-1-1 CO₂ 气体保护焊机主要技术参数

参数	NBC-250	NBC-350	NBC-500
电源电压/V	三相 380		
频率/Hz	50		
额定输入功率/kW	7.5	13.7	24.4
额定输入电流/A	13	21	37
额定负载持续率/%	80	80	80
输出电流调节范围/A	50~250	60~350	60~500
输出电压调节范围/V	14~28	14~40	17~50
输出空载电压/V	48	48	70
满载效率/%	90	90	90
功率因数	0.87	0.87	0.87
使用焊丝直径/mm	0.8~1.0	0.8~1.2	1.0~1.6
保护气体流量/(L·min⁻¹)	15~20	15~20	15~20

3. 推丝式送丝机

推丝式送丝机(图 3-1-6)主要由直流送丝电动机、减速箱、给送滚轮、压紧滚轮、矫直轮及焊丝盘等组成。直流送丝电动机是可以无级调速的,转速可达 3 000 r/min 以上。直流送丝电动机通过减速箱传动,使给送滚轮旋转,推送出焊丝。在焊丝进入给送滚轮前,先通过矫直轮将焊丝矫直,以减小推丝阻力。

送丝机通常配有两只焊丝给送滚轮,每只给送滚轮上有两条轮槽(图3-1-7),以适应不同直径的焊丝。将给送滚轮翻身安装,就可给送另一种直径的焊丝。

4.推丝式焊枪

推丝式焊枪可分为手枪式焊枪和鹅颈式焊枪。手枪式焊枪结构紧凑,送丝阻力小,但焊枪重心不在手握部分,操作时不大灵活,应用得较少。鹅颈式焊枪送丝阻力稍大,但结构简单,操作时比较方便灵活。目前国内使用的大多是鹅颈式焊枪(图3-1-8),其结构包括焊枪头、焊枪本体及软管电缆。

(1)焊枪头

焊枪头由导电嘴、喷嘴、分流环及绝缘套组成(图3-1-9(a))。图3-1-9(b)为焊枪头实物图。

①导电嘴

导电嘴是影响焊接质量的重要零件,它的作用是直接向焊丝传导焊接电流。导电嘴的内孔和焊丝接触而导电给焊丝,孔径的大小影响着导电性和送丝的稳定性。

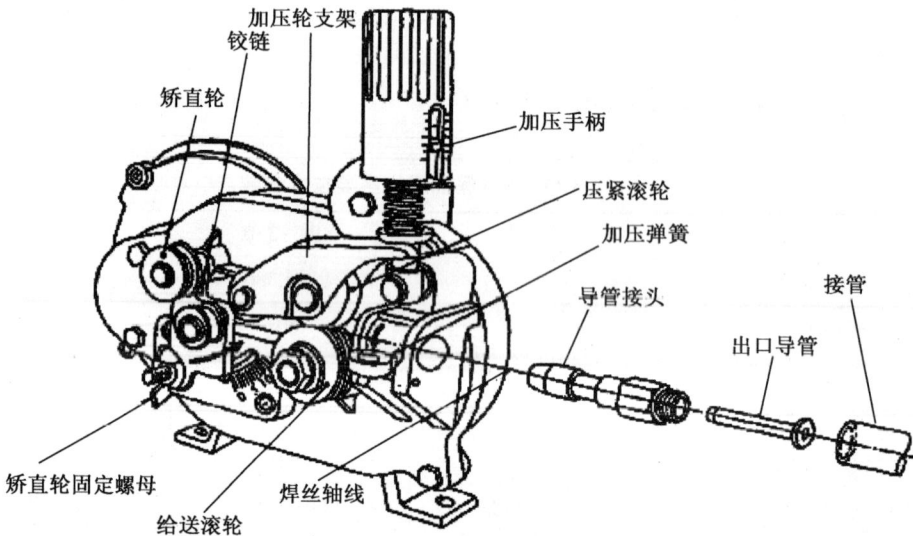

图3-1-6 推丝式送丝机

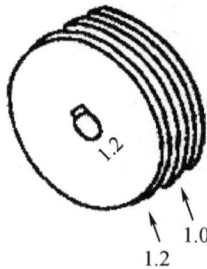

图3-1-7 给送滚轮上的两条轮槽

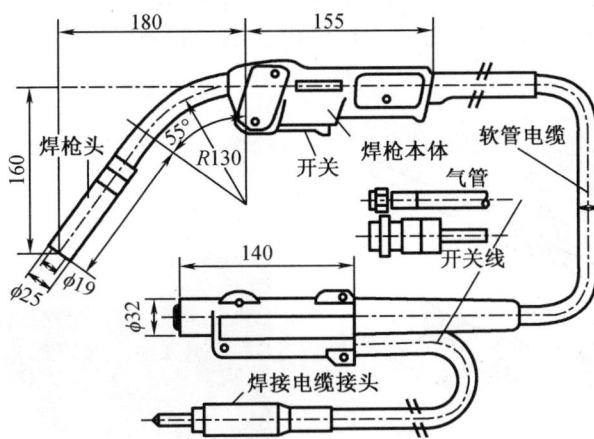

图 3-1-8 鹅颈式焊枪

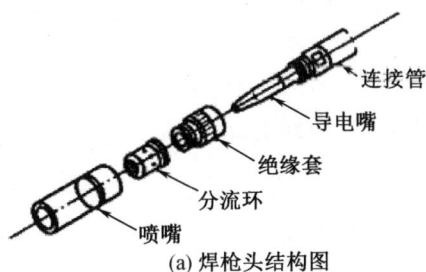

(a) 焊枪头结构图   (b) 焊枪头实物图

图 3-1-9 焊枪头

②喷嘴

喷嘴是一只直通的管子,内径通常为 19 mm。对喷嘴要求是喷出的气体 CO$_2$ 能形成稳定的层流。喷嘴还要保证熔池受到射出 CO$_2$ 气体的保护。喷嘴通常用铜管镀铬制成,也有用陶瓷制成的。

③分流环

分流环是用陶瓷材料制成的,它起着合理分配保护气体的作用,防止气体产生紊流现象。同时,它还能隔离喷嘴和导电嘴,防止出现短路现象。

④绝缘套

喷嘴要固定在焊枪上,但又不能导电,为此焊枪头上要设置一绝缘套。绝缘套一端能导电,另一端则是绝缘的。

(2) 焊枪本体

焊枪本体(图 3-1-10)的主要作用是将软管电缆中的气体、焊接电流、焊丝传送到焊枪头。鹅颈管的一端和焊接电缆接通,另一端和导电嘴接通,这样焊接电流通过鹅颈管传导到导电嘴上。焊丝在弹簧软管内是不和焊接电缆相通的,以防止通电部分太长,焊丝预热作用过强而造成焊丝过热。鹅颈管本体传导焊接电流,管内输送焊丝和气体,再通过导电嘴输出通电的焊丝,CO_2 气体经过分流环后输出。鹅颈管外层涂有耐高温的绝缘塑料,防止鹅颈管和焊件短路。

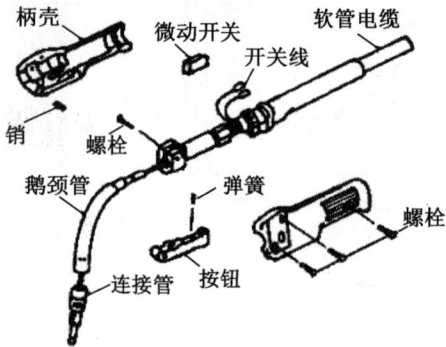

(a)焊枪本体结构图

(b)焊枪本体实物图

图 3-1-10　焊枪本体

5. 减压流量调节器、电磁气阀等

如图 3-1-11 所示,CO_2 气体保护焊接供气系统由 CO_2 气瓶、减压流量调节器(包括预热器)、电磁气阀和气管等组成。

如图 3-1-12 所示,减压流量调节器通常把减压器、预热器和流量计做成一体。减压流量调节器将高压的 CO_2 气体转成低压气体输出,送到电磁气阀。

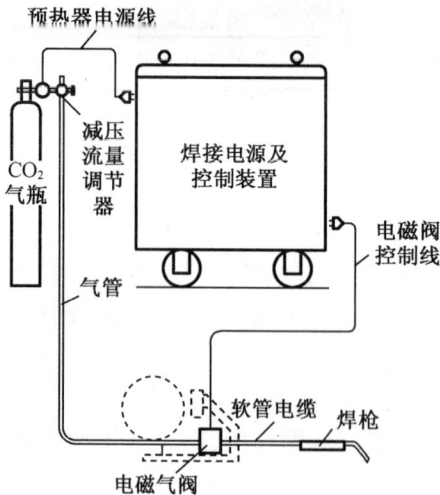

图 3-1-11　CO_2 气体保护焊接供气系统

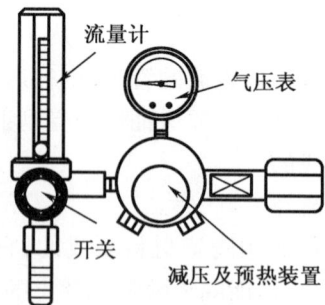

图 3-1-12　减压流量调节器

减压器利用气体膨胀降压的原理将高压气体转为压力为 0.2 MPa 的低压气体。当 CO_2 气瓶内压力降低为 1.0 MPa 时,应停止使用,以免产生气孔。减压阀上只有一只压力表,它指示的是瓶内高压气体的压力。预热器提供高压 CO_2 气体膨胀降压所需要吸收的热量,以防止 CO_2 气体中的水被冻结而造成气路堵塞。预热器是一个电热丝加热器,使用时要接上合适的电源,其插座在焊机箱柜的后侧。

电磁气阀的作用是控制气体的输出。当电磁线圈通电时,电磁铁动作,打开气阀,就有 CO_2 气体输出;当电磁线圈电流被切断时,CO_2 气体停止输送。电磁气阀安装在送丝机的底板上。阀的动作由焊枪上的按钮开关控制或由焊机箱柜面板上的查气开关控制。

3.1.3　CO₂ 气体保护焊的 CO₂ 气体和焊丝

1. CO_2 气体

其用途是在进行 CO_2 气体保护焊时有效地保护电弧和金属熔池区免受空气的侵袭。由于 CO_2 气体具有氧化性,在 CO_2 气体保护焊的焊接过程中,产生氢气孔的可能性较小。

工业上一般使用瓶装液态 CO_2,既经济又方便。规定钢瓶主体喷成银白色,用黑漆标明"二氧化碳"字样。

容量为 40 L 的标准钢瓶,可灌入 25 kg 液态的 CO_2,约占钢瓶容积的 80%,其余 20% 的空间充满了 CO_2 气体,气瓶压力表上指示的就是这部分气体的饱和压力,它的值与环境温度有关。温度升高时,饱和气压升高;温度降低时,饱和气压降低。0 ℃时,饱和气压为 3.63 MPa;20 ℃时,饱和气压为 5.72 MPa;30 ℃时,饱和气压达 7.48 MPa。因此,应防止 CO_2 气瓶靠近热源或在烈日下暴晒,以免发生爆炸事故。如果需要了解瓶内 CO_2 余量,一般用称钢瓶质量的办法来测量。

采用瓶装液态 CO_2 供气时。为了减少瓶内水分与降低空气含量,提高输出 CO_2 气体纯度,一般采取以下措施。

(1)鉴于在温度高于 −11℃ 时,液态 CO_2 比水轻,将新灌气瓶倒置 1~2 h 后,打开阀门,可排出沉积在下面的自由状态的水。根据瓶中含水量的不同,每隔 30 min 左右放一次水,需放水 2~3 次,然后将气瓶放正。

(2)使用前,先打开瓶口阀门,放气 2~3 min,以排除装瓶时混入的空气和水分,然后再套接输气管。

(3)在气路中串接干燥器,进一步减少气体中的水分。

(4)气瓶中压力降到 1 MPa 时,停止用气。

2. 焊丝

(1)焊丝牌号

国产实心焊丝牌号以字母"H"开头,后面以元素符号及数字来表示该元素的近似含量,如图 3-1-13 所示。具体编制方法如下。

①字母"H"表示焊丝;

②"H"之后的一位或两位数字,表示焊丝的平均含碳量;

③数字后有化学元素符号及跟随其后的数字,表示该元素的近似含量百分数,当某元素含量不足 1% 时,可省略数字,只标元素符号;

④焊丝牌号尾部有字母"A"或"E"时,表示"优质品"或"高级优质品",表明其 S、P 杂质含量低。

实心焊丝的牌号表明了焊丝的化学成分,从而决定了它的用途。

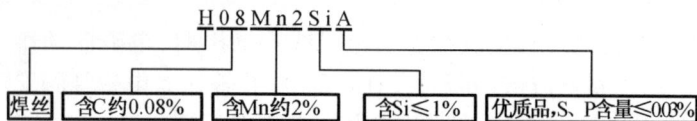

图 3-1-13　国产实心焊丝牌号示例

在焊接低碳钢和低合金钢时,为了防止出现气孔,减少飞溅,保证焊缝具有较高的机械性能,必须采用含有 Si、Mn 等脱氧元素的焊丝。

H08Mn2SiA 焊丝是目前 CO_2 气体保护焊中应用最为广泛的一种焊丝,它有较好的工艺性能、较高的机械性能以及抗热裂纹能力,适用于焊接低碳钢、$\sigma_s \leqslant 50 \times 9.8$ N/mm² 的低合金钢,以及焊后热处理强度 $\sigma_b \leqslant 120 \times 9.8$ N/mm² 的低合金高强度钢。对于强度等级要求高的钢种,应当采用含有 Mo 的 H10MnSiMo 等焊丝。

这类焊丝采取 Si、Mn 联合脱氧,具有很好的抗气孔能力。Si 和 Mn 元素也起合金化的作用,使焊缝金属具有较高的力学性能。此外,焊丝的 $\omega(C)$ 限制在 0.11% 以下,有利于减少焊接时的飞溅。

（2）焊丝型号

实心焊丝的牌号只规定了焊丝的化学成分,而实心焊丝的型号不仅规定了焊丝的化学成分,还包括熔敷金属的力学性能。因此,型号对选用焊丝更有参考价值。实心焊丝的型号的表示方法为 ER××-×,字母表示焊丝,后面的数字表示熔敷金属的抗拉强度最低值,半字线后面的字母或数字为焊丝化学成分分类代号,附加其他化学成分时,直接用元素符号表示,并以半字线与前面的数字分开,如图 3-1-14 所示。

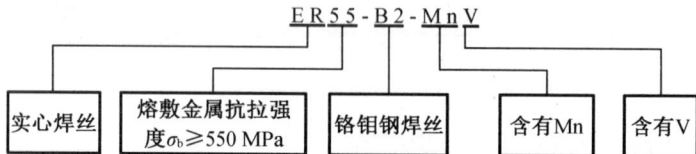

图 3-1-14　实心焊丝型号示例

CO_2 气体保护焊使用的焊丝直径有 0.5 mm、0.6 mm、0.8 mm、1.0 mm、1.2 mm、1.6 mm、2.0 mm、2.4 mm、2.5 mm、3.0 mm、4.0 mm、5.0 mm 等几种。焊丝表面有镀铜和不镀铜两种。镀铜的目的是防止焊丝生锈,有利于焊丝的存放和改善焊丝的导电性。

（3）焊丝的成分

CO_2 气体保护焊焊丝既是填充金属又是电极,所以既要保证具有一定的化学成分和力学性能,又要保证具有良好的导电性和工艺性能。

①焊丝必须含有一定量的脱氧剂。这是为了防止产生气孔,减少飞溅并提高焊缝金属的力学性能。用于低碳钢和低合金钢 CO_2 气体保护焊的焊丝,主要的脱氧剂是 Si 和 Mn。其成分含量范围 $\omega(O)$ 为 1%~5%,$\omega(Mn)$ 为 1%~2.5%。Mn 与 Si 的比为 1.2~2.5,以发挥"Si-Mn"联合脱氧的有利作用。

②焊丝的 C、S、P 含量要低。要求 $\omega(C) < 0.11\%$,这对于避免气孔及减少飞溅是很重要

的。对于一般焊丝,要求 $\omega(S,P)\leqslant 0.04\%$;对于高性能的优质 CO_2 气体保护焊的焊丝,则要求 $\omega(S,P)\leqslant 0.03\%$ 。

③焊丝表面最好镀铜。这是为了防锈及提高导电性,但镀铜焊丝的含铜量不能太高,否则会形成低熔点共晶,影响焊缝金属的抗裂能力。要求镀铜焊丝的 $\omega(Cu)\leqslant 0.5\%$ 。

H08Mn2SiA、H08MnSi、H10MnSiMo 焊丝适合焊接低碳钢和低合金钢,H08CrMnSiMoVA 焊丝适合焊接耐热钢,H1Cr13、H1Cr19Ni9 焊丝适合焊接不锈钢,表 3-1-2 列举了几种常见焊丝的牌号和化学成分。

表 3-1-2　几种常见焊丝的牌号和化学成分

焊丝牌号	化学成分(质量分数)/%									
	C	Mn	Si	P	S	Cr	Ni	Cu	Mo	V
H08MnSi	≤0.11	1.20~1.50	0.40~0.70	≤0.035	≤0.035	≤0.20	≤0.30	≤0.20	—	—
H08Mn2Si	≤0.11	1.70~2.10	0.65~1.95	≤0.035	≤0.035	≤0.20	≤0.30	≤0.20	—	—
H08Mn2SiA	≤0.11	1.80~2.10	0.65~0.95	≤0.030	≤0.030	≤0.20	≤0.30	≤0.20	—	—

(4)焊丝的性能

目前我国 CO_2 气体保护焊用的主要焊丝品种是 H08Mn2Si,牌号尾部带有字母"A"的为优质焊丝,其杂质 S 和 P 的含量限制得比较严格。表 3-1-3 列举了几种不同牌号焊丝的力学性能。

表 3-1-3　几种不同牌号焊丝的力学性能

焊丝牌号	抗拉强度 σ_b/MPa	条件屈服应力 $\sigma_{0.2}$/MPa	伸长率 δ/%	室温冲击吸收功 A_{KV}/J
H08MnSi	420~520	≥320	≥22	≥27
H08Mn2Si	≥500	≥420	≥22	≥27
H08Mn2SiA	≥500	≥420	≥22	≥27

3.1.4　CO₂ 气体保护焊焊接要领

1. 引弧

根据工作台的高度,身体呈站立或下蹲姿势,上半身稍向前倾。脚站稳,肩部用力使臂膀抬至保持水平,右手握焊枪,但不要握得太死,要自然。用手控制枪柄上的开关,左手持面罩,准备焊接。引弧前先按焊枪上的控制开关,点动送出一段焊丝,焊丝伸出长度小于吹嘴与工件间应保持的距离,超长部分应剪去。若焊丝端部呈球状,必须预先剪去,否则引弧困难。

将焊枪按要求(保持合适的倾角和喷嘴高度)放在引弧处。

按焊枪上的控制开关,焊机自动提前送气,延时接通电源自动送丝,焊丝碰到工件短路后,自动引燃电弧。

短路时,焊枪有自动顶起的倾向,故引弧时要稍用力压焊枪,防止焊枪抬起太高导致电弧太长而熄灭。

半自动焊时习惯的起弧方式是在焊丝端头与焊接处划擦的过程中按焊枪按钮,通常称为"划擦起弧"。这种起弧方式成功率较高。起弧后必须迅速调整焊枪对准焊枪位置、焊枪角度和导电嘴–母材间的距离。

起弧处由于工件的温度较低,因此熔深都比较浅。此外,起弧处焊接过程不稳定,容易产生缺陷。为避免这种缺陷的影响,可以采取如图 3-1-15 所示的方法起弧。显然,图 3-1-15(a)是把起弧处留在工艺板上。但在一般情况下往往不采用这种方法而是直接在工件上起弧。起弧处熔深浅,特别是在短路过渡时容易未焊透。为此可以采用如图 3-1-15(b)所示的倒退起弧法,起弧后快速返回母材端头,再沿焊接线移动,在焊接重合部分进行摆动,熔深浅处余高来补偿。如图 3-1-15(c)所示的起弧方法适合自动焊,起弧处快速移动,得到较窄的焊道,为随后焊道接头创造条件。半自动焊时的焊道接头处通常采用如图 3-1-15(b)所示的倒退起弧法,使焊道充分熔合,达到完全消除弧坑的目的。

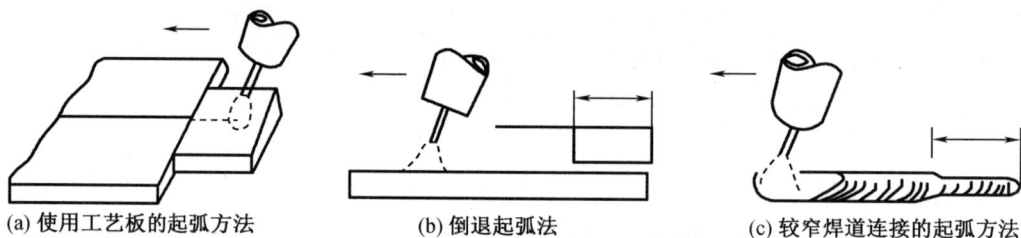

(a) 使用工艺板的起弧方法   (b) 倒退起弧法   (c) 较窄焊道连接的起弧方法

图 3-1-15 几种起弧方法

2.焊接过程中的运弧方法

CO_2 气体保护焊由于焊丝是自动送进的,因此焊工用不着像手工电弧焊那样有一个向电弧区不断送丝的动作,但是仍然要握着焊枪沿焊接方向按一定的规律移动,这样才能形成焊缝。

(1)焊枪的横向摆动

CO_2 气体保护焊由于使用较细的焊丝,焊接时焊件接受的热量比手工电弧焊少,因此焊件熔化的范围较小,如果焊枪不做横向摆动,焊缝势必狭窄。正因为如此,CO_2 气体保护焊时横向摆动焊枪是十分必要的,其目的如下。

①得到需要的焊缝宽度。

②确保焊缝周边熔合良好。

③拼缝间隙偏大时不至于焊穿。

④空间作业时(如横、立焊)可以克服熔融金属的跌落。

焊枪按某种形式做横向摆动,焊丝就形成了特定的运弧轨迹,结果形成具有明显个性的焊缝。根据工件板厚的不同、接头形式的不同以及空间位置的不同,焊丝的运弧轨迹有直线形、锯齿形、圆形、三角形、人字形等。

(2)焊枪的倾角大小与方向

焊枪上喷嘴尺寸较大,焊工为了得到良好的操作视角,以及保证对熔池的控制,焊枪与工件间形成一定的倾角。此外,为了减少飞溅,获得足够的熔深和美观的焊缝成形,对于不同的运弧方法和不同的空间位置,其倾角的方向及大小也有所不同。

（3）左焊法和右焊法

①左焊法

左焊法是指焊接电弧从接头右端向左端移动的操作方法（图3-1-16（a））。CO_2 气体保护焊经常采用这种焊法，其特点是容易看清熔池和前方情况，可根据观察结果及时调整运弧方法。由于熔化金属被吹向前方，使电弧不能直接作用在母材上，因此熔深较浅。

操作时焊枪后倾 10°～15°，喷嘴指向前方，抗风能力强，保护效果好，焊缝宽度增大，余高略小，特别适合要求快速焊接的场合。

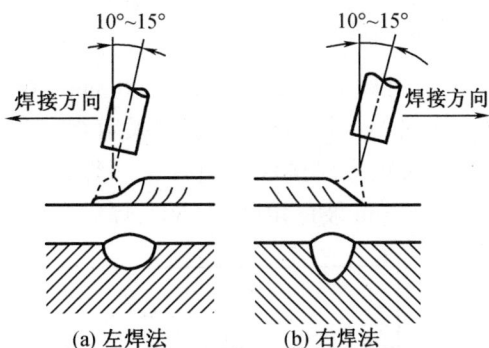

（a）左焊法　　（b）右焊法

图3-1-16　焊枪角度及焊道断面形状

②右焊法

与左焊法相反，焊接电弧由左端向右端移动，并且指向已焊部位（图3-1-16（b）），操作时不易观察焊接方向的情况，由于熔池金属被吹向后方，故电弧可直接作用于母材上，其结果是焊缝的熔深增加，但熔宽减小，余高增大，成形显得"粗糙"。焊枪前倾 10°～15°，飞溅较少。但抗风能力较弱，保护效果较差，不适合用于快速焊接。

3. 收弧

收弧时，应注意将收尾处的弧坑填满。一般说来，采用细丝 CO_2 气体保护短路过渡焊接。其电弧长度短，弧坑较小，不需作专门的处理，只要按焊机的操作程序收弧即可。若采用粗丝大电流焊接并使用长弧时，由于电弧电流及电弧吹力都大，如果收弧过快，会产生弧坑缺陷。所以，在收弧时应在弧坑处停留片刻，然后缓慢抬起焊枪，并在熔池凝固前继续送气。焊道接头时，先将待焊接头处用角向磨光机打磨成斜面，然后在斜面顶部引弧。引燃电弧后，将电弧移至斜面底部，转一圈返回引弧处后再继续向左焊接。

4. CO_2 气体保护焊安全文明生产

CO_2 气体保护焊和焊条电弧焊相比，在安全技术方面具有以下特点：CO_2 气体保护焊具有较高的电流密度，因而弧光辐射强烈；CO_2 气体保护焊的工作场所不仅存在较多的 CO_2，同时还产生 CO，其浓度也较高；CO_2 气体保护焊的飞溅较多；操作人员要移动送丝机和软管电缆等，且进行连续工作，所以劳动强度较高。为此，CO_2 气体保护焊在操作时应注意：

（1）经常检查 CO_2 气体管路的接头有否漏气，如有泄漏应及时修理；

（2）CO_2 气体保护焊场所应有良好的通风，在狭小场所内进行焊接时，必须配置抽风机，更换焊接场所内的空气；

（3）CO_2 气体保护焊焊工使用的面罩应有良好的隔离性能，防止 CO_2 气体直接穿过面罩，进入面罩内部；

（4）CO_2 液化气瓶必须竖立放置，不得横卧，以防止液态 CO_2 流出；

（5）CO_2 液化气瓶应放置在通风良好的地方，并防止日光曝晒和雨淋；

（6）CO_2 液化气瓶不得靠近热源，CO_2 液化气瓶必须安置在 40 ℃以下的场所；

（7）减压流量调节器和 CO_2 液化气瓶连接应良好，防止 CO_2 气体泄漏。

任务实施

现有材质为 Q235,规格为 300 mm×100 mm×12 mm,坡口为 30°的钢板焊件,如图 3-1-17 所示。要求采用 CO_2 气体保护焊平焊位单面焊双面成形,将两块钢板焊接成一组焊件。焊件根部间隙 $b=2.5\sim3.0$ mm,钝边 $P=0\sim0.5$ mm 坡口角度 $\alpha=60°$,焊后变形量 ≤3°。

CO_2 气体保护焊
平对接焊打底焊

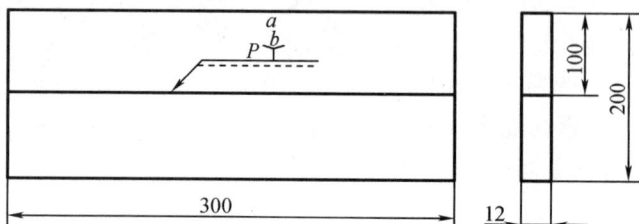

图 3-1-17 CO_2 气体保护焊平对接焊图样

1. 焊前准备

(1)焊接材料

选用 H08Mn2SiA 焊丝,直径为 1.0 mm。

(2)焊接设备

选用 NBC-400 型 CO_2 气体保护焊机,电源极性采用直流反接。

(3)CO_2 气体

纯度≥99.5%。

(4)焊前清理

由于 CO_2 气体保护焊对铁锈、油污等非常敏感,因此为了保证焊缝质量,焊接前必须对坡口及其两侧 20 mm 范围内的铁锈、水、油污等杂质进行严格清理。

2. 焊接工艺参数

焊接工艺参数见表 3-1-6。

表 3-1-6 焊接工艺参数

焊接层次	焊丝直径 /mm	焊丝伸出长度 /mm	焊接电流 /A	电弧电压 /V	保护气体流量 /(L·min⁻¹)
打底层	1.0	15~18	90~95	18~20	10~12
填充层		15~20	110~120	20~22	
盖面层					

3. 操作步骤与要领

(1)装配与点固

焊件组对时,应保证坡口在始焊端的根部间隙为 2.5 mm,在终焊端的根部间隙为 3.5 mm,钝边为 0~0.5 mm。定位焊前应认真检查试件错边量,将错边量控制在小于 0.5 mm 范围内。

在焊件两端进行定位焊,定位焊缝长度为 10~15 mm,焊丝及焊接参数与正式焊接时相同,定位焊后将定位焊缝两端用角向磨光机打磨成斜坡状,并将坡口内的飞溅物清理干净,预置反变形角度为 5°~6°。

（2）焊接

薄板（$\delta<5$ mm）平对接焊的主要问题是焊穿,所以一般采用左焊法,焊枪直线移动或略做横向摆动,如图 3-1-18（a）所示（照顾焊缝宽度）。有时焊枪也做椭圆形摆动,如图 3-1-18（b）所示,操作时焊接速度较快,力求均匀。

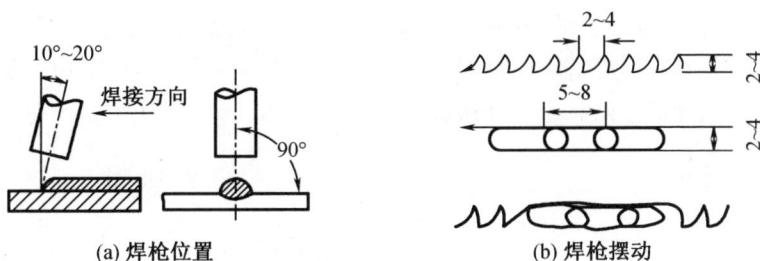

(a) 焊枪位置　　　　　　　(b) 焊枪摆动

图 3-1-18　薄板平对接焊的焊枪位置和焊枪摆动

中厚板平对接焊通常采用 V 形坡口,以多层焊道完成。

以 12 mm 厚平板平对接焊为例,将焊件组对间隙较小的一端作为始焊端平放在右侧,背面留出一定的空间,焊接层次为三层三道,如图 3-1-19 所示。焊接时 CO₂ 气体保护焊的焊枪角度如图 3-1-20 所示。焊接之前,试送丝,检查导电嘴是否合适,调试好焊接参数,调整好焊枪角度。

图 3-1-19　12 mm 厚平板平对接焊的焊层及焊道

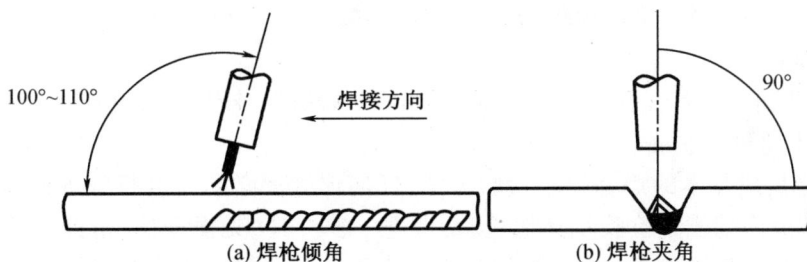

(a) 焊枪倾角　　　　　　　(b) 焊枪夹角

图 3-1-20　12 mm 厚平板平对接焊的焊枪角度

①引弧

引弧的位置放在定位焊缝的斜坡顶端。引弧时,将焊丝端头置于焊件右端约 20 mm 处坡口内的一侧,与其保持 2~3 mm 的距离,按下焊枪扳机,气阀打开提前送气 1~2 s,焊接电源接通,焊丝送出,焊丝与焊件接触,同时引燃电弧。

②打底焊

打底焊采用左向焊法,应采用细焊丝、小电流焊接,熔滴以短路形式过渡。电弧引燃后,焊枪迅速右移至焊件右端头,然后向左开始焊接打底层焊道,焊枪沿坡口两侧做小幅度月牙形横向摆动。当坡口根部熔孔直径达到 3~4 mm 时转入正常焊接,同时严格控制喷嘴高度,既不能遮挡操作视线,又要保证气体保护效果。

打底层焊道表面平整,两侧稍下凹,焊道厚度不超过 4 mm,如图 3-1-21 所示。

③填充焊

在焊接填充层之前,要将打底层焊缝表面的焊渣和飞溅物清理干净,将局部凸出处打磨平整,焊接电流和电压调整至合适的范围内。注意保持合适的焊缝厚度和保持填充层与打底层金属熔合良好。填充层焊完后焊缝表面距焊件表面以 1.5~2 mm 为宜,如图 3-1-22 所示,焊接过程中注意保持坡口边缘的原始状态,不得破坏坡口边缘棱角,以便为焊盖面层打好基础。

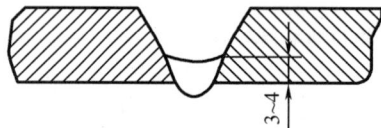

图 3-1-21　打底层焊道　　　　　图 3-1-22　填充层焊道

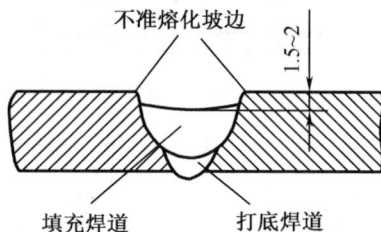

④盖面焊

盖面层焊接时焊枪的横向摆动幅度较填充层焊接时增加,超过坡口边缘 0.5~1.5 mm,并尽量保持焊接速度均匀,以使焊缝外形美观;电弧在坡口两侧稍做停留,以保证焊缝两侧边缘熔合良好,并防止咬边;收弧时应注意填满弧坑,防止产生弧坑裂纹。

4. 焊后检验

CO_2 气体保护焊焊缝的内部质量检验标准同焊条电弧焊,不存在两者之间的区别。质量检验前要将焊件表面的焊渣及飞溅物清理干净,焊缝不允许修磨和补焊,应保持原始状态。CO_2 气体保护焊平对接焊检验标准见表 3-1-7。

(1)外观检验

焊缝正、背面不得有气孔、夹渣、焊瘤、未熔合等缺陷,未焊透长度应小于焊缝总长的20%,且深度不超过 1.5 mm。

外观检验是最基本的焊缝缺陷检验方法,任何焊缝都必须先进行外观检验,检验合格后才能转入焊缝内部质量检验及其他检验,做进一步检验(无损探伤、密性试验等)。外观检验主要用肉眼和焊缝卡板、焊接检验尺、游标卡尺等量具进行观察和测量,有时还借助低倍放大镜进行检验。焊接检验尺测焊缝熔宽如图 3-1-23 所示。外观检验时要有良好的照明。外观检验要测出焊缝的外形尺寸,检验焊缝表面缺陷,对照技术标准判定焊缝外形质量是否合格。

(2)对接焊缝尺寸的检验

对接焊缝尺寸的检验主要是检查焊缝的余高 h 和熔宽 B,如图 3-1-24 所示,其中又以测量余高 h 为主。

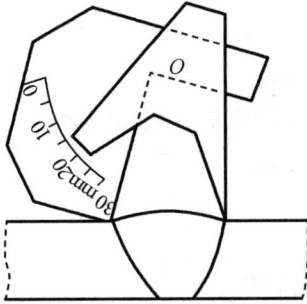

图 3-1-23　焊接检验尺测焊缝熔宽

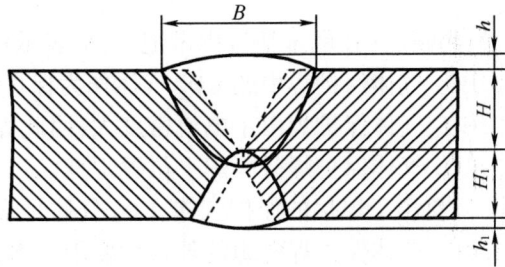

图 3-1-24　对接焊缝尺寸的检验

（3）无损探伤

执行《金属熔化焊焊接接头射线照相》（GB/T 3323—2005）标准，Ⅱ级以上为合格。

（4）力学性能检验

评分标准见表 3-1-7。参照低合金钢焊条电弧焊力学性能检验合格标准。

表 3-1-7　评分标准

项目	内容	评分标准	配分	得分
外观检验	表面成形	优得 10 分；良得 6 分；中得 3 分；差本项为 0 分	10	
	焊后角变形	≤3°得 4 分；>3°本项为 0 分	4	
	错边	≤1.2 mm 得 4 分；>1.2 mm 本项为 0 分	4	
	焊缝宽度	≤20 mm 得 4 分；>20 mm 本项为 0 分	4	
	焊缝宽度差	≤3 mm 得 4 分；>3 mm 本项为 0 分	4	
	焊缝余高	≤3 mm 得 4 分；>3 mm 本项为 0 分	4	
	焊缝余高差	≤3 mm 得 4 分；>3 mm 本项为 0 分	4	
	咬边	有咬边，每 2 mm 长扣 1 分；咬边深度>0.5 mm 本项为 0 分	6	
	背面焊缝余高	≤3 mm 得 4 分；>3 mm 本项为 0 分	4	
	背面凹坑	无凹坑得 6 分；有凹坑，每 5 mm 长扣 1 分；凹坑深度>2 mm 本项为 0 分	6	
断口检验	按照相关标准考核	无缺陷合格得 40 分；有缺陷合格得 30 分；不合格本项为 0 分	40	
安全文明生产考核	安全操作	不符合安全操作规定者，酌情扣 1～10 分；发生安全事故者判不及格	5	
	文明生产	不符合文明生产要求，酌情扣 1～5 分	5	
总分合计			100	

注：1. 表面有裂纹、未熔合、烧穿、焊缝低于母材等缺陷，试件做 0 分处理。

　　2. 夹杂、气孔的缺陷尺寸要求≤3 mm。缺陷尺寸≤1 mm，每个缺陷扣 5 分；缺陷尺寸≤2 mm，每个缺陷扣 10 分；缺陷尺寸≤3 mm，每个缺陷扣 20 分；缺陷尺寸>3 mm，试件做 0 分处理。

　　3. 焊缝表面成形标准：（1）优，成形美观，鱼鳞均匀细密，高低宽窄一致；（2）良，成形较好，鱼鳞均匀，焊缝平整；（3）中，成形尚可，焊缝平直；（4）差，焊缝弯曲，高低宽窄明显。

思考与练习

一、判断题（在题末括号内做记号：√表示对，×表示错）

1. CO_2 气体保护焊中的 CO_2 气体作为保护介质，只保护电焊，不保护熔池。（　　）

2. CO_2 气体保护焊由于电流密度大，因此焊接变形也大。（　　）

3. CO_2 气体保护焊只能焊平位置焊缝。（　　）

4. 目前用于焊接的保护气体，CO_2 气体是最廉价的。（　　）

5. CO_2 气体保护焊电源的外特性要求是水平的或缓降的。（　　）

6. CO_2 气体保护焊的电弧静特性曲线是一条上升的曲线。（　　）

7. 目前国内大多使用手枪式焊枪。（　　）

8. 送丝机通常配有两只焊丝给送滚轮，每只给送滚轮上有一条轮槽。（　　）

9. CO_2 气体保护焊焊接热影响区和焊件变形较小，特别适合焊接厚板。（　　）

二、填空题

1. CO_2 气体保护焊设备又称 CO_2 气体保护焊机，由_____、_____和_____等部分组成。

2. 推丝式焊枪可分为_____和_____。

3. CO_2 气体保护半自动焊的送丝系统有_____、_____和_____三种。

4. 推丝式送丝机主要由直流送丝电动机、减速箱、_____与_____、三矫直轮及_____等组成。

5. 焊枪头由_____、_____、_____及绝缘套组成。

6. 导电嘴是影响焊接质量的重要零件，它的作用是_____。

7. 喷嘴通常用_____制成，也有用_____制成的。

8. H08Mn2SiA 焊丝是目前 CO_2 气体保护焊中应用最为广泛的一种焊丝，适用于焊接_____、_____和_____。

9. CO_2 气体保护焊使用的焊丝直径有 0.5 mm、0.6 mm、_____ mm、_____ mm、_____ mm、1.6 mm、2.0 mm、2.4 mm、2.5 mm、3.0 mm、4.0 mm、5.0 mm 等几种。

10. CO_2 气瓶必须竖立放置，不得_____，以防止液态 CO_2 流出。

三、选择题

1. CO_2 气瓶的外表涂成（　　）。

A. 白色　　　　　B. 银灰色　　　　　C. 天蓝色　　　　　D. 铝白色

2. 焊接用的 CO_2 气体一般纯度要求不低于（　　）。

A. 98.5%　　　B. 99.5%　　　C. 99.95%　　　D. 99.99%

3. 为了防止焊缝产生气孔，要求 CO_2 气瓶内的压力不低于（　　）MPa。

A. 0.098　　　B. 0.98　　　C. 4.8　　　D. 9.8

4. 常用的 H08Mn2SiA 焊丝牌号中的"08"表示（　　）。

A. 含碳量为 0.08%　　　　　B. 含碳量为 0.8%
C. 含碳量为 8%　　　　　　D. 含锰量为 0.08%

5. 常用的 H08Mn2SiA 焊丝牌号中的"Mn2"表示（　　）。

A. 含锰量为 0.02%　　　　　B. 含锰量为 0.2%
C. 含锰量为 2%　　　　　　D. 含锰量为 20%

6. H1Cr18Ni9 焊丝是(　　)焊丝。

A. 碳钢　　　　　　B. 低合金钢　　　　　C. 不锈钢

7. CO_2 气瓶内压力低于(　　)时应停止使用。

A. 1.0 MPa　　　　B. 10 MPa　　　　C. 0.1 MPa　　　　　　D. 0.01 MPa

8. CO_2 气体保护焊的送丝机中适用于直径为 0.8 mm 的细丝的是(　　)。

A. 推丝式　　　　　B. 拉丝式　　　　　C. 推-拉式　　　　　　D. 拉-推式

四、问答题

1. 什么是 CO_2 气体保护焊?

2. 什么是半自动电弧焊?

3. CO_2 气体保护焊的原理是什么? CO_2 气体保护焊有何优缺点?

4. CO_2 气体保护焊有几种送丝方式,各有什么作用?

5. CO_2 气体保护焊设备由几部分组成?

6. CO_2 气体保护焊的气路由哪些部件组成?

7. 左焊法和右焊法是什么?

项目 3.2　CO_2 气体保护焊横对接焊

学习目标

1. 初步认识 CO_2 气体保护焊冶金特点;
2. 能合理地选择 CO_2 气体保护焊的焊接工艺参数;
3. 了解药芯焊丝 CO_2 气体保护焊;
4. 熟悉陶质衬垫 CO_2 气体保护半自动单面对接焊技术;
5. 完成 CO_2 气体保护焊横对接焊。

项目任务

本项目的任务是 CO_2 气体保护焊横对接焊(图 3-2-1)。在船体结构的焊接中,船舷侧外板形成的横向对接焊缝需采用 CO_2 气体保护焊横焊技术。它要求单面焊双面成形,比平焊难度大。横焊时液态金属在重力作用下容易下坠,易出现焊缝表面不对称、焊缝上侧产生咬边缺陷、焊缝下侧产生焊瘤缺陷,因此成型较为困难。为了避免产生这些缺陷,对于坡口较大、焊缝较宽的焊件一般都采用多层多道焊,以通过多条窄焊道的堆积来尽量减小熔池的体积以调整焊道外表面的形状,最后获得较对称的焊缝成形。

图 3-2-1　CO_2 气体保护焊横对接焊

知识能力

3.2.1 CO_2 气体保护焊冶金特点

在常温下,CO_2 气体的化学性质呈中性,在电弧高温下,CO_2 气体被分解而呈现很强的氧化性,能使合金元素氧化或烧损,使焊缝金属的力学性能降低,还可能成为产生气孔和飞溅的根本原因。合金元素的烧损、气孔和飞溅是 CO_2 气体保护焊冶金中三个主要问题。

1. 合金元素的烧损

CO_2 在电弧高温下被分解为 CO 及 O,因此具有很强的氧化性,使铁及合金元素氧化,其化学反应式如下:

$$Fe+O \Longleftrightarrow FeO$$
$$Si+2O \Longleftrightarrow SiO_2$$
$$Mn+O \Longleftrightarrow MnO$$
$$C+O \Longleftrightarrow CO\uparrow$$

由于合金元素大量烧损会导致焊缝金属力学性能降低,因此必须脱氧。脱氧的方法是在焊丝中增加脱氧元素。常用的脱氧元素是 Si、Mn、Al、Ti 等。当焊丝中这些脱氧元素含量较多时,在完成脱氧任务后,其剩余部分留在焊缝金属中,有助于改善焊缝金属力学性能。

2. 气孔

CO_2 气体保护焊时,如果使用化学成分不符合要求的焊丝,或者使用纯度不符合要求的 CO_2 气体及不正确的焊接工艺,由于 CO_2 气流有较强的冷却作用,熔池凝固较快,容易在焊缝中产生气孔。可能产生的气孔主要有 CO 气孔、氢气孔和氮气孔。

(1)CO 气孔

产生 CO 气孔的原因,主要是熔池中的 FeO 和 C 进行反应。焊丝选择不当也会导致 CO 气孔的产生。故 CO_2 气体保护焊防止产生 CO 气孔的对策,就是选择合格厂家生产的合格牌号的焊丝,既要限制焊丝中碳的含量,又要确保脱氧元素的含量。

(2)氢气孔

氢元素主要来自焊丝和工件表面的油污及铁锈,以及 CO_2 气体中所含的水分。因此,为防止产生氢气孔,焊前要适当消除焊丝和工件表面的杂质,并需对 CO_2 气体进行提纯与干燥处理。

(3)氮气孔

氮气的来源,主要是侵入焊接区的电弧区外的空气,或者是混有氮气的不纯的 CO_2 气体。实验表明,焊缝中的氮气孔是由于保护气层遭到破坏,大量空气侵入电弧区所造成的。

总之,CO_2 气体保护焊最常出现的气孔是氮气孔,而氮气主要来自空气。因此,在焊接过程中保持气流稳定可靠是防止焊缝中产生气孔的根本途径。

3. 飞溅

CO_2 气体保护焊的一个突出缺点是容易产生大量颗粒较大的飞溅,这是由 CO_2 气体的性质所决定的。

飞溅产生的原因和对应的减少飞溅的措施主要有以下几个方面。

（1）冶金反应引起的飞溅

CO_2 气体是氧化性气体，在高温分解时体积膨胀，同时高温时熔滴和熔池中的碳被氧化而生成 CO 气体，CO 气体高温时体积也急剧膨胀，产生较大的气流冲击和气体爆炸，使熔滴爆破而产生大量细粒的金属飞溅。

要减少飞溅，必须控制焊丝中的含碳量。含碳量越高，飞溅越多。目前采用的减少飞溅的措施是在药芯焊丝中加入一定量的脱氧剂和稳弧剂，这使飞溅大大减少，焊接过程十分稳定。

（2）极点压力引起的飞溅

焊接电弧中电子和离子在电场作用下，以极高的速度分别撞击正负两极的活性斑点而产生了机械压力，即形成极点压力。当采用正极性时，正离子飞向焊丝末端，熔滴在很大的机械压力下破碎，形成较大的飞溅。要减少极点压力引起的飞溅，必须采用直流反极性，因为反极性时阻碍熔滴过渡的是电子的压力，电子的质量比离子小，产生的极点压力较小，飞溅也就比较少。

（3）熔滴短路时引起的飞溅

这是 CO_2 气体保护焊短路过渡焊接中最主要的飞溅。这种飞溅的产生与短路电流增长的速度有关。通常通过改变焊接回路中的电感值来控制短路电流的增长速度，使增长速度适当，熔滴有规律地在缩颈处发生爆断，这时虽有飞溅，但颗粒较细，飞溅就较少。

3.2.2　CO₂气体保护焊焊接工艺参数

合理地选择焊接工艺参数是获得优良焊接质量和提高焊接生产率的重要条件。CO_2 气体保护焊的主要焊接工艺参数包括焊丝直径、焊接电流、电弧电压、焊接速度、焊丝伸出长度、焊枪倾角、保护气体流量、电源极性和电路电感值等。

1. 焊丝直径

焊丝直径应根据焊件厚度、焊接位置及生产率的要求来选择。薄板或中厚板的立、横、仰焊多采用直径 1.6 mm 以下的焊丝；在平焊位置焊接中厚板时，可以采用直径 1.2 mm 以上的焊丝。焊丝直径选择可参考表 3-2-1。

表 3-2-1　焊丝直径选择

焊件厚度/mm	焊丝直径/mm	焊接位置
1~3	0.8	各种位置
1.5~6	1.0	各种位置
2~12	1.2	各种位置
6~25	1.6	各种位置
中厚	≥2.0	平焊、平角焊

2. 焊接电流

焊接电流是影响生产效率和焊接质量的最主要的工艺参数之一。它的大小取决于送丝速度，焊接电流与送丝速度基本上是正比例关系（图 3-2-2）。

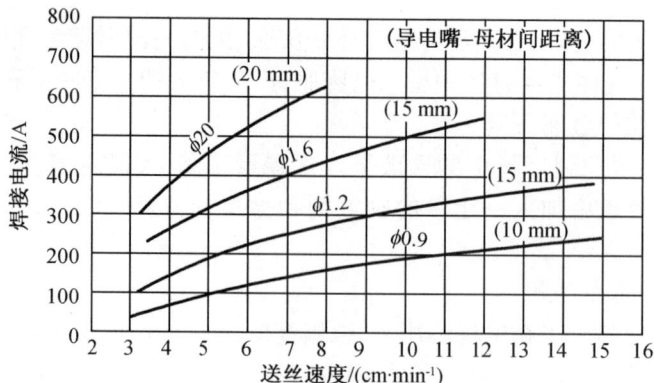

图 3-2-2 焊接电流与送丝速度的关系

焊接电流对焊缝的熔深和成形均有很大的影响,随着焊接电流的增大,熔深也随之增大(图 3-2-3),同时焊缝的余高也增大。

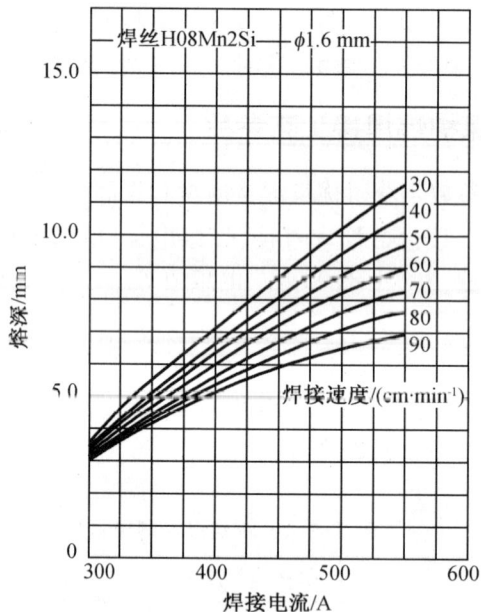

图 3-2-3 熔深与焊接电流的关系(平板堆焊)

3. 电弧电压

电弧电压必须与焊接电流配合适当,短路过渡焊接时,合适的电弧电压与焊接电流的范围如图 3-2-4 所示。通常电弧电压在 17~24 V 范围内,过高或过低都会影响焊缝成形,或产生飞溅,或易生气孔,或电弧不稳。

电弧电压过高,熔滴颗粒度大,飞溅也大。电弧电压过低,弧长短,可能会导致焊丝与熔池固体短路,焊丝成段爆断,电弧极不稳定。

电弧电压对焊缝成形的影响也很大,不同电弧电压下的焊缝成形如图 3-2-5 所示。电弧电压升高,熔宽增大熔深变浅,余高减小,焊脚平滑;反之,熔深增大,焊缝变得窄而高。

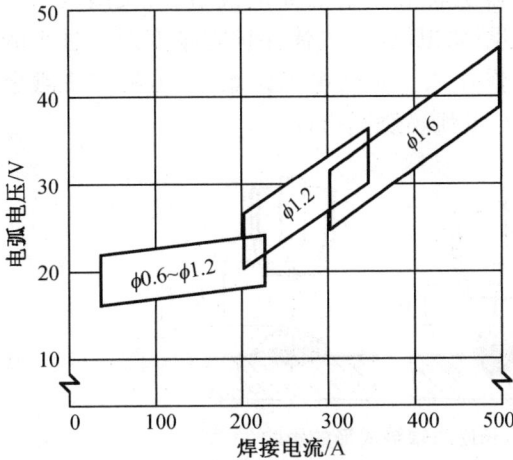

图 3-2-4　合适的电弧电压与焊接电流的范围

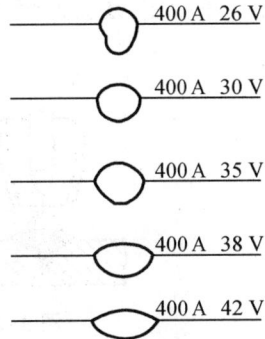

图 3-2-5　不同电弧电压下的焊缝成形

4. 焊接速度(V)

焊接速度对焊缝的成形和焊接接头的性能都有着很大的影响。在焊丝直径、焊接电流及电弧电压确定的条件下,加快焊接速度,单位长度焊接接头吸收的电弧热量减小,这使熔深减小,熔宽也变窄。同时,单位长度焊接接头上焊丝熔敷量减小,焊缝余高也有所减小。焊接速度过慢,会产生烧穿和焊瘤等缺陷;焊接速度过快,不仅会产生未焊透缺陷,还会产生咬边缺陷,甚至会形成蛇形焊道,如图 3-2-6 所示。

选择焊接速度前,应先根据母材板厚、接头和坡口形式、焊缝空间位置对焊接电流和电弧电压进行调整,达到电弧稳定燃烧的要求,然后考虑焊道截面大小,选择焊接速度。CO_2 气体保护半自动焊合适的焊接速度为 0.5~1 cm/s。

5. 焊丝伸出长度(L)

焊丝伸出长度是指导电嘴末端至焊丝末端之间的距离,它和喷嘴与母材之间的距离有着密切的关系(图 3-2-7)。抬高喷嘴,喷嘴与母材之间的距离增大,焊丝伸出长度也相应增大。

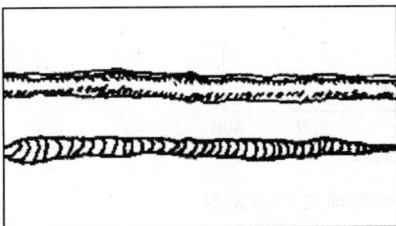

图 3-2-6　焊接速度过快形成的蛇形焊道

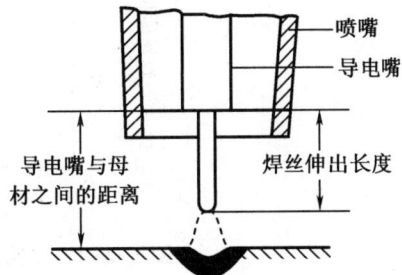

图 3-2-7　焊丝伸出长度

焊丝伸出长度对焊缝成形有着较大的影响(图 3-2-8)。焊丝伸出长度增加(其他焊接工艺参数不变),焊丝刚性减小,易左右摇摆,引起电弧加热宽度增大,即熔宽增大,同时使熔深减小,余高也减小。过大的焊丝伸出长度会使焊丝过热而成段熔断,飞溅也增大。同时,焊丝伸出长度增大后,喷嘴和母材之间的距离也增大,气体保护效果变差。过小的焊丝伸出长度势必减小喷嘴和工件间距离,这使操作人员观察电弧困难,喷嘴易被飞溅金属堵塞,如果操作不稳定,还会使焊丝插入熔池中,电弧燃烧不稳定。

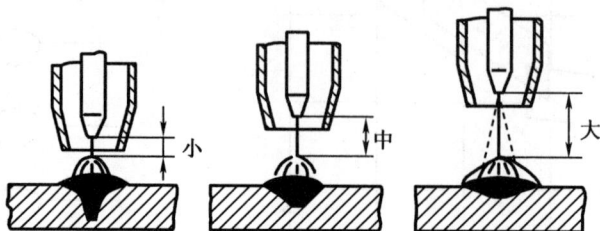

图 3-2-8　焊丝伸出长度对焊缝成形的影响

一般认为正常的焊丝伸出长度是焊丝直径 d 的 $10\sim12$ 倍,即 $L\approx(10\sim12)d$。如果焊丝金属的电阻率高(如不锈钢焊丝),预热作用强,这时应考虑选用较小的焊丝伸出长度。不同材料、不同直径的焊丝允许使用的焊丝伸出长度见表 3-2-2。当焊接电流增大时,即焊丝给送速度增大,焊丝的预热时间 L/V 也相应缩短,此时可以考虑增大焊丝伸出长度。如图 3-2-9 所示为焊丝伸出长度和焊接电流之间的关系。

表 3-2-2　不同材料、不同直径的焊丝允许使用的焊丝伸出长度　　单位:mm

焊丝直径	低合金钢焊丝 H08Mn2SiA	不锈钢焊丝 H06Cr19Ni9Ti
0.8	6~12	5~9
1.0	7~13	6~11
1.2	8~15	7~12

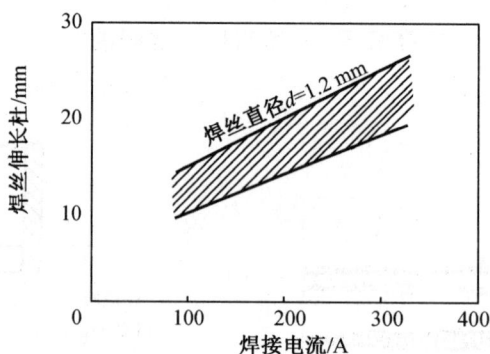

图 3-2-9　焊丝伸出长度和焊接电流之间的关系

6. 焊枪倾角(θ)

大多数操作人员是右手握焊枪操作的,而焊接方向可以向左或向右。因此,CO_2 气体保护焊有两种操作方法,即左焊法(图 3-2-10(a))和右焊法(图 3-2-10(b))。右焊法和左焊法的比较见表 3-2-3。

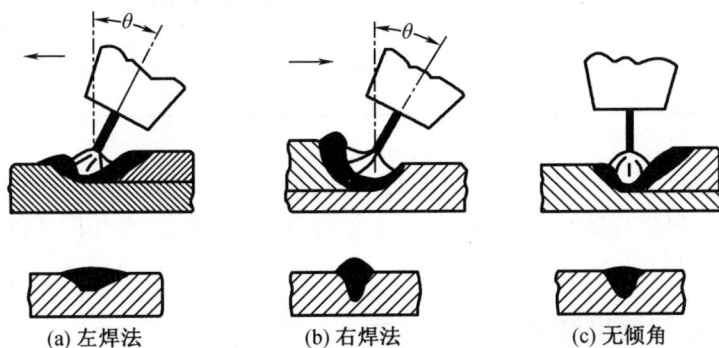

(a) 左焊法 (b) 右焊法 (c) 无倾角

图 3-2-10 左焊法和右焊法对焊缝成形的影响

表 3-2-3 右焊法和左焊法的比较

比较项目	右焊法	左焊法
焊道外形	余高大，形成窄焊道	余高小，形成较平坦的焊道
熔深	大	小
飞溅	小	大
小电流(100 A 以下)时的电弧稳定性	较稳定	略整些
接缝线可见度	接缝线被喷嘴遮住，可见度差	接缝线可见，焊丝能准确对准接缝

CO_2 气体保护焊时，一般情况以左焊法为宜，而在焊接比较深的坡口时，左焊法难以保证焊透，这时就需要采用右焊法。

左焊法的倾角通常为 10°~20°，倾角过大时，易产生未焊透缺陷及严重飞溅。右焊法的倾角也以 10°~20° 为宜，倾角过大时，会使焊道变凸，甚至产生咬边，且飞溅也显著增大。

7. 保护气体流量(Q)

保护气体流量要能确保良好的保护电弧和熔池的效果。气体保护效果不好，会产生大颗粒飞溅，电弧不稳定，焊缝易产生气孔。造成气体保护效果差的主要原因有：风的影响；保护气体流量不足；喷嘴和母材间的距离太大；保护气体流量过大造成紊流而使空气侵入；喷嘴黏附着飞溅等。其中，风的影响最为严重，当风速超过 1.5 m/s 时，保护效果变差，影响焊接质量。

用 200 A 以下的电流焊接薄板时，保护气体流量通常选 10~15 L/min；用大于 200 A 的电流焊接厚板时，保护气体流量常选 15~25 L/min。当室外风较大时，应使用挡风装置，并加大保护气体流量，然后才能焊接。如果要加快焊接速度，或增大焊丝伸出长度，也应适当加大保护气体流量。

8. 电源极性

为了减少飞溅，保证焊接电弧稳定燃烧，一般都采用直流反接。

9. 电路电感值

电路电感值应根据焊丝直径和电弧电压来选择。不同直径焊丝适合的电路电感值见表 3-2-4。电路电感值通常随焊丝直径增加而增大，可通过试验来确定，若焊接过程稳定，飞溅很少，则此电路电感值是合适的。

表 3-2-4   不同直径焊丝适合的电路电感值

焊丝直径/mm	0.8	1.2	1.6
电路电感值/mH	0.01~0.08	0.10~0.16	0.30~0.70

粗丝(直径 3~5 mm)CO_2 气体保护焊是一种自动焊接法,适用于中厚板在水平位置上的焊接。CO_2 气体保护焊的熔化系数高,电弧穿透力强,熔深大,在相同条件下,生产率较埋弧焊高,焊接成本也较低。

3.2.3   常见的焊接缺陷

1. 焊接缺陷

焊接缺陷是指焊接过程中在焊接接头处发生的金属不连续、不致密或连接不良的现象。焊接结构(件)中一般都存在缺陷,缺陷的存在将影响焊接接头的质量。因此,焊接缺陷的存在将直接影响到焊接结构(件)的安全使用。焊接缺陷的种类很多,各类缺陷的形态不同,对焊接接头质量的影响也不相同。根据焊接结构(件)使用的场合不同,对其质量要求也不一样,有些焊接结构(件)的焊接接头中允许有一定数量和一定尺寸的缺陷存在;而有些重要焊接结构(件)则不允许存在任何缺陷。评定焊接接头质量优劣的依据是缺陷的种类、大小、数量、形态、分布及危害程度。焊接接头中的缺陷,可通过补焊来修复,或者铲除焊道后重新焊接,有的则直接判废。

2. 焊接缺陷的分类

按焊接缺陷在焊缝中位置的不同,可将其分为外部缺陷与内部缺陷两大类。外部缺陷位于焊缝区的外表面,用肉眼或低倍放大镜即可观察到。例如:焊缝尺寸不符合要求、咬边、焊瘤、弧坑、烧穿、卜塌、表面气孔、表面裂纹等。内部缺陷位于焊缝的内部,需用破坏性实验或探伤来发现。例如:未焊透、未熔合、夹渣、夹杂、气孔、裂纹等。

(1)焊缝尺寸不符合要求

焊缝成形粗劣,外表形状有高低不齐、宽度不均、焊缝尺寸过大或过小的现象,称为焊缝尺寸不符合要求(图 3-2-11)。

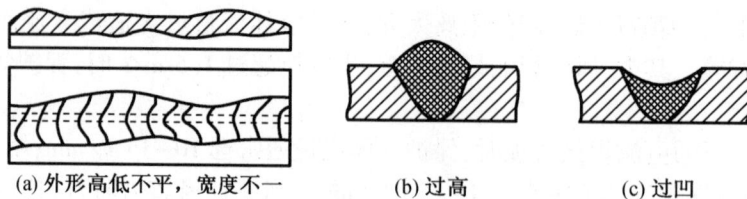

(a) 外形高低不平,宽度不一   (b) 过高   (c) 过凹

图 3-2-11   焊缝外形尺寸不符合要求

产生这种缺陷的原因:焊件坡口开得不当;装配间隙不均匀;运条速度或手势不当,焊丝角度选择不当;焊接工艺参数选择不当,小电流、慢焊接速度会形成余高过大的焊缝,长电弧、大电流会造成过宽而低的焊缝。

预防措施如下。

①选择正确的焊接坡口角度和尺寸及装配质量。

②选择合理的焊接工艺参数。

③熟练掌握运条的快慢和摆动幅度,能随时适应焊件装配间隙的变化,以保持焊缝的均匀。

④焊脚尺寸必须符合设计要求。

(2)咬边

咬边是指电弧将焊缝边缘熔化后,没有得到熔化金属的补充而留下的沟槽,如图3-2-12所示。咬边是一种危险的缺陷,它不但减小了母材的厚度,而且在咬边处造成应力集中,承受载荷(特别是动载荷)时有可能在咬边处产生裂缝,导致焊接结构破坏。

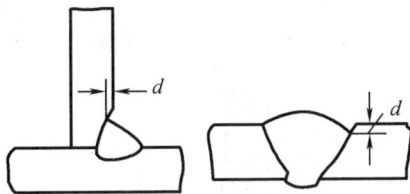

图3-2-12　咬边

产生咬边的原因:焊接电流过大;运条时将基本金属熔化而吹下;焊丝角度不当或电弧太长。预防措施:正确选择电流和电压;焊丝角度要合适并保持一定的电弧长度;运条方法要合理。

(3)未焊透和未熔合

在焊接接头的根部或中部,母材与母材之间未完全熔透,称为未焊透;焊道和母材、焊道和焊道之间未完全熔合,称为未熔合,如图3-2-13所示。未焊透和未熔合会使焊缝的强度严重降低,容易引起裂缝,使结构破坏。

产生未焊透和未熔合的原因:坡口角度太小,钝边太高或装配间隙太小;焊接电流过小或焊接速度太快;焊件边缘和坡口不清洁,有氧化铁皮等杂物;电弧太长;焊丝直径过大未能将电弧伸进根部或焊丝角度、运条方法不当,双面焊时背面挑焊根不彻底等。

预防措施:焊前修正好坡口尺寸,增大间隙和坡口角度,减小钝边;焊前应彻底清理干净焊件边缘和坡口,并要做好多层焊层间的清理焊渣工作;正确选择焊接电流和焊接速度,正确选用坡口形式、角度和间隙,选择合适的焊丝直径;焊缝产生未焊透缺陷,应采用风铲或碳弧气刨将它彻底清除干净,然后开合适的焊接坡口进行焊补修复。

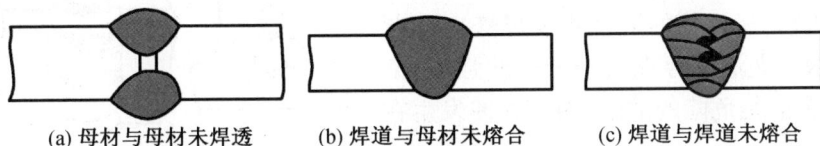

(a) 母材与母材未焊透　　(b) 焊道与母材未熔合　　(c) 焊道与焊道未熔合

图3-2-13　未焊透及未熔合

(4)焊瘤

焊瘤是指正常焊缝外未熔化的母材上所形成的金属瘤。焊瘤经常产生在横焊、仰焊和立焊焊缝中,如图3-2-14所示。

焊瘤产生的原因:焊接电流太大,使焊丝熔化太快;电弧过长或运条方法不当;焊接速度太慢。这些因素都使熔池金属温度太高而下淌形成焊瘤。

预防措施:主要是严格掌握熔池温度不能过高,如选择合适的焊接电流;压短电弧施焊;运条方法要正确,如立焊打底层宜用跳弧焊法,横焊宽焊道宜用斜环形运条;按焊接空间位置正确选择工艺参数。

严重的焊瘤应采用风铲或碳弧气刨铲除,并使焊缝边缘平滑,不应有槽痕。

(5)气孔

气孔是指熔池中的气体来不及逸出而停留在焊缝中形成的孔眼。气孔分为表面气孔和内部气孔,如图3-2-15所示。气孔的存在对焊缝强度影响很大,同时也破坏焊缝的致密性,严重的气孔还会导致焊接结构破坏。

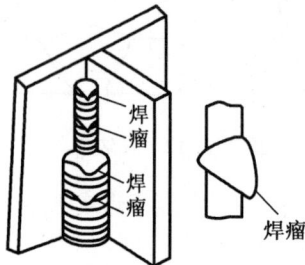

图3-2-14　焊瘤

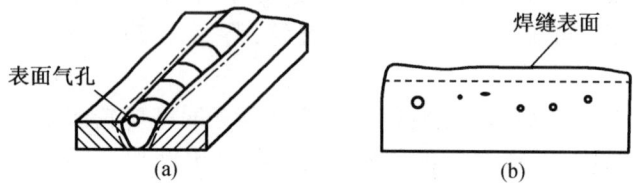

图3-2-15　气孔

产生气孔的原因:焊件坡口和坡口两侧焊前未将水、油锈、油漆、气割残渣等污物清理干净;使用药皮受潮、变质、开裂、剥落或焊芯锈蚀的焊丝焊接;立焊、仰焊时,运条手势不熟练,引弧与操作不当;电流太小或焊接速度过快,熔池存在时间短,气体来不及逸出。

预防措施:焊前应将焊件坡口以及坡口两侧的水、油锈、油漆、气割残渣等污物彻底清除干净;焊丝或焊剂必须按规定的烘焙温度进行焊前烘焙干燥后才能使用,不使用药皮受潮、变质、开裂、剥落或焊芯锈蚀的焊丝;在保证不焊穿的前提下,适当加大焊接电流,降低焊接速度,以延长熔池停留时间,有利于气体逸出焊缝;正确选择焊接电流,使用碱性焊丝时要用划擦引弧和短弧操作。

(6)夹渣

夹渣是指焊后残留在焊缝金属中的夹杂物(通常为氧化物、氢化物的混合物及焊渣),如图3-2-16所示。夹渣的存在会降低焊缝强度,某些连续状的夹渣是危险的缺陷,裂缝往往发生在这些地方。

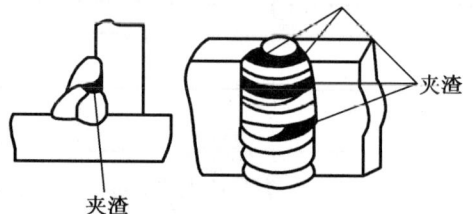

图3-2-16　夹渣

产生夹渣的原因:焊件边缘和坡口不清洁;坡口角度小,焊接电流小,渣不易浮出;多层多道焊时,每层熔渣清理不干净;熔渣的黏度大;运条不当和焊丝角度不当,使熔化金属与熔渣混杂在一起。

预防措施:仔细清理坡口及其边缘;将小坡口适当开大;选用较大的焊接电流;多层多道焊必须层层彻底清除熔渣,在操作过程中要注意熔渣流动的方向;选用适宜的运条方法拌搅熔池,使用酸性焊丝焊接时,必须使熔渣在熔池的后面,若熔渣流到熔池的前面,就很容易产生夹渣。

(7)裂纹

焊缝中原子结合遭到破坏,形成新的界面而产生的缝隙称为裂纹,如图3-2-17所示。它是焊缝中最危险的缺陷,大部分焊接结构的破坏都是由裂纹造成的,因此裂纹在焊缝任何部位都不允许存在。

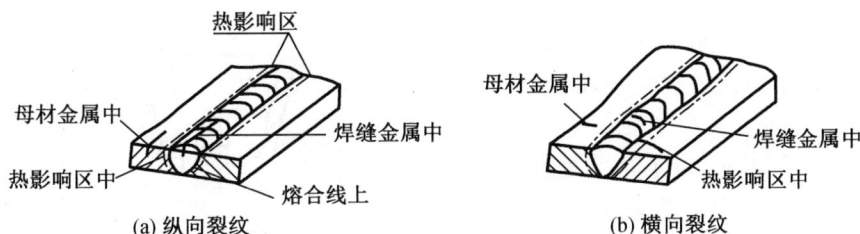

(a) 纵向裂纹　　　　　　(b) 横向裂纹

图 3-2-17 裂纹

产生裂纹的原因:焊丝和母材中有过多硫和碳;使用的焊丝和母材不匹配;坡口未仔细清理油、水、锈等污物,导致焊缝中含有过量的氢;焊接接头的拘束度较大,焊缝收缩受阻,产生的应力大;不合理的焊接顺序。

预防措施:根据母材性能正确选用焊丝,使用低氢焊丝;仔细清理坡口上的油、水、锈等污物,减小焊缝中氢的含量;对焊件坡口及其两侧进行预热,并保持层间温度;对于高强度合金钢,焊后或焊接中断后须立即进行后热消氢处理;大型厚焊件焊后应进行局部热处理,以减小应力和改善金属组织;选择合理的焊接顺序,使焊缝的收缩应力小。

(8)烧穿(焊穿)

焊缝背部形成金属流垂或穿孔的现象,称为烧穿(图3-2-18)。

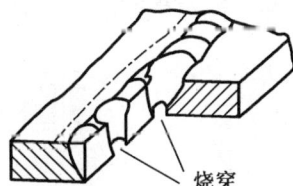

图 3-2-18 烧穿

产生烧穿的原因:焊接电流过大;坡口间隙太大;运条速度太慢。

预防措施:正确选择焊接电流和运条方法;控制焊件的坡口和间隙大小。

3.2.4 陶质衬垫药芯焊丝 CO₂ 气体保护焊

CO_2 气体作为焊接保护气体有着突出的优点,但它又具有焊接过程中飞溅大、焊缝成形不良等固有缺点。采用气-渣联合保护方式,可以克服这些缺点。药芯焊丝 CO_2 气体保护焊在国外获得了较为广泛的应用,目前在国内也取得了较快的发展与应用。在船舶及海洋结构建造过程中,药芯焊丝 CO_2 气体保护焊正逐步取代实心焊丝 CO_2 气体保护焊。

药芯焊丝 CO₂
气体保护焊

1. 药芯焊丝 CO_2 气体保护焊的特点

药芯焊丝 CO_2 气体保护焊的焊缝形成过程如图 3-2-19 所示。它具有以下一些特点。

(1)由于药芯成分改变了纯 CO_2 电弧的物理化学性质,因此飞溅减少,且飞溅颗粒细,容易清除。熔化后的焊丝药芯成为一层薄薄的熔渣覆盖在焊缝表面。其焊缝成形较实心焊丝 CO_2 气体保护焊美观。其焊接规范调节范围宽。

(2)与手弧焊相比,由于 CO_2 电弧热效率高,药芯焊丝 CO_2 气体保护焊焊接电流密度比手弧焊大(可达 100 A/mm²),所以焊丝熔化快,生产率可为手弧焊的 3~5 倍,又由于熔深大,焊接坡口可比手弧焊小,钝边高度则可以增大。角焊缝焊接时药芯焊丝 CO_2 气体保护焊的熔深可比手弧焊的大 50% 左右,这既节省了填充金属量,又提高了焊接速度。

(3)焊接不同成分钢材的适应性强,只要调整药芯成分,就可实现所要求的焊缝成分,而不像冶炼实心焊丝那样复杂。

（4）由于焊接区受到 CO_2 气体和熔渣双重保护，其抗气孔能力及抗风能力都比实心焊丝 CO_2 气体保护焊强。

药芯焊丝 CO_2 焊也有不足之处，除送丝较实心焊丝困难以外，药芯焊丝外表易锈蚀，药芯粉剂易吸潮。

2. 药芯焊丝的结构

药芯焊丝由 H08A 冷轧薄钢带(经光亮退火)经轧机纵向折叠包粉后拉拔而成。其截面形状可分为两大类:简单断面的 O 形和复杂断面的折叠形。折叠形又可分为 T 形、E 形、梅花形和中间填丝形等,如图 3-2-20 所示。

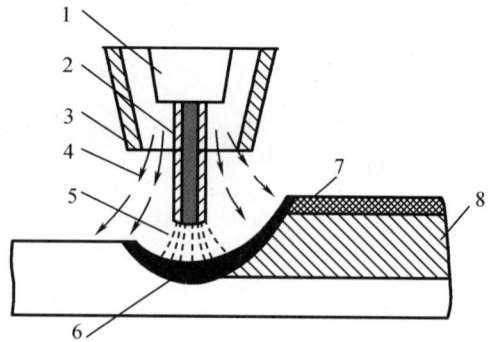

1—导电嘴;2—药芯焊丝;3—喷嘴;4—CO_2 气体;
5—电弧;6—熔池;7—熔渣;8—焊缝。

图 3-2-19 药芯焊丝 CO_2 气体保护焊的焊缝形成过程

药芯焊丝芯部粉剂的成分与焊丝药皮类似,含稳弧剂、脱氧剂、造渣剂和铁合金等。按粉剂成分药芯焊丝又可分为钛型、钙型和钛钙型几种。国内生产的焊丝直径系列有 1.6 mm、2.0 mm、2.4 mm、2.8 mm、3.2 mm 等。

O形　　T形　　E形　　梅花形　　中间填丝形

图 3-2-20 药芯焊丝的截面形状

3. 药芯焊丝 CO_2 气体保护焊对焊接设备的要求

实心焊丝 CO_2 气体保护焊对电源的动特性和外特性均有较高要求。而对于药芯焊丝 CO_2 气体保护焊来说,由于药粉改变了电弧气氛及电弧特性,因此直流、交流、平特性和下降特性电源均可使用。其采用直流电源时的接法与实心焊丝 CO_2 气体保护焊相同,仍采用直流反接。

药芯焊丝 CO_2 气体保护焊要求电弧电压在 25～35 V 之间,根据焊丝直径不同,焊接电流可在 200～700 A 之间选取,既可采用自动焊又可采用半自动焊。

现在药芯焊丝 CO_2 气体保护焊已在我国的造船、汽车、机械制造、冶金设备制造等部门逐步得到推广应用。随着我国经济技术的不断发展,药芯焊丝 CO_2 气体保护焊的发展和应用必将更加迅速。

4. 陶质衬垫焊

陶质衬垫焊是一种以特殊陶质材料为衬托,正面焊接、反面强制成形的焊接方法。陶质衬垫焊是以焊接材料(焊丝、焊剂、药芯)、衬垫为基础,采用配套的焊接方法组成的一个相关联的焊接工艺。对于不同的焊接方法和焊接材料,需要有适合的陶质衬垫相配合,才能满足各种焊接的设计要求。陶质衬垫焊的优点主要表现在背面成形好和不需要清根,取消了碳弧气刨工序,减少了仰焊及狭窄封闭空间环境的作业,既可提高生产效率、保证焊接质量,又可降低生产成本、改善焊工工作条件,具有很好的经济效益和社会效益。

陶质衬垫焊也存在一些不足之处。它只对整个焊接程序中的清根处理进行了改进,而对焊缝设计、工艺参数、应力变化、操作手法等一系列制约焊缝质量的因素提出了较复杂的要求。

陶质衬垫 CO_2 气体保护半自动单面对接焊(简称 CO_2 单面对接焊)适用于船体曲面分段和半立体分段的拼板以及总段、船台的合拢大接缝的焊接,焊接位置可以是平焊、立焊和横焊,其中平对接焊应用最为广泛。

CO_2 单面对接焊采用单面不留钝边的 V 形坡口,陶质衬垫如图 3-2-21(a)所示,反面装配陶质衬垫的单面对接焊如图 3-2-21(b)所示。

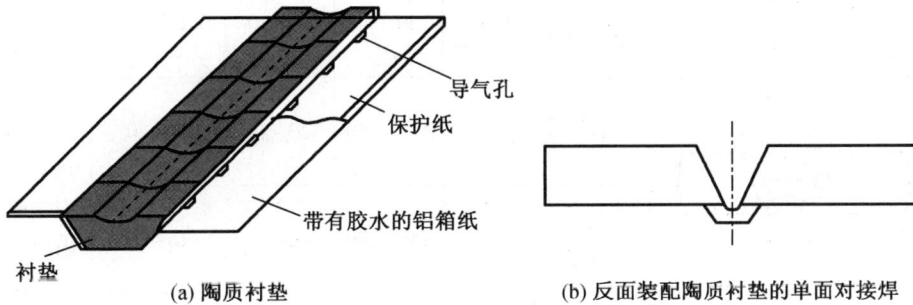

(a) 陶质衬垫　　　　　　　　　(b) 反面装配陶质衬垫的单面对接焊

图 3-2-21　陶质衬垫及应用

CO_2 单面对接焊的焊接工艺参数主要包括焊接电流与电弧电压的关系、焊接速度、根部间隙、坡口角度、焊枪运行方式、焊缝接头的处理、定位焊点处理、收弧方式和衬垫的使用等。CO_2 单面对接焊的工艺如下。

(1)根部间隙

间隙会影响焊缝的成形。通常最佳间隙为 5 mm±2 mm,可获得良好的反面成形焊缝;如果间隙小于 3 mm,则不能得到稳定的反面成形焊缝。

(2)坡口角度

坡口角度影响反面成形焊缝的高度和宽度。试验得出,平焊、立焊坡口角度以 50°±5° 为佳;横向对准,保持平直,否则会造成表面成竹节状。

(3)对装配的要求

除坡口尺寸应按标准要求外,在其接缝两边 20 mm 范围内(包括正反面),需除锈及飞溅物,以保证衬垫能紧贴而不致影响成形焊缝的质量。装配时必须采用形马,在坡口内尽可能没有定位焊点。另外,在焊缝两端应安装引弧、熄弧板,以确保焊缝两端的质量。

(4)衬垫安装

在坡口处可采用氧-乙炔火焰加热,去除坡口内的水、油污等。待冷却后可直接将陶质衬垫与钢板紧贴,如在曲面分段上使用,则可适当加电磁马辅助固定。在碰到十字焊缝接头时,先将两侧焊缝的增强量刨平一段为衬垫的砖宽尺寸。

(5)焊接工艺参数

焊接工艺参数按焊丝直径、板厚、焊道位置以及坡口形式等因素选用。表 3-2-5 为陶质衬垫 CO_2 气体保护单面焊的焊接工艺参数。

表 3-2-5　陶质衬垫 CO_2 气体保护单面焊的焊接工艺参数

焊道位置	坡口形式	焊道	焊丝直径/mm	焊接电流/A	电弧电压/V	保护气体流量/(L·min⁻¹)	备注
平	55°	打底层	1.2	180~200	23~26	15~20	陶质衬垫为 JN4 型,系江南造船厂和象山焊接衬垫厂共同研制产品
		填充层盖面层	1.2	250~300	26~30	15~20	
立	55°	打底层	1.2	130~150	20~24	15~20	
		填充层盖面层	1.2	150~180	22~26	15~20	
横	30°±5° 10°+5°	打底层	1.2	180~200	22~26	15~20	
		填充层	1.2	200~220	26~28	15~20	
		盖面层	1.2	150~180	22~26	15~20	

任务实施

现有材质为 Q235,规格为 300 mm×100 mm×12 mm,坡口为 30° 的钢板焊件。要求采用 CO_2 气体保护焊横对接焊将两块钢板焊接成一组焊件,如图 3-2-22 所示,钝边、间隙自定。

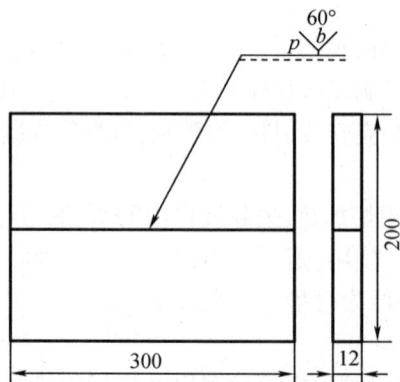

图 3-2-22　CO_2 气体保护焊横对接焊图样

1.焊前准备

(1)焊接材料

由于焊件 Q235 钢板属于低碳钢和低合金钢范畴,根据表 3-1-2,选用常见的 H08Mn2SiA 焊丝,直径为 1.0 mm。对照表 3-1-3,该焊丝满足要求。

(2)焊接设备

选用 NBC-400 型 CO_2 气体保护半自动焊机。

(3)CO_2 气体

纯度≥99.5%。

(4)焊前清理

用角向磨光机将坡口两侧 20 mm 范围内的铁锈、油污等清理干净,至露出金属光泽。用锉刀加工出上侧为 0.5 mm、下侧为 1 mm 的钝边。

2.工艺参数

焊接工艺参数参见表 3-2-6。

表 3-2-6 焊接工艺参数

焊接层数	焊丝直径/mm	焊丝伸出长度/mm	焊接电流/A	电弧电压/V	保护气体流量/(L·min⁻¹)
1			90~100	18~20	
2	1.0	10~12	115~125	21~23	12~15
3			115~125	21~23	

3.操作步骤与要领

(1)装配与点固

平板对接横焊焊件组对的各项尺寸见表 3-2-7。在焊件端部进行定位焊,定位焊缝长度为 10~15 mm,焊丝种类及焊接工艺参数与正式焊接时相同,定位焊后将定位焊缝两端用角向磨光机打磨成斜坡状,并将坡口内的飞溅物清理干净。

表 3-2-7 平板对接横焊焊件组对的各项尺寸

坡口角度/(°)	间隙/mm	钝边/mm	反变形量/(°)	错边量/mm
60	2.5~3.2	0.5~1	5~6	≤0.5

(2)焊接

横焊时采用左向焊法,三层六道,按 1~6 顺序焊接,焊道分布如图 3-2-23 所示。将试板垂直固定于焊接夹具上,使焊缝处于水平位置,钝边较大的试板置于下侧,间隙小的一端放于右侧。在施焊前及施焊过程中,应检查、清理导电嘴和喷嘴,并检查送丝情况。

①打底焊

在调试好焊接参数后,按图 3-2-24 所示的焊枪角度,从右向左焊接。在焊件定位焊缝上引弧,以小幅度锯齿形摆动,从右向左焊接,并应注意焊丝摆动间距要小且均匀一致。在预焊点左侧形成熔孔后,保持熔孔边缘超过坡口上、下棱边 0.5~1 mm。在焊接过程中要仔细观察熔池和熔孔,根据间隙调整焊接速度和焊枪的摆幅,并尽可能地维持熔孔直径不变,焊至左端收弧。

表 4-1-5　焊剂牌号与 SiO_2、CaF_2 含量

牌号	焊剂类型	SiO_2、CaF_2 含量/%
HJ×1×	低硅低氟	$SiO_2<10$,$CaF_2<10$
HJ×2×	中硅低氟	$10<SiO_2<30$,$CaF_2<10$
HJ×3×	高硅低氟	$SiO_2>30$,$CaF_2<10$
HJ×4×	低硅中氟	$SiO_2<10$,$10<CaF_2<30$
HJ×5×	中硅中氟	$10<SiO_2<30$,$10<CaF_2<30$
HJ×6×	高硅中氟	$SiO_2>30$,$10<CaF_2<30$
HJ×7×	低硅高氟	$SiO_2<10$,$CaF_2>30$
HJ×8×	中硅高氟	$10<SiO_2<30$,$CaF_2>30$

5. 焊剂的分类

焊剂可分别按用途、制造方法、化学成分、焊接冶金性能等进行分类,也可按焊剂的酸碱性、焊剂的颗粒结构来分类。每一种分类方法都只是从某一方面反映了焊剂的特性,不能概括焊剂的所有特点。

根据制造方法可以把焊剂分成熔炼焊剂和烧结焊剂两大类。

(1)熔炼焊剂

把各种矿物性原料按配比混合配成炉料,在电炉或火焰炉中加热到 1 300 ℃以上熔化后出炉,经过水冷粒化、烘干、筛选得到的焊剂称为熔炼焊剂。熔炼焊剂化学成分均匀,所焊焊缝成分稳定、受焊接工艺参数影响小,焊剂几乎不吸潮,容易保管、颗粒强度高,HJ431就是其中之一,但制造熔炼焊剂耗能大且对环境有污染。

(2)烧结焊剂

其是在较高温度(700~1 000 ℃)烧结后粉碎成的一定尺寸的颗粒。经高温烧结后,焊剂的颗粒强度明显提高,吸潮性大大降低。

字母"SJ"表示埋弧焊用烧结焊剂的牌号;其后第一位数字表示焊剂熔渣的渣系类型(表 4-1-6);第二位、第三位数字表示同一渣系类型烧结焊剂的不同牌号,按 01,02,…,09顺序编排。例如:SJ501 表示埋弧焊用烧结焊剂,熔渣渣系为铝钛型,牌号编号为 01。

表 4-1-6　焊剂牌号与渣系类型对照

焊剂牌号	熔渣渣系类型
SJ1××	氟碱型
SJ2××	高铝型
SJ3××	硅钛型
SJ4××	硅锰型
SJ5××	铝钛型
SJ6××	其他

与熔炼焊剂相比,烧结焊剂熔点较高,这类焊剂适用于大热输入焊接。烧结焊剂的碱度可以在较大范围内调节而仍能保持良好的工艺性能,可以根据施焊钢种的需要通过焊剂向焊缝过渡合金元素。烧结焊剂适用性强、制造简便,近年来发展很快。表4-1-7为熔炼焊剂与烧结焊剂的特点比较。根据不同的使用要求,还可以把熔炼焊剂和烧结焊剂混合起来使用,称为混合焊剂。

表4-1-7　熔炼焊剂与烧结焊剂的特点比较

比较项目		熔炼焊剂	烧结焊剂
一般特点		熔点较低,松装比较大,颗粒不规则,但强度较高。焊剂的生产中耗电量大,成本较高	熔点较高,松装比较小,颗粒圆滑较规则,但强度低,可连续生产,成本较低
焊接工艺性能	高速焊接性能	焊道均匀,不易产生气孔和夹渣	焊道无光泽,易产生气孔和夹渣
	大规范焊接性能	焊道凸凹显著,易粘渣	焊道均匀,容易脱渣
	吸潮性能	比较小,可不必再烘干	比较大,必须烘干
	抗锈性能	比较敏感	不敏感
焊缝性能	韧性	受焊丝成分和焊剂碱度影响大	比较容易得到高韧性
	成分波动	焊接工艺参数变化时成分波动小	成分波动较大
	多层焊性能	焊缝金属的成分变动小	焊缝金属的成分变动较大
	脱氧性能	较差	较好
	合金剂的添加	十分困难	可以添加

4.1.3　平角焊和船形焊

1. 平角焊

平角焊主要用于焊T形接头和角接接头。

(1)平角焊的特点

①不易烧穿。平角焊时T形接头的间隙不是在焊丝电弧的正下方,因此这种焊法对间隙的敏感性不大,甚至即使有3 mm的间隙通常也不会烧穿。

②一层焊缝的焊脚小。这种焊法一层焊缝的截面通常在40 mm^{2}以下,如果焊脚大于9 mm,就需要进行多层焊。

③易产生咬边和焊脚单边缺陷。平角焊焊接过程中,熔融金属受重力的作用要向下流淌,所以腹板上易产生咬边缺陷。同时熔融金属向下流而堆积在水平翼板上,于是出现了水平焊脚大于垂直焊脚的现象,即焊脚单边。平角焊易产生的缺陷如图4-1-7所示。

(2)平角焊的焊接工艺

①焊丝和垂直板夹角小于45°。来自垂直板的熔融金属要向下流淌,为此要使垂直板受电弧热量少,应使焊丝和垂直板夹角小于45°,通常为20°~40°,如图4-1-8所示,这样电弧热量偏多给予水平板。

(a) 咬边   (b) 焊脚单边

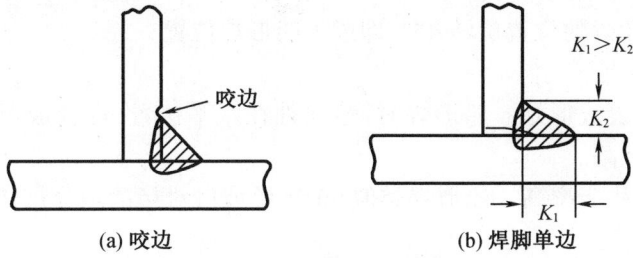

图 4-1-7 平角焊易产生的缺陷

②焊丝向外偏移。焊丝向外偏移,也就是电弧吹力向外移,这样减少了垂直板的受热量,减少了垂直板熔化金属的量;还可以借电弧吹力把熔融金属吹向垂直板,阻止熔融金属流向水平板,可避免产生咬边和焊脚单边的缺陷。偏移的距离要视焊丝直径和焊脚尺寸而定,通常偏移距离在 $\phi/4 \sim \phi/2$ 之间,如图 4-1-9 所示。

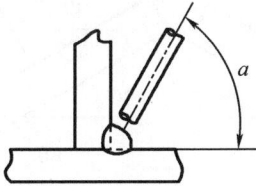

图 4-1-8 倾斜焊丝焊(平角焊)

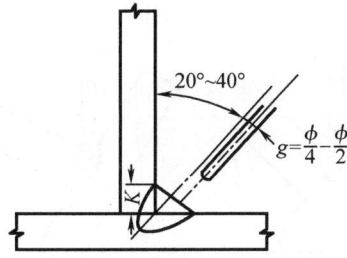

g—焊丝中心线至焊缝中心线的间距;ϕ—焊丝直径;K—焊脚。

图 4-1-9 平角焊时焊丝的正确位置

③细焊丝、小电流、快焊接速度。通常平角焊的一层焊缝的焊脚不大于 8 mm,所以焊缝截面积是不大的,选择焊接工艺参数时,可用细焊丝、小电流、快焊接速度。表 4-1-9 为平角焊的焊接工艺参数。

表 4-1-8 平角焊的焊接工艺参数

焊缝形式	焊脚 K /mm	焊丝直径 /mm	焊接电流 /A	电弧电压 /V	焊接速度 /(m·h⁻¹)	电源类型
	3.0	2.0	200~220	25~28	58~60	交流
	4.0	2.0	280~300	28~30	54~55	交流
		3.0	310~360	28~30	54~55	交流
	6.0	3.0	450~470	28~30	54~57	交流
		4.0	480~500	28~30	58~60	交流
	8.0	3.0	500~530	30~32	44~46	交流
		4.0	670~700	32~34	48~50	交流

2. 船形焊

将 T 形接头平角焊的位置旋转 45°，即成为船形焊位置。

（1）船形焊的特点

①熔池水平，焊缝成形好。船形焊时，熔池处在水平位置，焊缝成形好，可以避免产生咬边及焊脚单边的缺陷。

②可用大电流，生产率高。船形焊类似 90°V 形坡口对接的填充层焊接，可用粗焊丝大电流，生产率显著提高。

（2）船形焊的焊接工艺

①焊丝位置。当 T 形接头的两板厚度相等时，焊丝应置在垂直位置，和两板均成 45°，如图 4-1-10（a）所示。若两板厚度不等，则焊丝应向薄板倾斜，电弧偏向厚板。不对称船形角焊缝（焊件和水平线不成 45°角）焊接时，可能在一板上产生咬边，而另一板上出现焊瘤。为避免产生此种缺陷，焊丝仍可处于垂直位置，但做少量偏移，如图 4-1-10（b）至图 4-1-10（d）所示。当构件要求腹板熔深较大时，可将焊丝向翼板稍做倾斜，并使电弧偏向腹板，如图 4-1-11 所示。这样腹板受到的热量较多，能获得大的熔深，甚至可达到全焊透。

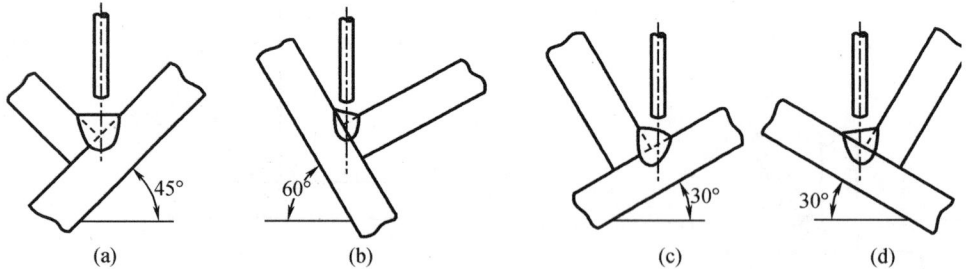

图 4-1-10 船形焊焊丝的位置

②焊件位置。对于开坡口 T 形接头的船形焊，由于两板的焊脚要求是不等的，通常翼板的焊脚为 1/4 腹板厚度，且不大于 10 mm。为了获得良好的焊缝成形，焊前将 T 形焊件转成合适的位置，将要焊成的焊缝表面置于水平位置，如图 4-1-12 所示，这时焊丝是垂直的，熔池是水平的。

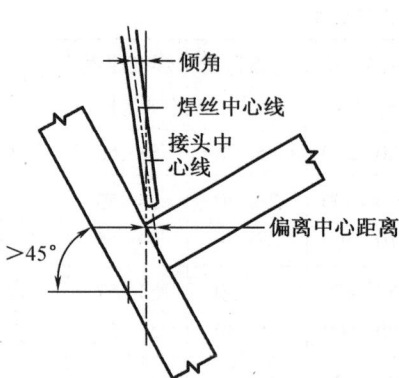

图 4-1-11 船形焊腹板熔深较大时的焊丝位置

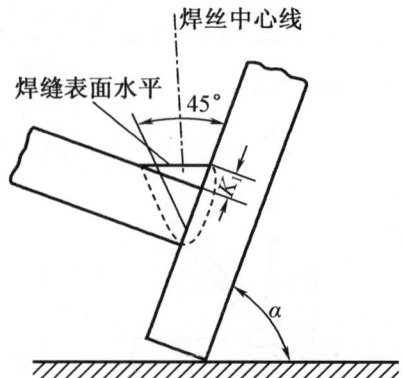

图 4-1-12 开坡口 T 形接头船形焊的焊件位置

③间隙要求高。船形角焊缝的间隙要求不大于 1.5 mm,否则熔化金属易从间隙中流失,甚至可能烧穿,这时应在反面加上临时衬垫。

④粗焊丝、大电流、慢焊接速度,可焊大焊脚。由于熔池处于水平位置,焊缝成形好,不易产生焊脚单边缺陷,所以船形焊可以使用粗焊丝、大电流和慢焊接速度。其一次焊成焊脚可达 12 mm。表 4-1-9 为不开坡口船形焊的焊接工艺参数。

表 4-1-9　不开坡口船形焊的焊接工艺参数

焊接接头形式与焊接位置	焊脚 K/mm		焊丝直径 ϕ/mm	焊接电流 /A	电弧电压 /V	焊接速度 /(m·h^{-1})
	6		2	400~475	34~36	40~42
	10		3	600~650	33~35	21~23
			4	650~700	34~36	23~25
			5	725~775	34~36	24~26
	12		3	600~650	34~36	15~17
			4	725~755	36~38	17~19
			5	755~825	36~38	18~20
	14	第一层	5	650~700	32~34	31~33
		第二层	5	675~725	33~35	23~25

⑤工件的安置和翻转。船形焊广泛应用于焊接 T 形构件、工字梁及箱形梁。在批量生产中,工件的安置和翻转影响着生产率。可以制成一个简单的胎架,如图 4-1-13 所示,将工字梁安置在胎架上,用 MZ-1000 型或 MZ-630 型埋弧焊机装上导向滚轮,焊机沿着接缝线前行,实施船形焊。也可在胎架旁设置轨道,焊机沿轨道前进,完成船形焊。利用四根升降杆可以制成能调节角度的胎架,这种胎架可以调节焊件的倾斜角度,以适应焊件倾斜的需要,如图 4-1-14 所示。

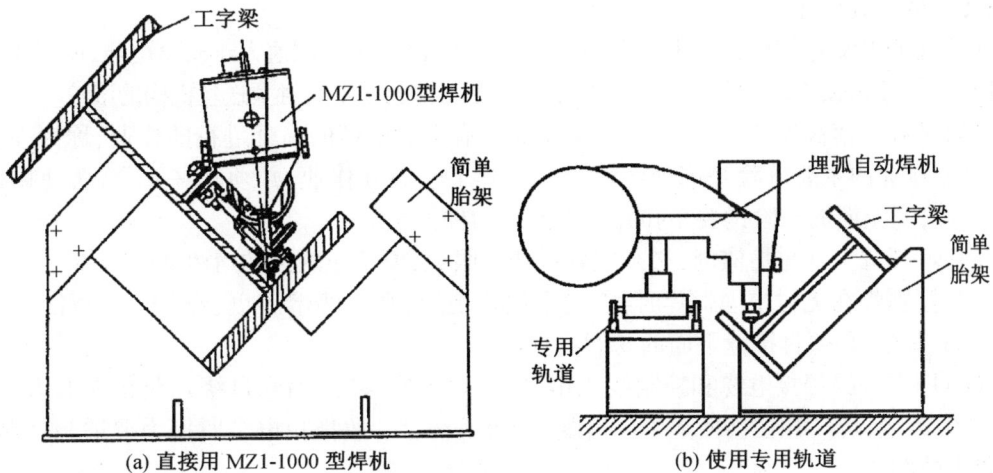

(a) 直接用 MZ1-1000 型焊机　　　　(b) 使用专用轨道

图 4-1-13　船形焊用工字梁的简单胎架

⑥减小焊接变形。工字形焊接梁多采用船形焊，为了减小工字梁的焊接变形，根据工字梁不同的焊缝形式，采用图4-1-15所示的几种焊接顺序。焊脚在12 mm以下的工字梁，可用单层焊缝焊成，其焊接顺序如图4-1-15(a)所示；工字梁每条焊缝需两焊道焊成的，可采用图4-1-15(b)所示的焊接顺序；当工字梁采用多层多道焊时，可参照图4-1-15(c)和图4-1-15(d)所示的焊接顺序来焊接。这些焊接顺序的基本原则是对称焊接和两面交替轮先的对称焊接。

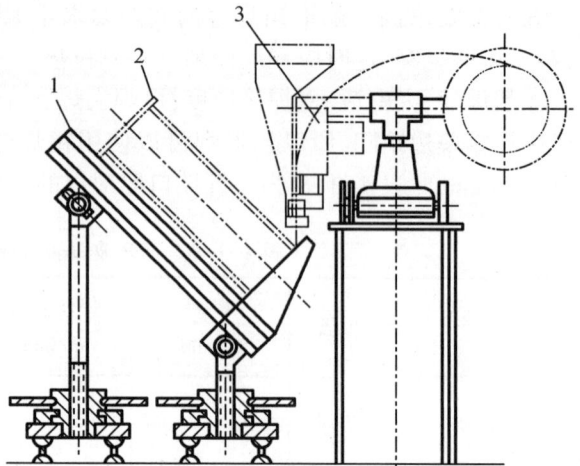

1—可调节胎架；2—焊件；3—焊车。

图4-1-14　船形焊用可调节角度的胎架

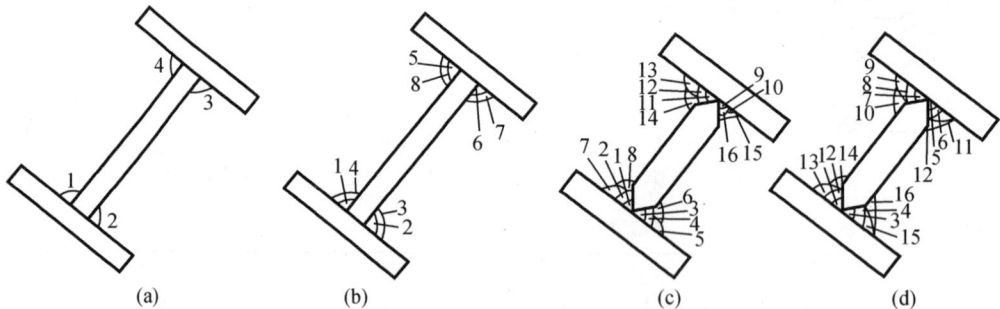

图4-1-15　工字梁的焊接顺序

3. 埋弧焊安全操作技术

进行埋弧焊操作时，除了常规的安全用电技术，还应注意以下内容：

(1)埋弧焊机的小车轮子要有良好绝缘，导线应绝缘良好，工作过程中应理顺导线，防止扭转及被熔渣烧坏。

(2)埋弧焊大电流工作时，电弧电压可高达四十几伏，该电压值大于安全电压，所以不宜在此情况下，徒手触摸焊丝。在调整送丝机构及焊机工作时，手不得触及送丝机构的滚轮。

(3)凡在坠落高度基准2 m以上(含2 m)，有可能坠落的高处进行的作业，称为高处作业。高处作业的主要危险是高处坠落事故。焊工在高处作业，必须戴好安全帽，使用标准的安全带，安全绳的保险钩要系扣在牢固的结构件上。

(4)埋弧焊工在敲熔渣时，必须戴好手套和眼镜，要防止灼热的熔渣烫伤人体。

(5)埋弧焊在无衬垫埋弧焊时，若发生烧穿现象，则大的熔滴也会落下，有可能引起火灾。为了安全，必须将接缝下面的易燃物移离。

(6)埋弧焊的焊接电缆和控制线既粗又多，焊工拖移时，遇到盘绕要花很大的力气，而一旦电缆解脱松开，往往会使焊工向后跌倒，造成伤害。故拖拉电缆时用力要适当，脚要站稳，防止跌倒。

任务实施

现有某钢结构中的工字梁,如图4-1-16所示,翼板厚16 mm,腹板厚12 mm,梁高800 mm,梁宽600 mm,腹板与翼板组成不开坡口T形接头,焊脚为10 mm。工字梁材质为低合金结构钢16Mn钢。准备实施低合金钢角焊缝船形焊。

角焊缝船形
位置埋弧焊

1. 焊前准备

(1)焊机选择

选用MZ1-1000焊机,该焊机结构简单、体积小、重量轻、送丝速度调节范围大,可用于焊接船形角焊缝、平角焊缝及搭接焊缝。

(2)焊材选用

根据低合金钢的焊接工艺,采用H10Mn2焊丝,直径为4 mm;配合焊剂为SJ101氟碱型烧结焊剂。焊前,焊剂要放在烘干箱中,经350℃、2 h烘干后使用。

(3)焊件组装

一般地,钢结构组装大都在专用的装配机上进行。组装时,主要应控制装配间隙。由于焊接是在钢板的边缘处进行的,所以间隙不宜过大,最好控制为1~1.5 mm。如图4-1-17所示为焊丝对工件的位置示意图。

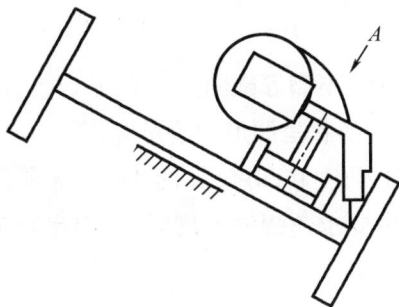

图4-1-16　某钢结构中的工字梁　　　图4-1-17　焊丝对工件的位置示意图

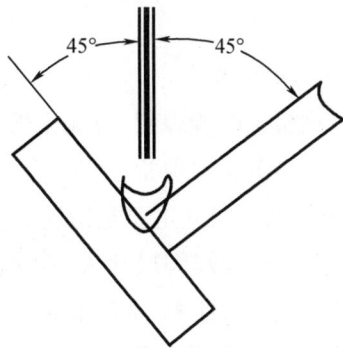

(4)板料加工

工形钢采用钢板组对而成,无须加工坡口,但要控制板的直边,以满足组对间隙要求。

(5)点固焊

工形钢的组装点固焊,是采用两台CO_2气体保护焊机完成的。点固焊长度应为50~60 mm,焊缝间距应为500~600 mm。

(6)焊前清理

对钢板上的油污、铁锈、氧化皮及其他污物,应采用有效方法清除掉,以利于焊道边缘的熔合,防止产生气孔和裂纹。

(7)焊接工艺参数

根据焊件材料、接头形式、坡口角度等确定合适的焊接工艺参数,见表4-1-10。

表 4-1-10 焊接工艺参数

焊脚高度/mm	焊丝直径/mm	焊接电流/A	焊接电压/V	焊接速度/(cm·min⁻¹)
6	4	480~500	28~30	58~60
8	4	650~700	32~34	48~50

2. 焊接操作

(1)将工件吊放在专用的焊接架上,开动焊车至焊件位置。调整焊接导电嘴对正焊缝,其焊丝伸出后应垂直于焊缝中心。

(2)检查工件组对质量及间隙,当钢板有不平整处或间隙过大时,应先用焊条电弧焊或 CO_2 气体保护焊对有缝隙处补焊,封闭缝隙使焊剂不会流淌进入空隙影响铁水熔化,以保证焊接过程能顺利进行。

(3)焊接时,要调整好焊丝伸出长度。焊丝伸出长度是从导电嘴端算起伸出导电嘴外的焊丝长度。焊丝伸出长度越长,电阻就越大,焊丝熔化速度加快,焊缝余高也增加;焊丝伸出长度太短则可能烧毁导电嘴。

(4)注意焊件倾斜度。焊件倾斜时,焊接方向有下坡或上坡之分。下坡焊时,熔宽增大,熔深减小,它的影响与焊丝后倾相似,所以,无论上坡焊还是下坡焊,焊件倾角不宜大于 $6°~8°$。

3. 焊缝质量检验

(1)目测检查焊缝表面,应无未熔合、成形不良、弧坑不满等缺陷。

(2)用焊缝测量尺检验,焊脚不小于 6~7 mm;焊缝形状呈凹形圆滑过渡。

检验角焊缝的尺寸主要是检验焊缝的厚度、焊脚、凸度和凹度,如图 4-1-18 所示。但多数情况下,只测量焊脚尺寸 K_1 和 K_2;当图样标注中要求角焊缝厚度时,不但实际角焊缝厚度要符合尺寸,而且 K_1 要等于 K_2。

测量角焊缝可以使用焊接检验尺和样板。用焊接检验尺测量焊脚如图 4-1-19 所示。

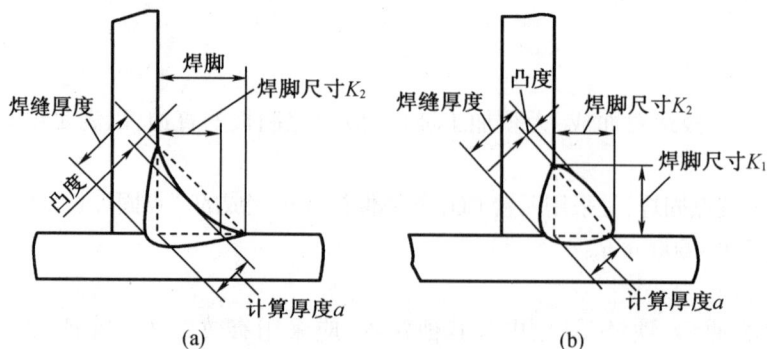

图 4-1-18 角焊缝的检验

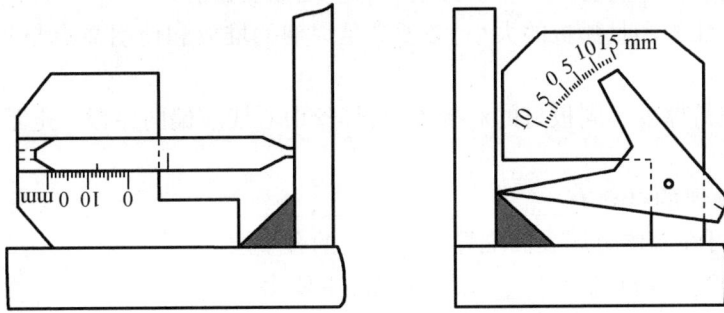

图 4-1-19 用焊接检验尺测量焊脚

评分见表 4-1-11。

表 4-1-11 评分表

序号	操作内容	评分标准	配分	得分
1	焊前准备	酌情扣分	10	
2	工艺执行情况	酌情扣分	15	
3	安全文明生产	酌情扣分	10	
4	焊脚 K_1	$K_1=6\sim7$,酌情扣分	10	
5	焊脚差 K_1'	$\leqslant2$,酌情扣分	5	
6	焊脚 K_2	$K_2=6\sim7$,酌情扣分	10	
7	焊脚差 K_2'	$\leqslant2$,酌情扣分	5	
8	凹凸度	$0\leqslant t\leqslant1.5$,酌情扣分	5	
9	夹渣	出现一处扣3分	5	
10	气孔	出现一处扣3分	5	
11	未焊透	出现一处扣3分	5	
12	未熔合	出现一处扣3分	5	
13	咬边	深度$\leqslant0.5$ mm,长度$\leqslant15$ mm	5	
14	凹陷	出现一处扣3分	5	

思考与练习

一、判断题(在题末括号内做记号:√表示对,×表示错)

1.埋弧焊机一般由弧焊电源、控制系统、焊机接头三大部分组成。　　　（　　）

2.埋弧焊必须使用直流电源。　　　（　　）

3.埋弧焊必须采用陡降外特性曲线的电源。　　　（　　）

4.埋弧焊调整弧长有电弧自身调节和电弧电压均匀调节两种方法。　　　（　　）

5.埋弧焊中,送丝速度保持不变,依靠调节焊丝的熔化速度保持弧长不变的方法称为电弧电压的均匀调节。　　　（　　）

6.常用的 MZ-1000 型埋弧焊机送丝方式为等速送丝式。　　　（　　）

7. 埋弧焊的引弧方法有尖焊丝引弧法和焊丝回抽引弧法。   （　　）

8. 埋弧焊引弧板和收弧板的大小,必须满足焊剂的堆放和使引弧点与收弧点的弧坑落在正常焊缝之外。   （　　）

9. 埋弧焊进行厚度不同板材的对接焊时,焊丝中心线应偏向厚板一定距离。 （　　）

二、填空题

1. 适合埋弧焊的材料有_____、_____、_____、_____以及某些_____。此外,埋弧焊还可在基体金属表面堆焊_____的合金层。

2. MZ1-1000 型焊机是_____埋弧焊机,主要由_____、_____和_____三部分组成。

3. MZ-1000 型焊机是_____埋弧焊机,主要由_____、_____和_____三部分组成。

4. MZ1-1000 采用的常用焊接电源是_____同体式弧焊变压器;MZ-1000 采用的常用焊接电源是_____型弧焊变压器,或选用具有_____的弧焊整流器。

5. 埋弧焊焊丝根据成分和用途通常分为_____焊丝、_____焊丝和_____焊丝。常用直径有_____ mm、_____ mm、_____ mm、_____ mm、和_____ mm 五种。

三、选择题

1. 埋弧焊的负载持续率通常为   （　　）

A. 50%   B. 60%   C. 80%   D. 100%

2. 埋弧焊中,使（　　）随着弧长的波动而变化,保持弧长不变的方法称为电弧电压均匀调节。

A. 焊接速度   B. 焊丝熔化速度   C. 焊丝送进速度   D. 弧长调节速度

3. 埋弧焊收弧的顺序应当是（　　）。

A. 先停焊接小车,然后切断电源,同时停止送丝

B. 先停止送丝,然后切断电源,再停止焊接小车

C. 先切断电源,然后停止送丝,再停止焊接小车

D. 先停止送丝,然后停止焊接小车,同时切断电源

4. 埋弧焊属于（　　）。

A. 渣保护   B. 气保护   C. 渣-气联合保护   D. 渣、气保护

5. 埋弧焊焊缝宽度主要应依靠（　　）方式控制。

A. 横向摆动幅度   B. 提高电弧电压   C. 增大焊枪角度   D. 增加焊接电流

四、问答题

1. 埋弧焊有哪些特点?

2. 埋弧焊的焊前准备有哪些?

3. 埋弧焊机如何分类? 各适用的范围如何?

4. 焊剂分哪几类,有什么用途?

项目 4.2 船平台板的拼接焊

学习目标

1. 掌握埋弧焊焊接工艺参数的选择；
2. 熟悉埋弧焊预制底部分类及应用范围；
3. 了解埋弧焊坡口形式；
4. 认识特种埋弧焊技术；
5. 实施 I 形坡口不留间隙的平对接直缝焊。

项目任务

针对低碳钢板 I 形坡口不留间隙的平对接直缝焊(图 4-2-1)做好焊前准备工作,针对焊件领会焊丝、焊剂及焊材的特点。I 形坡口的平对接直缝焊是埋弧焊的基本操作项目,要学会焊前坡口形式尺寸的准备及清理,引弧、熄弧等实际操作,进行焊件的外观检验。

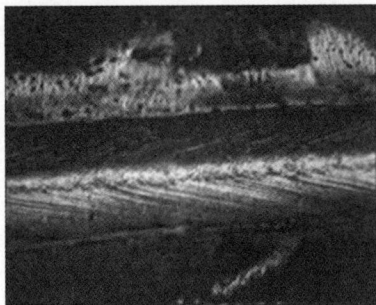

图 4-2-1 I 形坡口不留间隙的平对接直缝焊

知识能力

4.2.1 埋弧焊焊接工艺参数

埋弧焊的焊缝成形是由焊接工艺参数决定的,埋弧焊选择焊接工艺参数的原则是:保证电弧稳定燃烧,保证焊缝良好成形及形状尺寸符合要求;焊缝内部无气孔、裂纹、夹渣、未焊透等缺陷;焊缝及接头性能满足技术要求。因此,焊接工艺参数的选择,对焊接质量具有重要意义。

1. 焊接电流

焊接过程中,当其他因素不变,增大焊接电流,则电弧吹力增大,电弧可深入母材,使熔深 h 增大,但电弧活动范围受到约束,所以焊缝宽度 b 变化不大。此外,由于电流增大,焊丝的熔化速度也相应增大,因此余高 e 稍有增加。焊接电流对焊缝形状的影响如图 4-2-2 所示。

2. 电弧电压

在其他因素不变的条件下,电弧电压升高,即电弧变长,电弧作用于母材的面积增大,焊缝熔宽明显增大,而被熔化的焊丝填充量不变,所以焊缝余高相应减小。同时,因电弧变长,部分电弧热量被更多的焊剂吸收熔化,变长的电弧对熔池底部液体金属作用减弱而使续焊熔深略有减小。当焊接电流不变,电弧电压降低,即电弧变短,电弧作用于母材的面积减小而填充金属量不变,焊缝熔宽减小,余高增大,熔深有所增大,电弧电压对焊缝形状的影响如图4-2-3所示。

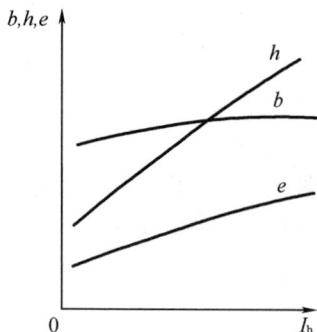

图 4-2-2 焊接电流对焊缝形状的影响   图 4-2-3 电弧电压对焊缝形状的影响

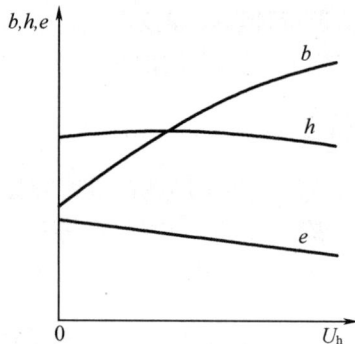

焊接电流与电弧电压的对应关系见表4-2-1。

表 4-2-1 焊接电流与电弧电压的对应关系

焊接电流/A	600~700	700~850	850~1 000	1 000~1 200
电弧电压/V	36~38	38~40	40~42	42~44

3. 焊接速度

根据线能量公式 $q = \eta IU/V$,当焊接速度提高时,线能量减小,焊缝熔宽和熔深都减小,余高也随之减小,因为单位长度焊缝上的焊丝金属的熔化量与焊接速度成反比,而熔宽则近似与焊接速度成反比,所以焊接速度对焊缝成形的影响明显,焊缝的熔深、熔宽随焊接速度变化而变化,焊接速度快则焊缝熔深、熔宽小,焊接速度慢则焊缝熔深、熔宽大。

4. 焊丝直径

随着焊丝直径增大,焊缝熔宽增加,这是电弧弧柱直径也增大,使电弧作用于母材热面积增加所致,而此时熔深则稍有下降。当焊接电流不变而焊丝直径改变时,焊缝形状发生较大的变化,因为电流密度变化的原因,焊丝直径减小,电流密度增大,电弧热量更集中,熔深便增加。故用同样大小的电流焊接,小直径焊丝可获得较大的熔深。不同直径焊丝的焊接电流范围见表4-2-2。

表 4-2-2　不同直径焊丝的焊接电流范围

焊丝直径/mm	2	3	4	5	6
电流密度/$(A \cdot mm^{-2})$	63~125	50~85	40~63	35~50	28~42
焊接电流/A	200~400	350~600	500~800	500~800	800~1 200

5. 焊丝倾角

图 4-2-4 为焊丝倾斜角度与焊缝形态关系。

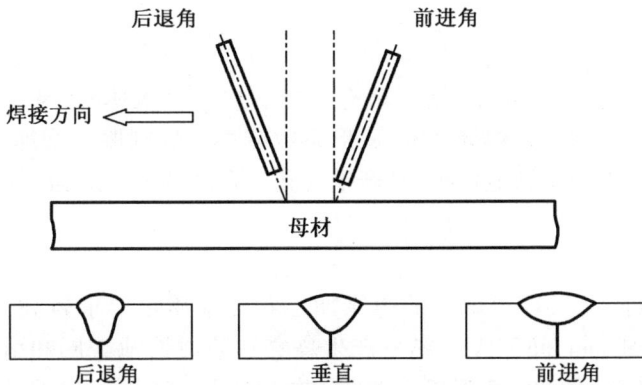

图 4-2-4　焊丝倾斜角度与焊缝形态关系

前进角焊接,熔化金属先行于电弧,电弧不直接对母材面加热,结果得到熔深浅、熔宽大、表面平的焊缝。此情况下很少发生咬边,适用于高速焊接。

后退角焊接,电弧力把熔化金属排向后方,电弧燃烧在露出的母材面上,容易形成熔深深、熔宽窄、鼓起的焊缝。

需要较大熔深时,比如单面多电极焊接的第 1 电极采用后退角。

6. 坡口角度

坡口角度越大,根部熔深相应增大。坡口角度增大对防止产生焊接缺陷是有利的,但如果过大的话,由于熔数量很多,增加了热输入及变形。从效率方面来讲,虽然坡口较小一些为好,但容易产生未焊透、裂纹等缺陷。因此,对大电流下焊接采用 V 形或 X 形坡口,坡口角度最小需要达到 60°。

7. 母材倾斜情况

如果母材沿焊接线方向倾斜,得到的焊缝形状与焊接方向有很大关系,如图 4-2-5 所示,分为上坡焊和下坡焊两种情况。

下坡焊时,熔化金属向电弧前方流动,形成宽、平、浅的焊缝。在高速焊接时,采用下坡焊方式可以得到无咬边的低平焊缝。但如果母材倾角过大,焊缝中向下凹,在焊缝端部产生焊瘤,因此需要注意母材的倾斜不能太大。

上坡焊可以得到熔深大、焊缝窄、表面突起的焊缝。但如果母材倾角很大,熔化金属向后方流动,后方中央突起过多,会在两侧产生咬边。

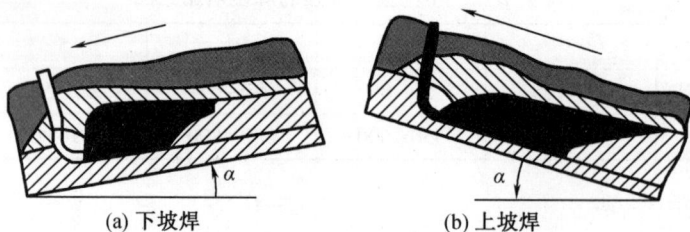

(a) 下坡焊   (b) 上坡焊

图 4-2-5 母材倾斜情况对焊缝形状的影响

8. 焊剂层厚度

焊剂层厚度增大时,熔宽减小,熔深略有增加。焊剂层太薄时,电弧保护不好,容易产生气孔或裂纹;焊剂层太厚时,焊缝变窄,成形系数减小。焊剂厚度增加,熔宽加大,熔深略有减小;但厚度过大,不利于熔池保护,易产生气孔。合理的厚度应为 9~20 mm。

9. 坡口形式

(1)I 形坡口

I 形对接悬空双面埋弧焊对焊件的边缘加工和装配质量要求较高。焊件边缘必须平直,装配间隙应小于 1 mm,间隙大了容易产生烧穿缺陷或熔池金属和熔渣从间隙中流失。为了保证焊缝有足够的厚度,又不至于烧穿,在焊正焊缝时,焊缝厚度应为焊件厚度的 40%~50%。翻身后进行反焊缝的焊接时,为了保证焊透,焊缝厚度应达到焊件厚度的 60%~70%,如图 4-2-6 所示。

不用衬垫,把对接接头焊件悬空放置在焊接工作台上,先用埋弧焊焊一面焊缝,焊后将焊件翻身,再焊另一面焊缝,这种焊接方法称为悬空双面埋弧焊。它不需要焊接辅助材料及焊接辅助装置,工艺简单,使用方便,是目前国内工厂应用较普遍的焊接方法。

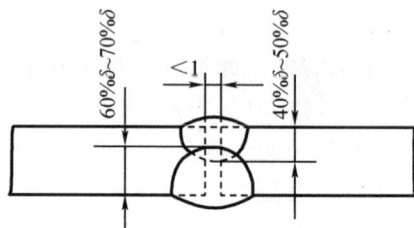

图 4-2-6 无衬垫双面自动焊

I 形对接悬空双面埋弧焊坡口(I 形坡口)如图 4-2-7 所示,适用于板厚 12 mm 以下材料的焊接。板厚在 8 mm 以下时采用同材料衬垫或铜衬垫,可以采取单面单层焊接。板厚超过 8 mm 时,进行两面各一层焊接。这种接头通常余高较大,因此不适合对余高有严格限制的场合。

后一层的焊接通常要增大电流以保证可靠熔透。为了避免过大的余高,在后一层焊接前,要采用电弧气刨进行清根。

(2)V 形坡口

V 形对接悬空双面埋弧焊坡口(V 形坡口)如图 4-2-8 所示,适用于板厚 9~38 mm 材料的焊接。焊接方法有单面焊、双面焊、并用手工焊条焊接等。当坡口存在钝边时(图 4-2-9(a)中的 R),可以采用双面焊接或单面焊接,钝边 R 最大 10 mm,与 I 形坡口一样,在进行最后层焊接前,采用电弧气刨清根,得到可靠的熔透,并能减小余高。

无钝边的坡口(图 4-2-8(b)),可以采用焊条电弧焊或半自动电弧焊封底,然后进行单面埋弧焊。

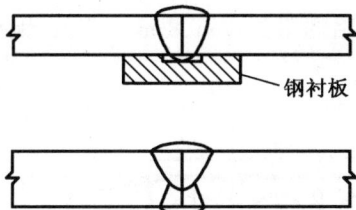

图 4-2-7　I 形坡口

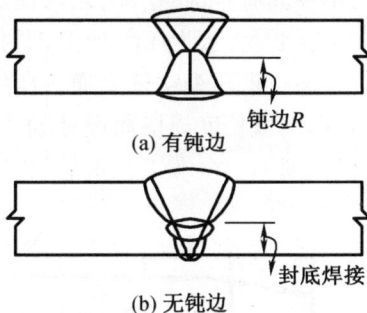

(a) 有钝边

(b) 无钝边

图 4-2-8　V 形坡口

（3）X 形坡口

X 形对接悬空双面埋弧焊坡口（X 形坡口）如图 4-2-9 所示,适用于板厚 16~38 mm 材料的焊接,大电流下可以得到品质良好的焊缝。由于坡口截面积小,焊接材料的消耗也少。此外,焊接条件的裕度大,是埋弧焊中最常采用的焊接形式。

（4）U 形坡口

U 形对接悬空双面埋弧焊坡口（U 形坡口）多用于 40 mm 以上厚板的焊接。板厚在 40 mm 以下,但对热输入量有限制而必须进行多层焊时也可以采用这种形式。

为了在减小坡口截面积、提高生产率,同时减小焊接变形,如图 4-2-10 所示,该坡口多采取 10°~20° 的小角度。

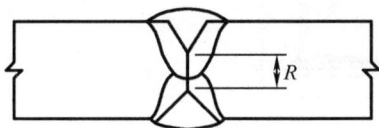

图 4-2-9　X 形坡口

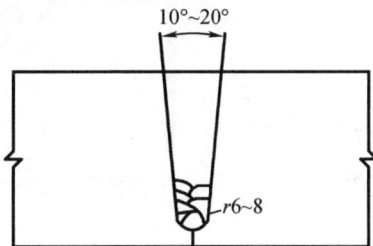

图 4-2-10　U 形坡口

4.2.2　埋弧焊单面焊双面成形工艺

利用埋弧焊焊接电流大的特点,将焊件熔透,焊接熔池在坡口背面的衬垫内凝固而使焊缝一次成形,这种焊接工艺明显地提高了生产率,改善了劳动条件,不需要进行焊件翻身,不需要进行焊缝背面清根,可节约工时、材料和能源,其生产效率较传统的双面焊工艺提高 2~4 倍,是高效焊接技术之一,正在得到广泛的应用和不断改进。埋弧焊熔池的体积、质量较大,焊缝背面只有采用强制成形的衬垫,使熔池从形成到凝固全过程都在衬垫内受到良好的保护,才能达到正反面焊缝一次成形的效果。

埋弧焊单面焊双面成形工艺一般用于大型拼扳对接焊,在固定工位上多采用龙门压力架、电磁平台对焊件进行定位。龙门压力架横梁装有压紧装置,通过压缩空气将焊件压紧在平台上,电磁平台则是以电磁为动力将焊件紧紧吸在平台上,其目的是将焊件压平并与衬垫贴紧,不使其有空隙、松动,以保证焊缝与衬垫对中。

如图 4-2-11 所示为压力架上铜衬垫埋弧焊,借用数个加压气缸将焊件接缝紧紧压在平台板上,并向长形压缩空气室通入压缩空气,柱塞顶起使铜衬垫紧贴在焊件接缝的背面。压力架是根据钢板长度规格而设计的,钢板的长度规格通常为 6 m,8 m, 12 m,铜垫板的长度应是钢板长度加上两端工艺板的长度。

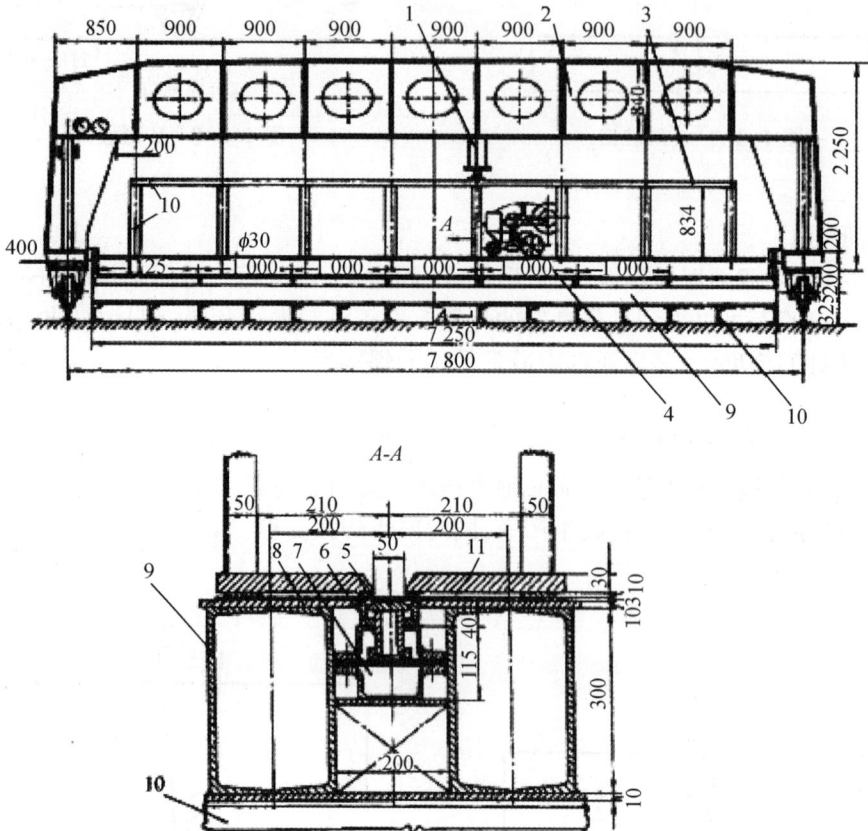

1—加压气缸(共 8 个);2—行走大车;3—加压架;4—焊机;5—铜衬垫;6—柱塞;
7—长形压缩空气室;8—平台板;9—平台板纵向支座;10—横向底座;11—焊件。

图 4-2-11　压力架上铜衬垫埋弧焊

1. 焊剂-铜垫法(FCB 法)

20 世纪 80 年代以来,出现了铜垫板法、焊剂垫法等单面焊技术,焊剂-铜垫法(flux cooper backing,FCB)则综合了上述两种焊接方法的优点。焊剂-铜垫法是在铜垫板上均匀撒布 4~6 mm 厚度的衬垫焊剂,然后用空气管等简单的顶压装置,将上述敷好焊剂的铜垫板压紧到焊缝背面使其与工件紧密贴合,再从正面进行单面焊接,最终形成背面焊道的一种单面埋弧焊焊接方法。

焊剂-铜垫法的原理如图 4-2-12 所示。在中厚的铜垫板上铺上厚度均匀的衬垫焊剂,铜垫板由压缩空气软管托起,焊剂和工件背面接触严密。铜垫板厚约 12 mm,宽约 120 mm。焊剂厚度约 5 mm。焊剂的封闭作用和铜垫板的冷却作用使下面的焊道成形很好,外观美,焊缝余高均匀一致。焊剂–铜垫法对坡口精度要求不太高,并且可以用较大的电流焊接。

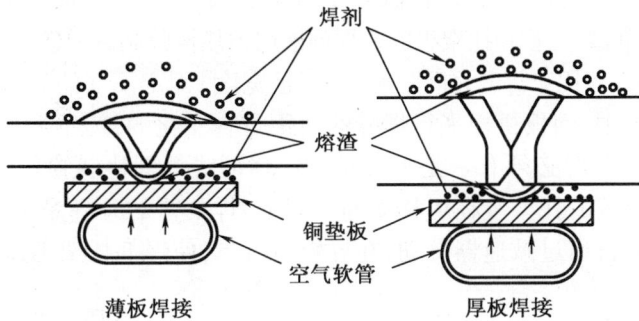

图 4-2-12 焊剂–铜垫法的原理

为了防止铜垫板烫坏空气软管,中间需要有绝热层。图 4-2-13 为空气软管装置图,在铜垫板和空气软管中间加石棉板、石棉布和保护板。为了使铜垫板不倾斜,需要用粗直径的软管或两个并列软管。

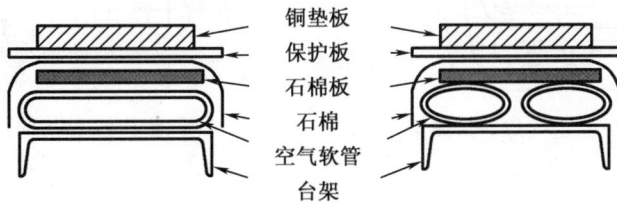

图 4-2-13 空气软管装置图

2. 焊剂垫单面埋弧焊(RF 法)

(1)焊剂垫单面埋弧焊(RF 法)的原理及特点

焊剂垫单面埋弧焊的原理如图 4-2-14 所示,以热固化焊剂作为衬垫,衬托在钢板接缝下面,对气管充气使带有热固化衬垫焊剂和下敷焊剂的焊剂槽上升,使热固化衬垫焊剂紧贴焊件接缝反面,焊接时电弧将焊件熔透,并加热了热固化焊剂,当加热到 80~120 ℃(约在电弧前方 20 mm)后,热固化焊剂发生脱水缩合反应

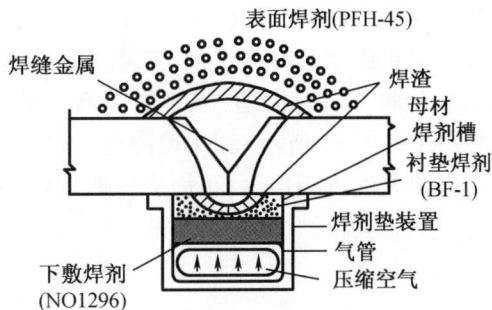

图 4-2-14 焊剂垫单面埋弧焊的原理

而固化,强制熔融金属反面成形,从而获得正面焊接两面成形的焊缝。焊剂垫单面埋弧焊和双面埋弧焊相比具有以下特点。

①单面焊接两面成形,不需要焊件翻身,生产率提高了 3~4 倍。

②由于热固化焊剂的功能,焊缝反面成形美观,不易出现反面焊缝咬边、焊瘤缺陷。

③对坡口的精度要求比较低,对两钢板的板厚差、错边等适应能力较强。

④焊缝的力学性能优良。

（2）焊剂垫装置及辅助装置

焊剂垫单面埋弧焊的焊剂垫装置有固定式和活动式两种。固定式焊剂垫装置如图4-2-15所示，它由焊剂槽、气管和托架组成。焊剂槽用耐热橡胶制成，气管用一般的消防水龙带制成。固定式焊剂垫装置用于焊缝之间距离（即钢板宽度）固定不变的列板拼板工作。

在实际焊接生产中，列板拼板平行焊缝的间距是有变化的，为了适应这种工作情况，拼接列板和焊剂垫装置两者必须有一是可移动的。移动式焊剂垫装置如图4-2-16所示，它是把固定式焊剂垫装置的托架装在可移动的台车上，焊剂垫的升降是通过气管充放气来实现的。台车可由电动机通过减速器传动，在导轨上行走，使焊剂托架迅速到达接缝线。

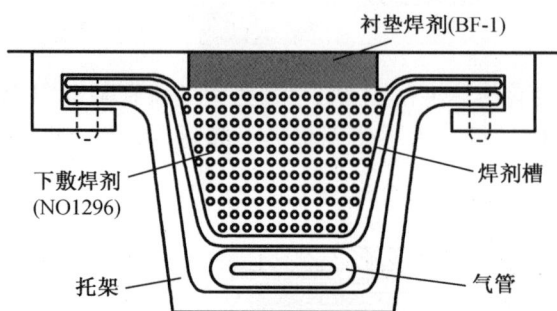

图 4-2-15　固定式焊剂垫装置

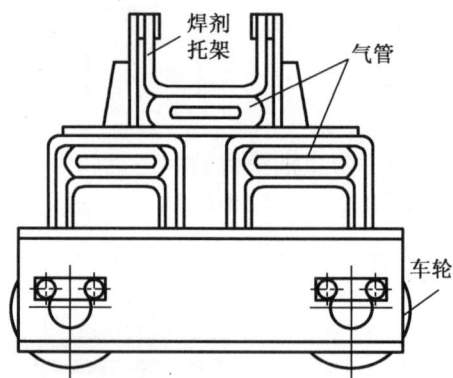

图 4-2-16　移动式焊剂垫装置

在焊接生产过程中，还应有一台焊剂敷设小车，用来敷设衬垫焊剂和下敷焊剂。撒布铁粉可在焊机机头上装一个铁粉撒布漏斗，使铁粉撒得高度均匀，达到一定的尺寸（10~20 mm）。焊工应备一把带有网筛的小铲，用于清除固化的衬垫焊剂。已固化的衬垫不能再次使用。对于热固化焊剂是不能用烘烤来去除水分的，一旦焊剂吸潮而变色，就只能报废。

3. 软衬垫单面埋弧焊（FAB法）

焊剂垫单面埋弧焊和焊剂-铜垫法都只适用于平直钢板或直线形的焊缝，而对于有曲面的钢板和曲线形的接缝，软衬垫单面埋弧焊则得到了很好的应用。软衬垫单面埋弧焊（原理如图4-2-17所示）利用可挠性软衬垫（FAB-1）作为接缝的反面衬垫，并通过支撑装置使软衬垫紧贴钢板接缝，正面进行埋弧焊，从而获得两面成型的焊缝。

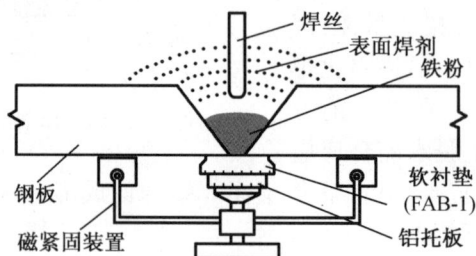

图 4-2-17　软衬垫单面埋弧焊的原理

软衬垫单面埋弧焊不需要工件翻身、碳刨清根等工艺步骤,劳动强度降低,生产效率明显提高,经济效益显著;因为软衬垫是可挠的,所以它可以焊接曲面焊缝;软衬垫紧贴钢板接缝是靠衬垫上的两面胶带及支撑衬垫上的简单工具,不需要气垫装置、压力架等复杂设备,使用方便。

(1)软衬垫单面埋弧焊的焊接材料

软衬垫单面埋弧焊的焊接材料有:焊丝、软衬垫、表面焊剂、铁粉。其中关键材料是软衬垫。

(2)软衬垫的结构

如图 4-2-18 所示,软衬垫由以下几部分组成:两面胶带,把衬垫粘在钢板接缝反面;玻璃纤维带,支承熔融金属使之反面成形;热固化焊剂,控制反面焊缝的余高;耐火石棉板,隔热,防衬垫被熔穿;瓦楞纸垫

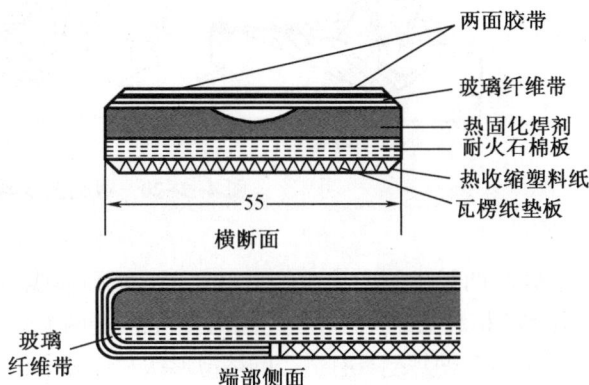

图 4-2-18　软衬垫的结构

板,使衬垫与钢板的接触压力均匀化;热收缩塑料纸,防潮包装用。目前国内使用较多的是日本神户制钢所生产的 FAB-1 牌号软衬垫。

4.2.3　特种埋弧焊

1. 多丝埋弧焊

多丝埋弧焊是指使用两根以上的焊丝进行的埋弧焊。我国用的是双丝,国外在一些厚板结构(大型船体、焊接钢管、厚壁压力容器等)焊接中,使用多达 10 根以上焊丝。多丝埋弧焊既能保证合理的焊缝成形和优良的焊缝质量,又可提高焊接速度和效率。多丝埋弧焊(主要是双丝埋弧焊)焊丝的排列方式有纵列式、横列式和直列式(图 4-2-19)。

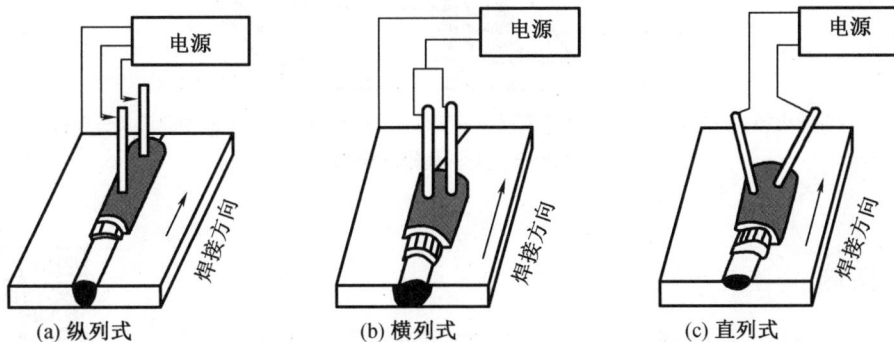

图 4-2-19　双丝埋弧焊焊丝的排列方式

从焊缝成形来看:纵列式焊缝深而窄,横列式焊缝宽大,直列式焊缝熔合比较小。双丝埋弧焊可用一个或两个独立电源供电。后者设备复杂,但两个电弧都可以独立调节,而且可以采用不同的电流种类和极性,以得到更合理的焊缝成形。双丝埋弧焊最为广泛采用的

焊丝排列方式是纵列式,根据两焊丝间距离的不同,又可分成单熔池和双熔池(分列电弧)两种,如图4-2-20所示。

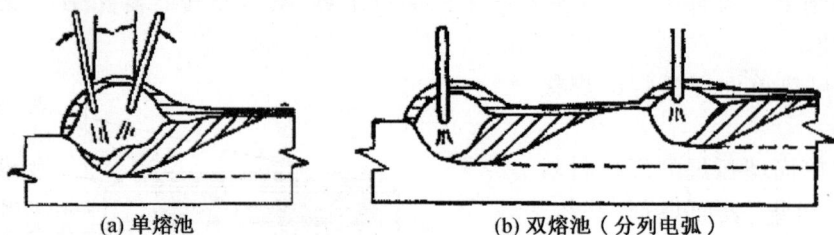

(a) 单熔池　　　　　　　　　　　　(b) 双熔池（分列电弧）

图4-2-20　纵列式双丝埋弧焊

单熔池两焊丝间距为10~30 mm,两个电弧形成一个熔池和气泡。此时焊缝成形不仅取决于两电弧的相对位置及两焊丝的倾角,还取决于两电弧的电流和电压。前道电弧保证熔深,后续电弧调节熔宽,使焊缝具有适当的熔池形状及焊缝形状系数,可大大提高焊接速度。同时这种方法还因熔池体积大,存在时间长,冶金反应充分,而对气孔的敏感性小。分列电弧各弧间的距离大于100 mm,每个电弧具有各自的熔化空间,后续电弧作用在前道电弧已凝固的焊道上,同时后续电弧必须冲开前道电弧熔化而尚未凝固的熔渣层,这种方法适用于水平位置平板对接单面焊双面成形工艺。此法可延缓焊缝的冷却速度,改善焊缝组织性能。

2. 带极埋弧焊

带极埋弧焊利用矩形截面钢带代替圆截面焊丝做电极。焊接过程中,电弧的弧根沿带极的宽度方向做快速往返运动,均匀加热带极,带极熔化并过渡到熔池中,凝固后形成焊缝,如图4-2-21所示。这种方法最初用于埋弧堆焊,后来也用于埋弧焊接。

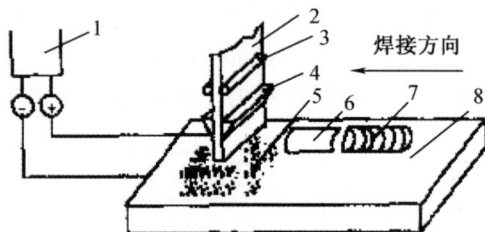

1—焊接电源;2—带极;3—带极送进装置;4—导电嘴;5—焊剂;6—熔渣;7—焊道;8—母材。

图4-2-21　带极埋弧焊

任务实施

现有两块 Q235A 低碳钢板,如图4-2-22所示,准备实施 I 形坡口不留间隙的平对接直缝焊。请根据双面埋弧焊的工艺特点,进行焊前设备、焊材的准备,操纵调节 MZ-1000 埋弧焊机,并按照给定的焊接工艺参数及焊接实施方案进行操作,清理焊件并检验评价。

I 形坡口平对接
埋弧焊操作

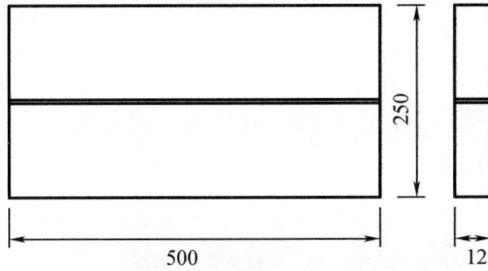

图 4-2-22 I 形坡口不留间隙的平对接直缝焊图样

1. 焊前准备

（1）安全操作注意事项

①设备使用前要认真检查电气线路是否接地良好。工作过程中应理顺导线，防止扭转及被渣壳烧坏。检查各部分焊接电缆及导线有无松动现象，以防发热。

②焊机的控制箱外壳和接线板的防护罩必须盖好，防止发生触电及短路事故。

（2）焊接坡口

对于低碳钢和低合金钢埋弧焊的焊接接头，按《埋弧焊缝坡口的基本形式和尺寸》（GB 986—1995）规定，板厚 6～12 mm 可采用 I 形坡口焊接，焊缝两端必须装有牌号、厚度与焊件相同的一定尺寸的引弧板。

（3）焊接材料

①由于焊件是 Q235A 低碳钢板，焊丝选用 H08MnA，直径 4 mm，该种焊丝适用于焊接低碳结构钢、合金结构钢，能够保证焊缝的力学性能与化学成分与焊件相似。

②焊剂采用熔炼焊剂 HJ-431。焊前，焊剂应进行 200 ℃烘干。该种焊剂属于高锰高硅低氟型熔炼焊剂，和 H08MnA 焊丝配合使用，适用于焊接重要的低碳及低合金结构钢。

（4）焊前清理

对焊接区及附近的油污、铁锈等，用角向磨光机打磨干净，使其坡口面及其两侧各 20 mm 范围内不存在污物，以免焊接过程中产生气孔或未熔合等缺陷。

（5）组装定位焊

根据图样要求装配工件。准备两块 100 mm×100 mm×12 mm 的 Q235A 低碳钢板作为引弧板和收弧板，将它们点焊在工件两端，对于本任务，定位焊缝属于短焊缝，定位焊只在引弧板和收弧板两端进行，装配焊件应保证间隙均匀、高低平整，且定位焊焊缝质量应与主焊缝要求一致。其组对形式及间隙如图 4-2-23 所示。

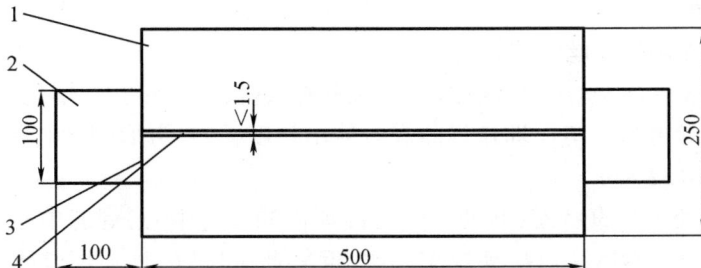

1—工件；2—引弧板和收弧板；3—固定焊缝；4—焊缝间隙。

图 4-2-23 平接直缝焊组对形式及间隙

2. 操作步骤

（1）调试焊机

焊接方法采用单丝埋弧焊，首先对 MZ-1000 焊机进行焊车空载运行调试，如图 4-2-24 所示，调整到表 4-2-4 所示值。

图 4-2-24　焊车空载运行测试

表 4-2-4　悬空双面埋弧焊的焊接工艺参数

板厚/mm	焊丝直径/mm	焊接层次	焊接电流/A	电弧电压/V	焊接速度/(cm·min⁻¹)
12	4	1	620~660	35	42
		2	680~720		40

①焊接电流调节

先将电源接通，然后将控制箱开关放在"开"的位置，再分别按焊车控制盘上的按钮增大或减小电流，弧焊电源中的电流调节器即可工作。

②焊丝调试

分别按焊车控制盘上焊丝"向上"或"向下"按钮，按下时焊丝即上抽或下送。

③焊车行走速度调试

把焊车上"空载"与"焊接"开关拨至"空载"位置，焊车行走方向的转向开关拨至"顺"位置，合上离合器(手柄扳上)，焊车即沿着焊接方向行走。如果要改变行走方向，将转向开关拨至"倒"位置，焊车即反方向行走。通过调节焊接速度电位器，可变换焊车的行走速度。

（2）焊丝调整

焊接前应事先调好焊丝的位置。

①焊丝伸出长度(焊丝从导电嘴到工件的距离)越长，电阻越大，熔化速度也越快；焊丝太短则容易烧毁导电嘴。单丝埋弧焊的焊丝伸出长度，一般可取焊丝直径的 6~8 倍，所以对于本任务取 24~32 mm。

②调整焊丝处于垂直状态，并使焊丝对准焊件的接缝中心，焊缝中心与焊丝在同一直线上，但不接触钢板，然后往返拉动焊车几次，反复调试位置，直到焊丝能在整块焊件上对准位置为止，如图 4-2-25 所示。

图 4-2-25　焊丝对准焊件的接缝中心

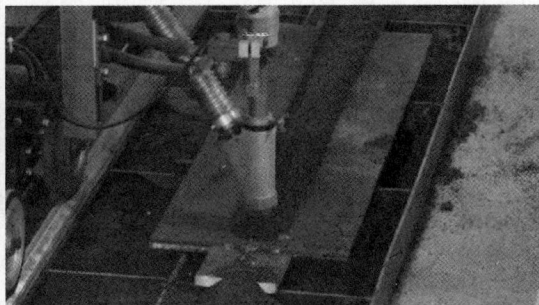

图 4-2-26　引燃电弧进行焊接

③将焊车拉到引弧板处,调整好焊车行走的方向开关,使焊丝和引弧板可靠接触并撒上焊剂,按启动按钮,此时焊丝向上抽(引燃电弧),电弧电压瞬时增大到一定值,电弧正常燃烧。立即松开启动按钮,焊丝向下送。此时即合上离合器,焊车正常行走,开始焊接,如图 4-2-26 所示。

(3)焊接速度调整

焊接时需维持一定的焊接速度,本任务取 42 cm/min。当焊接电流和电弧电压不变时,焊接速度增大,熔深和熔宽减小,焊接速度太快会形成未焊透或焊缝边缘未熔合的现象。

(4)焊接操作

按照给定的焊接工艺参数进行操作。焊接过程中要防止焊剂中混入异物,导致阻塞焊剂引起弧光裸露。I 形坡口不留间隙的平对接直缝焊焊缝的形状如图 4-2-27 所示;其悬空双面埋弧焊的焊接工艺参数见表 4-2-4。在焊接过程中,应随时观察控制盘上的电流表和电压表的读数。准确的焊接工艺参数可以通过控制盘上电流"增大"或"减小"按钮和电弧电压调节器及焊缝速度调节器进行无级调节。

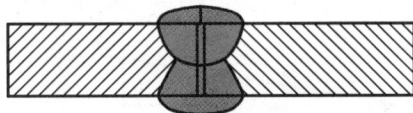

图 4-2-27　I 形坡口不留间隙的平对接直缝焊焊缝的形状

(5)收弧

电弧焊至焊缝终端或引出板上,先关上焊剂漏斗阀门,再按下"停止"按钮。按下"停止"按钮时,应分两步。先按"停止"按钮至 1/2 处,使焊丝停送,电弧逐渐拉长到断弧,再按到底,此时焊接电源才被切断;然后按焊丝"向上"按钮,使焊丝回抽,距离加大,松开离合器,至此焊接过程结束。

(6)清根,焊反面焊缝

第一层焊完后,将焊件翻身,应用碳弧气刨清除焊根,以保证焊缝熔透。用埋弧焊焊接反面焊缝,焊接工艺参数见表 4-2-4。

3.焊缝质量检验

打开离合器(手柄压下),推开焊车,回收焊剂,敲去焊渣,检查焊缝表面质量。敲渣壳时要戴防护眼镜,防止渣粒飞出损伤眼睛。

（1）外观检验。目视检验的距离约为 600 mm,眼睛与被检工件表面所成的视角不小于 30°。要求焊缝成形美观,过渡均匀,无任何肉眼可见缺陷。

（2）焊缝外形尺寸检验。焊缝外形尺寸检验主要是测量焊缝外观尺寸是否符合图样标注尺寸或技术标准规定的尺寸。针对对接焊缝尺寸,主要是检查焊缝的余高 h 和熔宽 B,其中又以测量余高 h 为主。本任务要求焊缝的余高为 0~3 mm,熔宽为 18~20 mm。图 4-2-28 为合格的埋弧焊焊缝外观。

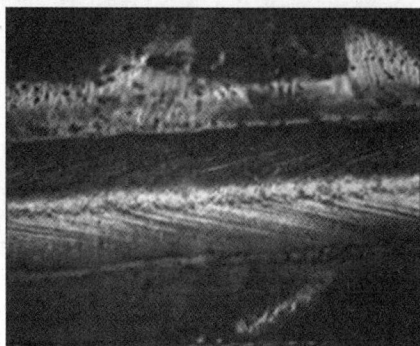

图 4-2-28　合格的埋弧焊焊缝外观

（3）测量对接焊缝尺寸的工具是焊接检验尺,焊接检验尺测焊缝尺寸如图 4-2-29 所示。

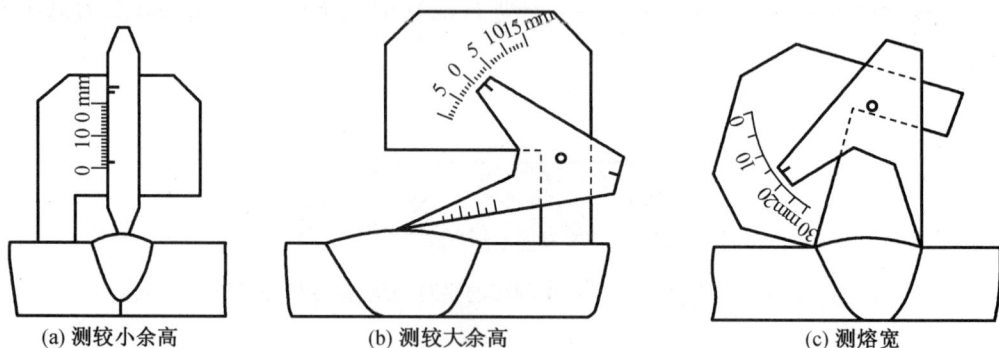

(a) 测较小余高　　(b) 测较大余高　　(c) 测熔宽

图 4-2-29　焊接检验尺测焊缝尺寸

思考与练习

一、判断题（在题末括号内做记号：√表示对，×表示错）

1. 埋弧焊只适用于平焊和平角焊。　　　　　　　　　　　　　（　　）
2. 埋弧焊与焊条电弧焊相比,对气孔敏感性较小。　　　　　　（　　）
3. 开坡口通常是控制余高和调整焊缝熔合比最好的方法。　　（　　）
4. 埋弧焊坡口形式与焊条电弧焊基本相同,但应采用较厚的钝边。（　　）
5. 埋弧焊停止焊接后操作工离开岗位时应切断电源开关。　　（　　）

6. 当埋弧焊机发生电气部分故障时,应立即切断电源,及时通知电工修理。　　　(　　)

7. 埋弧焊焊接时,电弧电压过高,对接焊缝易形成"蘑菇"形,内部易产生缺陷。(　　)

8. 埋弧焊机按焊丝的数目分类可分为单丝和多丝埋弧焊机。　　　　　　　　(　　)

二、选择题

1. 埋弧焊时,欲增加焊缝的熔深,在其他焊接参数不变时,可以(　　　)。

　　A. 增加焊接速度　　　　　　　　　　B. 增加焊丝直径

　　C. 增加电弧电压　　　　　　　　　　D. 增加焊接电流

2. 埋弧焊时,欲增加焊缝的宽度,在其他焊接参数不变时,可以(　　　)。

　　A. 增加焊接速度　　　　　　　　　　B. 增加焊件上坡焊倾角

　　C. 增加电弧电压　　　　　　　　　　D. 增加焊接电流

3. 厚度为 12 mm 的板对接接头,采用埋弧焊,为保证焊从合理地选择焊接参数角度考虑,应选择开(　　　)坡口。

　　A. I 形　　　　　　B. V 形　　　　　　C. U 形　　　　　　D. X 形

4. 双丝埋弧焊时,从焊缝成形上看,(　　　)的焊丝排列焊缝成形深而窄。

　　A. 横列式　　　　　B. 纵列式　　　　　C. 直列式　　　　　D. 同体式

5. 埋弧焊过程中,焊接电弧稳定燃烧时,焊丝的送进速度(　　　)焊丝的熔化速度。

　　A. 等于　　　　　　B. 大于　　　　　　C. 小于

三、问答题

1. 试述多丝埋弧焊的特点。

2. 埋弧焊中电流对焊缝成形有什么影响?

3. 埋弧焊有哪几种坡口形式?

4. 简述焊剂–铜衬垫单面埋弧焊特点。

模块五 氩弧焊

项目 5.1 低碳钢板平对接氩弧焊

学习目标

1. 掌握钨极氩弧焊的特点和使用范围；
2. 掌握钨极氩弧焊的安全因素、危害因素及其防护措施；
3. 熟悉手工钨极氩弧焊设备系统；
4. 熟悉手工钨极氩弧焊用焊接材料的要求；
5. 熟悉钨极氩弧焊的电源外特性和电弧静特性；
6. 掌握钨极氩弧焊板对接平焊操作技术。

项目任务

平对接手工钨极氩弧焊(图5-1-1)是其他位置手工钨极氩弧焊的基础,其操作与焊条电弧焊有较大的区别。氩弧焊对油污、铁锈较为敏感,所以对试板应清理干净。氩弧焊热量集中、熔深较大,试件应留适当的钝边。氩弧焊操作时对左手、右手的协调配合要求较高,因此要多做左手送丝和右手摆动的模拟练习,熟悉设备的使用。

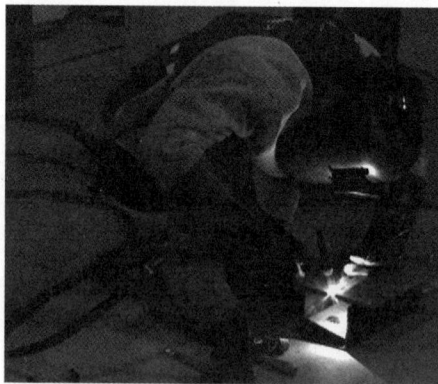

图 5-1-1　平对接手工钨极氩弧焊

知识能力

5.1.1　钨极氩弧焊的工作原理与特点

1. 钨极氩弧焊的工作原理

氩弧焊可分为钨极(不熔化极)氩弧焊和熔化极氩弧焊,如图5-1-2所示。钨极氩弧焊是用熔点较高的钨棒作为电极材料,在氩气流的保护下,在钨极与焊件之间点燃电弧,填充金属从一侧送入,在电弧热的作用下,填充金属与工件熔融在一起,冷却凝固之后形成焊缝。钨极氩弧焊中钨极在电弧中只起发射电子产生电弧的作用,电极本身不熔化,所以也叫不熔化极氩弧焊。为了防止电极的熔化和烧损,钨极氩弧焊焊接电流不可过大,所以焊缝熔深浅,适用于焊接 4 mm 以下的薄板,如管子对接、管子与管板的连接等。当焊件厚度为 6 mm 左右时就需开坡口,进行多层焊,致使生产率较低。钨极氩弧焊的优点是由于焊缝保护好,因此焊缝金属纯度高、性能好,焊接时加热集中,焊接变形小,电弧稳定性好,在小电流时电弧也能稳定燃烧,也易实现机械化和自动化。

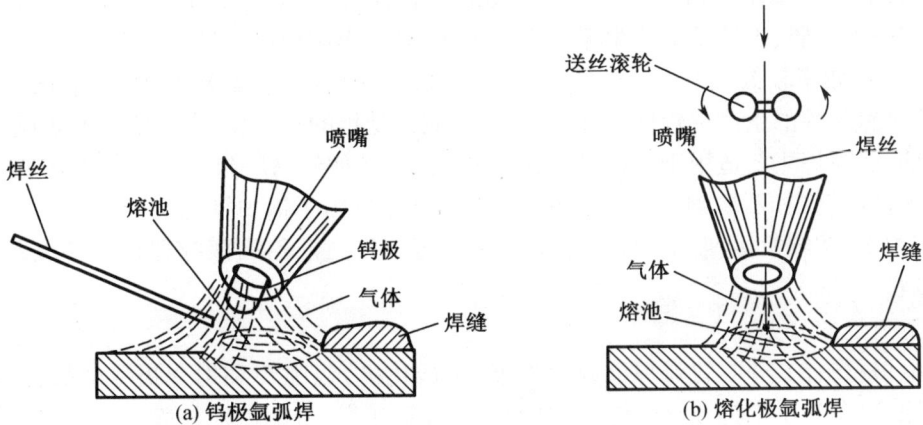

图 5-1-2　氩弧焊

2. 钨极氩弧焊的特点

(1)保护作用好、焊缝金属纯净,能获得高质量的焊缝。焊接时整个焊接区包括钨极、电弧、熔池、填充金属丝端部及熔池附近的工件表面均受到氩气的保护,隔绝了周围空气对它们的侵害,避免了焊缝金属的氧化和氮化,同时也杜绝了氢的来源,因此焊缝金属纯净,含氢量小。氩气是惰性

钨极氩弧焊

气体,不与金属发生化学反应,使被焊金属和合金元素受到损失不溶解于液态金属中,使得焊接过程中熔池的冶金反应简单易控制。因此,该焊接方法为获得高质量的焊缝提供了良好条件。

(2)焊接过程稳定。在氩气中,电弧一旦引燃,电弧燃烧非常稳定。在各种保护气体电弧中,氩弧的稳定性最好。即使在较低的电弧电压下,氩弧也能稳定地燃烧。由于氩气是单原子气体,高温时不分解、不吸热,在氩气中燃烧的电弧,热量损失少,电弧作用在电极及熔池上的热和力基本是常量。氩气的热导率很小,氩弧焊的电弧电压范围为 8~15 V。

(3)焊缝成形好。焊接过程中没有氧的侵入,在液体金属表面上不发生化学活性的反应,熔池金属因其表面张力较大而不易下淌和流失,焊接时不会产生飞溅。因此,钨极氩弧焊是实现单面焊双面成形的理想方法,焊缝成形美观,且焊后无须清理。此外,由于氩弧焊是一种明弧焊,焊接熔池便于观察和控制,焊接过程中热输入容易调整,因此特别适合薄板以及全位置焊缝的焊接。

(4)焊接应力和变形较小。由于焊缝受到氩气流的压缩和冷却作用,电弧加热集中,热影响区小,因此焊接应力和变形较小。

（5）具有清除氧化膜的能力。交流钨极氩弧焊在负极性半周时,具有很强的清除氧化膜的作用,为铝、镁及其合金的焊接提供了非常有利的条件。

（6）焊接过程易于实现自动化。钨极氩弧焊是明弧焊,无熔滴过渡,很容易实现机械化和自动化操作。目前,已有环缝钨极氩弧焊、管对接钨极氩弧焊及换热器管板接头钨极氩弧焊等实现了焊接过程的自动化。

（7）需要特殊的引弧措施。因为氩气的电离电压较高,所以钨极氩弧焊的引弧较困难。而在焊接时又要避免钨极与工件的接触,以免产生夹钨等焊接缺陷,因此一般都采用高频高压装置进行引弧。

（8）工件清理要求严格。钨极氩弧焊无冶金上的脱氧、去氢等措施,因此焊前必须对工件进行严格的脱脂、去锈及清除尘垢等准备工作,以免影响焊接质量。

（9）生产效率较低。由于钨极载流能力较低,因此熔深浅、熔敷率小,与熔化极氩弧焊相比,钨极氩弧焊的生产率较低。此外,焊缝金属易受钨的污染,经常需要采取防风措施。

目前,氩弧焊主要适用于焊接易氧化的有色金属（如铝、镁、钛及其合金）、高强度钢及某些特殊性能钢（如不锈钢、耐热钢）等,已被广泛地应用于锅炉及压力容器、管道、运输机械、汽车制造、纺织机械、航空设备、制冷设备、船舶、原子能设备、医疗器械设备以及食品机械等领域。

3. 氩弧焊的分类

按电极材料的不同,氩弧焊可分为钨极（不熔化极）氩弧焊和熔化极氩弧焊;按机械化程度不同,可分为手工钨极氩弧焊、半自动熔化极氩弧焊、自动钨极氩弧焊或自动熔化极氩弧焊三大类;按焊接电流的波形不同,可分为直流氩弧焊、交流氩弧焊和脉冲氩弧焊;按保护气体的组成成分不同,可分为纯氩气保护焊和混合气体氩弧焊。

5.1.2　手工钨极氩弧焊焊接设备

手工钨极氩弧焊焊接设备主要由焊接电源、焊枪、供气系统、水冷系统及工件等组成,其连接方式如图 5-1-3 所示。

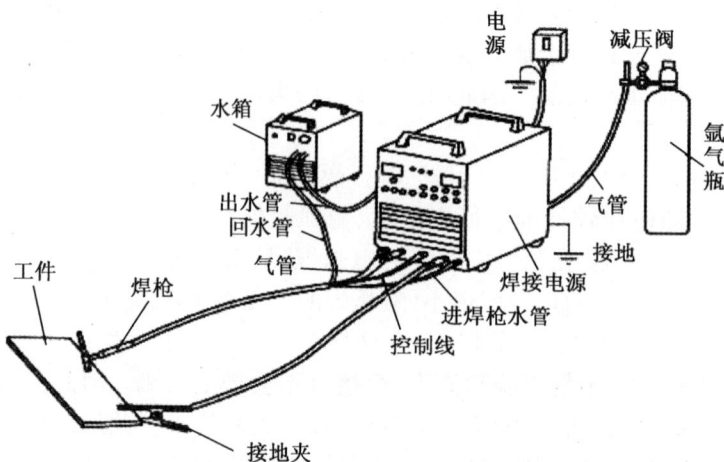

氩弧焊焊机

图 5-1-3　手工钨极氩弧焊焊接设备的组成及连接方式

1.焊接电源

按焊接电源不同,钨极氩弧焊机可分为直流焊机、交流焊机和交直流两用焊机。焊接钢材时,大多使用直流焊机,也可以使用交流焊机;焊接不锈钢和耐热合金钢时,以使用直流焊机为主;焊接有色金属及其合金时,为清理氧化膜多使用交流焊机焊接。

表5-1-1为常用手工钨极氩弧焊机参数。

表 5-1-1　常用手工钨极氩弧焊机参数

产品名称	产品型号	电源电压/V	工作电压/V	额定焊接电流/A	电极直径/mm	保护气体流量 L/min	负载持续率/%	主要用途
交流手工钨极氩弧焊机	NSA300-1	380	20	300	1~5	20	60	铝及铝合金的焊接,厚度为1~10 mm
交直流氩弧焊机	WSE-160	380	16.4	160	1~3		35	用于交直流焊条电弧焊和交直流氩弧焊
直流手工钨极氩弧焊机	WS-200	380	18	200	1~3	20	60	用于不锈钢、铜、铝、钛等合金的焊接
	WS-400	380	26	400	1~5	15	60	
交流手工氩弧焊机	WSJ-400	380	20	400	1~5	20	60	用于铝及铝合金的焊接
脉冲氩弧焊机	WSM-250	380		250	1~4	15	60	用于不锈钢、铜、铝、钛等合金的焊接
	WSM-400	380		400	1~5	15	60	

钨极氩弧焊的电弧静特性曲线是水平的,与焊接电源外特性曲线的关系如图5-1-4所示。从图中可见选用具有陡降外特性的焊接电源,因电弧长度变化引起的焊接电流波动小,所以对焊接过程电弧稳定的影响也小。一般焊条电弧焊焊接电源,可供钨极氩弧焊使用。

交流钨极氩弧焊的主电路系统,由焊接变压器、高频振荡器、脉冲稳弧器和电解电容器等部分组成。而直流钨极氩弧焊的主电路系统较为简单,直流焊接电源附加高频振荡器即可使用。

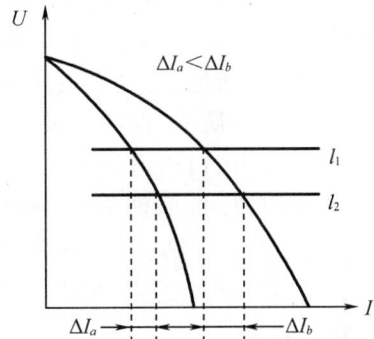

图 5-1-4　钨极氩弧焊的焊接电源外特性曲线与电弧静特性曲线的关系

2.焊枪

(1)焊枪组成

钨极氩弧焊焊枪主要由枪体、喷嘴、电极夹持装置、导气管、冷却水管、按钮开关等组成。钨极氩弧焊焊枪按冷却方式的不同,可分为空冷式焊枪和水冷式焊枪,前者用于小电流(≤150 A)焊接;按操作方式的不同,可分为自动钨极氩弧焊焊枪和手工钨极氩弧焊焊枪。图5-1-5为PQI-150型水冷式钨极氩弧焊焊枪。

(2)焊枪功能要求

焊枪除了应具有夹持钨极、传导焊接电流、输送保护气及控制焊接的启动和停止等的作用外,还应满足下列要求。

①电极夹持装置要保证电极装夹方便,有利于钨极的装夹及送进,并能保证钨极对中。

②保护气流具有良好的流动状态和一定的挺度,以获得对焊缝的可靠保护。

③具有良好的导电性能,能满足一定电容量的要求。

④充分冷却,采用循环水冷却的枪体要保证冷却性能良好,冷却水流通顺畅,以保证持久工作。

⑤喷嘴与钨极间绝缘良好,以免喷嘴和焊件接触时产生短路、打弧。

⑥重量轻,结构紧凑,装拆维修方便。

(3)焊枪的喷嘴结构

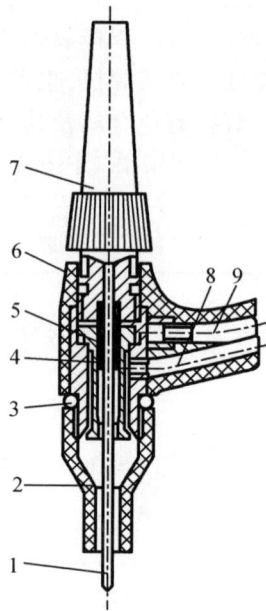

1—钨极;2—陶瓷喷嘴;3—密封环;4—轧头套管;
5—电极轧头;6—枪体塑料压制件;7—绝缘帽;
8—进气管;9—冷却水管。

图5-1-5 PQI-150型水冷式钨极氩弧焊焊枪结构

喷嘴一般由紫铜、石英或陶瓷材料制成。由于高温陶瓷喷嘴具有既绝缘又耐热的特点,故应用较为广泛,但焊接电流通常不能超过350 A;纯铜喷嘴的使用电流可达500 A,但需用绝缘套将喷嘴和导电部分进行隔离;采用石英喷嘴焊接时可见度好,但其价格较贵。

焊枪的喷嘴是决定氩气保护性能的重要部件,常见的喷嘴形状如图5-1-6所示。圆柱带锥形和圆柱带球形喷嘴有一段较长的截面不变的气流通道,氩气喷出速度均匀,容易保持层流,保护效果好。圆锥形喷嘴的出口通道为圆锥形,气流得到加速,抗风能力得到增强,同时改善了能见度,这种喷嘴

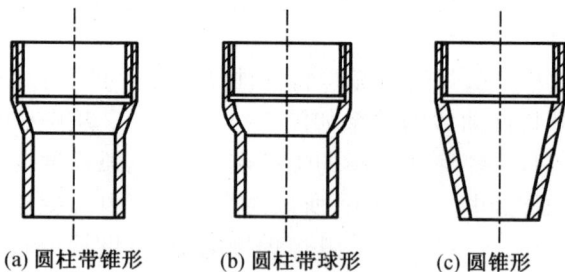

(a) 圆柱带锥形　(b) 圆柱带球形　(c) 圆锥形

图5-1-6 常见的喷嘴形状

操作方便,焊接时也经常使用。其缺点是流量控制不当时易形成紊流,卷入外界空气,反而破坏保护效果。

3.供气系统

供气系统由氩气瓶、减压阀、流量计和电磁气阀组成,如图5-1-7所示。

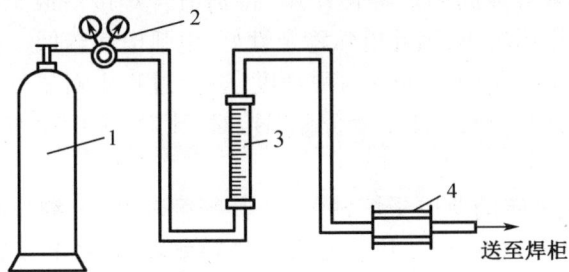

1—氩气瓶;2—减压阀;3—流量计;4—电磁气阀。

图 5-1-7 供气系统组成

（1）氩气瓶

氩气瓶和氧气瓶、CO_2 气瓶都是标准钢瓶，容积为 40 L。瓶内径为 210 mm，瓶高为 1 450 mm。焊接用瓶装氩气容积为 40 L，气瓶被涂成灰色，并用绿色漆标以"氩气"二字，满瓶时压力为 15 MPa。随着氩气的消耗输出，瓶内压力逐渐下降。当氩气瓶的压力降为 2.5 倍工作压力（0.4~0.5 MPa）时，应停止使用。若氩气全部用完，则空气进入瓶内，再向瓶内充氩气时，氩气纯度将难以得到保证。

（2）减压阀和流量计

减压阀将高压气瓶中的气体压力降至焊接所要求的压力，流量计用来调节和测量气体的流量。目前，国内常用的是浮子式流量计和指针式流量计。通常，将流量计和减压阀做成一体，这样不仅可以降压和稳压，还能方便地调节氩气流量。

（3）电磁气阀

电磁气阀是控制氩气通断的气阀门。电磁线圈接通，气阀打开，输出氩气；电磁线圈断电，气阀关闭，停止送气。

4. 水冷系统

许用电流大于 150 A 的焊枪一般为水冷式，即用水冷却焊枪和钨极。对于手工水冷式焊枪，通常将焊接电缆装入通水软管中做成水冷电缆，这样可大大提高电流密度，减轻电缆重量，使焊枪更轻便。有时，水路中还接入水压开关，保证冷却水接通并有一定压力后才能起动焊机。必要时，可采用水泵将水箱内的水循环使用。

5.1.3 钨极氩弧焊用焊接材料

1. 保护气体

钨极惰性气体保护焊一般采用氩气（Ar）、氦气（He）、氩氦混合气体（Ar+He）或氩氢混合气体（Ar+H_2）作为保护气体，其他如氖、氙、氡等惰性气体因稀少且昂贵而不用于焊接。

惰性气体的纯度（体积分数）越高，保护效果越好，但其价格也越昂贵，通常纯度在 99.999% 以上的惰性气体用于焊缝质量要求高和精密的焊接，普通金属焊接对惰性气体纯度的要求可适当降低，但不能低于 99.7%。

（1）氩气（Ar）

氩气是一种无色无味的单原子惰性气体，密度为空气的 1.4 倍，能够很好地覆盖在熔池及电弧的上方，形成良好的保护。同时，氩气电离后产生的正离子质量大，动能也大，对阴极斑点的冲击力大,具有很强的阴极雾化作用,特别适合焊接活泼金属。氩气具有较低的热导率,对电弧的冷却作用较小,因此电弧稳定性好,电弧电压较低。

焊接用氩气有 99.99% 及 99.999% 两种纯度,焊接过程中对氩气纯度的要求:碳钢、铝及铝合金焊接时,纯度 ≥99.99%,钛及钛合金焊接时,纯度 ≥99.999%。

(2)氦气(He)

氦气也是一种无色无味的单原子惰性气体,其密度较低,大约只有空气的 1/7,因此焊接时所用的流量通常比氩气高 1~2 倍。氦气的热导率较高,对电弧的冷却作用大,因此电弧的产热功率大且集中,适合厚板、高热导率或高熔点金属、热敏感材料的焊接及高速焊。氦气的缺点是阴极雾化作用小,价格比氩气高很多。焊接用瓶装氦气容积为 40 L,气瓶被涂成灰色,并用绿色漆标以"氦气"二字,满瓶时压力为 14.7 MPa。焊接用氦气的纯度一般要求在 99.8% 以上,焊接用氦气的纯度可达 99.999%,能满足各种材料的焊接要求。

(3)混合气体

①氩氦混合气体(Ar+He)

氩弧具有电弧稳定、柔和、阴极雾化作用强、价格低廉等优点,而氦弧具有电弧温度高、熔透能力强等优点。采用氩氦混合气体时,电弧兼具氩弧及氦弧的优点,特别适合焊缝质量要求很高的场合。一般采用的混合比为:(75%~80%)He+(25%~20%)Ar。

②氩氢混合气体(Ar+H₂)

氢气是双原子分子,且具有较高的热导率。采用氩氢混合气体时,可提高电弧的温度,增大熔透能力,提高焊接速度,防止咬边。此外,氢气具有还原作用,可防止焊缝中 CO 气孔的形成。氩、氢混合气体主要用于镍基合金、镍铜合金、不锈钢等材料的焊接,不适合用于低碳钢或低合金钢的焊接。一般应将混合气体中氢的含量控制在 15% 以下。

2. 电极材料

钨极氩弧焊用钨金属棒作为电极材料,简称钨极,属于非熔化电极的一种。对非熔化电极的基本要求:能传导电流,发射电子的能力强,在高温下工作不熔化并且使用寿命长等。金属钨能导电,其熔点(3 410 ℃)和沸点(5 900 ℃)比其他金属都高,高温时有很强的电子发射能力。因此,金属钨是最适合作为非熔化极惰性气体保护焊的电极的材料。

(1)钨极的种类及特点

钨极氩弧焊用的电极材料主要有纯钨、钍钨、铈钨和锆钨等。常用钨极的种类及化学组成见表 5-1-2。

表 5-1-2　常用钨极的种类及化学组成

钨极类型	牌号	化学组成/%							
		W	ThO₂	CeO	ZrO	SiO₂	Fe₂O₃+Al₂O₃	Mo	CaO
纯钨极	W1	99.92	—	—	—	0.03	0.03	0.01	0.01
	W2	99.85	杂质总含量<0.15						
钍钨极	WTh-7	余量	0.7~0.99	—	—	0.06	0.02	0.01	0.01
	WTh-10	余量	1.0~1.49	—	—	0.06	0.02	0.01	0.01
	WTh-15	余量	1.5~2.0	—	—	0.06	0.02	0.01	0.01
	WTh-30	余量	3.0~3.5	—	—	0.06	0.02	0.01	0.01

表 5-1-2（续）

钨极类型	牌号	化学组成/%							
		W	ThO₂	CeO	ZrO	SiO₂	Fe₂O₃+Al₂O₃	Mo	CaO
铈钨极	WCe-5	余量	—	0.50	杂质总含量<0.1				
	WCe-13	余量	—	1.30	杂质总含量<0.1				
	WCe-20	余量	—	1.8~2.0	杂质总含量<0.1				
锆钨极	WZr	99.2	—	—	0.15~0.40	其他≤0.5			

纯钨极熔点和沸点高,不易熔化蒸发、烧损,但电子发射能力较其他钨极差,不利于电弧稳定燃烧。此外,其载流能力较低,抗污染性能差。

钍钨极的电子发射能力强,允许的电流密度大,电弧燃烧较稳定,使用寿命较长,但钍元素具有一定的放射性。

铈钨极引弧和稳弧性能不亚于钍钨极,化学稳定性高,允许的电流密度大,无放射性,是目前国内普遍采用的一种钨极。

锆钨极的各种性能介于纯钨极和钍钨极之间。在需要防止电极污染焊缝金属的特殊条件下使用锆钨极。焊接时,电极尖端易保持半球形,适合用于交流焊接。

（2）钨极的载流能力

钨极的载流能力除了与其化学成分有关外,还受到其他因素的影响,如焊枪的形式、电极夹头的极性、电极直径、电源种类、电极从焊枪中伸出的长度、焊接位置、保护气体的性质等。

在工艺条件相同的情况下,用直流电焊接对各种类型电极的载流能力的影响没有很大的差别。钨极的载流能力大都与其极性有关,大约 2/3 的热量产生在阳极上,1/3 的热量产生在阴极上。因此,在不过热条件下,电极接负极（正接法）时可以承载的电流比电极接正极（反接法）时大得多（约 10 倍）。同样,电极接负极时在直流电源情况下的载流能力比交流电源情况下的载流能力大。

（3）钨极的表面质量和形状尺寸

①钨极的表面质量

钨极材料在拉拔或锻造加工之后要经过清洗、抛光或磨光。经过磨削后的钨极表面具有较低的粗糙度,能保证钨极与焊枪的电极夹头之间最大的接触面积,从而可以获得最大的载流能力。如果采用化学方法清理,会使得钨极表面较粗糙,接触电阻会降低载流能力。

有疤痕、裂纹、缩孔、毛刺或非金属夹杂等缺陷的电极不应当使用,因为这些缺陷会影响其载流能力,电极表面的凹凸不平会引起弧柱"回火"现象。

②钨极的形状尺寸

钨极直径范围一般为 0.5~6.4 mm,长度范围为 76~610 mm。正确使用钨极可以获得较稳定的电弧,并能延长钨极的使用寿命。当选定钨极之后,使用时其形状和尺寸是影响电弧和焊接质量的重要因素。

若钨极端面凹凸不平,则产生的电弧不集中也不稳定。因此,在使用前,需对其端部进行磨削以呈尖锥状。磨尖程度应根据焊丝直径和使用的电流大小来确定。例如,在焊接薄板和使用小电流时,可选用小直径钨极且其末端磨得尖些,这样容易引弧并且电弧燃烧稳定;但在电流较大时,会由于电流密度过大而使末端过热熔化,从而使钨极烧损增加,同时电弧斑点也会扩展到钨极末端的锥面上,使弧柱扩散或飘摆不定,因此在这种情况下锥角要适当加大或采用平顶锥形的钨极。表 5-1-3 列出了推荐使用的钨极末端形状尺寸和电流范围。

表 5-1-3 推荐使用的钨极末端形状尺寸和电流范围

电极直径 /mm	尖端直径 /mm	锥角 /(°)	直流正接	
			恒定电流范围/A	脉冲电流范围/A
1.0	0.125	12	2~15	2~25
	0.25	20	5~30	5~60
1.6	0.5	25	8~50	8~100
	0.8	30	10~70	10~140
2.4	0.8	35	12~90	12~180
	1.1	45	15~150	15~250
3.2	1.1	60	20~200	20~300
	1.5	90	25~250	25~300

3. 氩弧焊钨极的选用

钨极氩弧焊时,选用钨极的种类要综合考虑以下几个因素:各种钨极的电弧特性(引弧与稳弧)、载流能力、被焊金属的材质、焊件厚度、电流类型及电极极性,此外,还要考虑电极的来源、使用寿命及价格等。不同金属钨极氩弧焊时推荐使用的钨极及保护气体见表 5-1-4。

表 5-1-4 不同金属钨极氩弧焊时推荐使用的钨极及保护气体

金属种类	金属厚度	电流类型	电极	保护气体
铝	所有厚度	交流	纯钨或锆钨极	Ar 或 Ar+He
	厚件	直流正接	钍钨或铈钨极	Ar+He 或 Ar
	薄件	直流反接	铈钨、钍钨或锆钨极	Ar
铜及铜合金	所有厚度	直流正接	铈钨或钍钨极	Ar+He 或 Ar
	薄件	交流	纯钨或锆钨极	Ar
低碳钢、低合金钢	所有厚度	直流正接	铈钨或钍钨极	Ar+He 或 Ar
	薄件	交流	纯钨或锆钨极	Ar
不锈钢	所有厚度	直流正接	铈钨或钍钨极	Ar+He 或 Ar
	薄件	交流	纯钨或锆钨极	Ar
钛	所有厚度	直流正接	铈钨或钍钨极	Ar

一般厚板焊接时要求能获得较大的熔深,为此应采用直流正接和大电流来进行焊接,宜选用载流能力强的钍钨或铈钨极。薄板焊接要求熔深较浅,所以焊接时电流宜小,应采用直流反接的方法,但容易使电极发热,因此电极宜选用引弧容易、稳定性好、载流能力强的钍钨极或铈钨极。铝、镁及其合金的焊接要求采用交流电,这种情况下电极烧损的程度

比直流反接时的小,可以选用较为便宜的纯钨极。

铈钨极是我国率先研制并应用的产品,其 X 射线剂量及抗氧性能和钍钨极相比有了较大的改善。铈钨极的弧束细长,热量集中,可提高电流密度 5%~8%,使用寿命长,而且电子逸出功比钍钨极低,故引弧相对容易,燃弧稳定性好。此外,铈钨极化学稳定性好,阴极斑点小,压降低,烧损小,完全可以取代钍钨极。在机械化焊接应用中,铈钨极或钍钨极均比纯钨极更合适,毕竟纯钨极消耗的速度太快。

4. 钨极氩弧焊用焊丝

钨极氩弧焊中焊丝的作用就是作为填充金属构成焊缝,在惰性气体氩气的保护下,焊丝和母材熔化成焊缝过程中没有化学反应,因此焊缝金属是由焊丝和母材熔合而成的。不加填充焊丝的钨极氩弧焊,焊缝成分就是母材成分。如果没有合适的焊丝,可以从母材上截取条形材料,作为焊丝金属,焊接后的焊缝金属成分也和母材成分相同。但自制焊丝在操作(运送焊丝)上有些不便。另一方面,专业焊丝厂生产的焊丝,其杂质要比母材少,有利于提高焊接质量,所以在生产过程中还是用专业焊丝厂生产的焊丝。只有在没有专业焊丝厂生产的焊丝的情况下,才截取母材条充作焊丝。

(1)实心焊丝型号

①碳钢、低合金钢实心焊丝型号

氩弧焊用的碳钢、低合金钢实心焊丝和 CO_2 气体保护焊用的焊丝在同一国家标准内,焊丝型号的表示法也是 ER××-×,“ER”表示焊丝,“ER”后面的两位数字表示熔敷金属抗拉强度的最小值,半字线后的字母或数字为焊丝化学成分代号,如 A×、B×、C×、D×等。若还有附加其他化学元素,直接用元素符号表示,并以半字线“-”和前面数字分开。碳钢、低合金钢实心焊丝型号示例如图 5-1-8 所示。

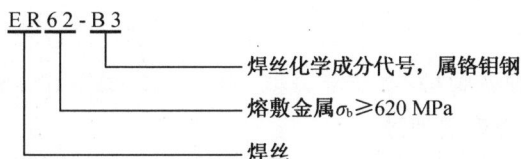

图 5-1-8　碳钢、低合金钢实心焊丝型号示例

②不锈钢实心焊丝型号

不锈钢实心焊丝型号表示法是 ER×××(L),“ER”表示焊丝,“ER”后面的三位数字为不锈钢成分分类,尾部可有“L”,也可无“L”,有“L”表示碳含量较低。不锈钢实心焊丝型号示例如图 5-1-9 所示。

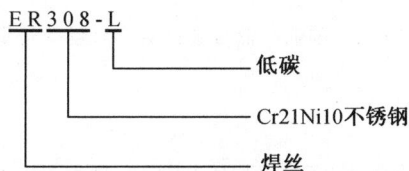

图 5-1-9　不锈钢实心焊丝型号示例

③铜及铜合金实心焊丝型号

铜及铜合金实心焊丝型号的表示法是 HSCu××-×,"HS"表示焊丝,其后的化学元素符号表示焊丝的主要组成元素如 CuZn、CuZnNi,在半字线"-"后的数字为品种序号,表示同一类主要元素组成的不同品种。铜及铜合金实心焊丝型号示例如图 5-1-10 所示。

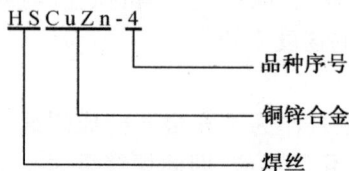

```
H S C u Z n - 4
                └──────── 品种序号
            └──────────── 铜锌合金
        └──────────────── 焊丝
```

图 5-1-10 铜及铜合金实心焊丝型号示例

④铝及铝合金实心焊丝型号

铝及铝合金实心焊丝型号的表示法是以字母"S"表示焊丝,"S"后用化学元素符号表示焊丝的主要合金组成,半字线"-"后的数字为品种序号,表示同类焊丝的不同品种。铝及铝合金实心焊丝型号示例如图 5-1-11 所示。

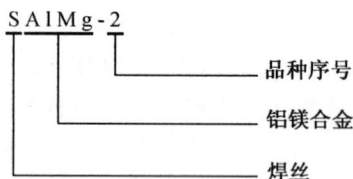

```
S A l M g - 2
                └──────── 品种序号
            └──────────── 铝镁合金
        └──────────────── 焊丝
```

图 5-1-11 铝及铝合金实心焊丝型号示例

(2)钨极氩弧焊实心焊丝牌号

①碳钢和低合金钢实心焊丝牌号

碳钢和低合金钢钨极氩弧焊可用 H08Mn2SiA、H08CrMoV 等焊丝。碳钢和低合金钢钨极氩弧焊专用焊丝牌号以"TG"开头,表示钨极惰性气体保护电弧焊,"TG"后两位数字表示熔敷金属抗拉强度最小值,若两位数字前有"R"表示用于耐热钢。数字后的化学元素符号表示焊丝中有一定量该元素。碳钢和低合金钢实心焊丝牌号示例如图 5-1-12 所示。

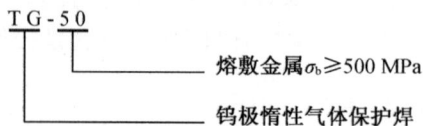

```
T G - 5 0
            └──────── 熔敷金属σ_b≥500 MPa
        └──────────── 钨极惰性气体保护焊
```

图 5-1-12 碳钢和低合金钢实心焊丝牌号示例

②不锈钢实心焊丝牌号

不锈钢实心焊丝是通用焊丝,它不仅可用于氩弧焊和 CO_2 气体保护焊,还能用于埋弧焊。氩弧焊用不锈钢实心焊丝焊接薄板或打底层单面焊两面成型,可使焊缝成形美观,几乎没有飞溅,故不锈钢实心焊丝广泛用于氩弧焊。

③铜及铜合金实心焊丝牌号

铜及铜合金实心焊丝牌号以"HS"开头,表示焊丝。其后的两位数字,"20"表示紫铜,"21"表示青铜,"22"表示黄铜。尾部数字表示同类产品的不同品种。

④铝及铝合金实心焊丝牌号

铝及铝合金实心焊丝牌号也以"HS"开头,表示焊丝。其后的两位数字,"30"表示纯铝,"31"表示铝硅合金,"32"表示铝锰合金,"33"表示铝镁合金。尾部数字表示同类产品的不同品种。

5.钨极氩弧焊安全文明生产

在进行钨极氩弧焊作业时,焊工除了必须遵守防止电击的安全措施,还应注意预防高频电磁场伤害、预防放射线伤害等,具体事项如下:

(1)当采用非接触法引弧时,高频振荡器或高压脉冲发生器将输出数千伏的高压电。一定要杜绝焊工在手套、工作服及工作鞋破损、潮湿,或焊枪、导线的绝缘不良等情况下进行焊接作业以及操作不当等行为。

(2)不得将焊枪喷嘴靠近耳朵、面部及身体的其他裸露部位来试探保护气体的流量,尤其是采用高频高压或脉冲高压引弧和稳弧时,更应严禁这种做法。

(3)调节或更换焊枪的喷嘴和钨电极时,必须先切断高频振荡器和高压脉冲发生器的电源。更不允许带电赤手更换钨电极和喷嘴。

(4)氩气瓶应放在距热源远的地方,并用铁箍、链子和固定架固定好。

(5)氩弧焊的引弧与稳弧措施尽量用晶体管脉冲装置,而不用高频振荡装置,或仅用来引弧,电弧引燃后,立即切断高频电源。

(6)降低振荡频率,改变电容器及电感参数,将振荡频率降至30 kHz,减少对人体的影响。高频振荡电路的电压较高,要有良好而可靠的绝缘。

(7)钨极氩弧焊电极使用的钍钨棒含有一定量的天然放射性物质,尽可能不用钍钨棒而用铈钨棒或钇钨棒,因后两者无放射性。

(8)备有专门砂轮来磨削钍钨棒,砂轮机要安装除尘设备,砂轮机地面上的磨屑要经常做湿式扫除,并集中深埋处理。磨削钍钨棒时应戴防尘口罩。接触钍钨棒后应以流动水和肥皂洗手,并经常清洗工作服和手套等。

任务实施

现有材质为 Q345,规格为 300 mm×100 mm×6 mm 的两块钢板,要求采用手工钨极氩弧焊单面焊双面成型对两块钢板进行平焊,图样如图 5-1-13 所示。焊件根部间隙 b、钝边 p 自定,坡口角度 $α=60°$。焊后变形量≤3°。

1.焊前准备

(1)焊接设备

检查焊机各处的接线是否正确、牢固、可靠,调整好焊接工艺参数。同时,应检查氩弧焊系统中的水冷却和气冷却系统有无堵塞、泄漏,如发现故障应及时排除。

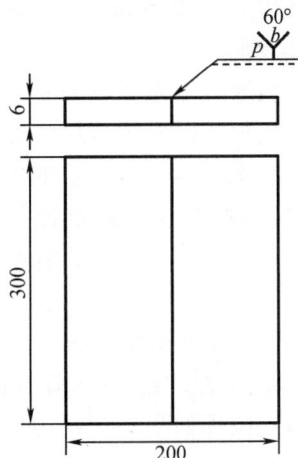

图 5-1-13　手工钨极氩弧焊单面焊双面成形平对接焊图样

（2）焊前清理

清除焊丝表面和焊件坡口内及正反两侧 20 mm 范围内的油、锈、水分及其他污物，直至有金属光泽，再用丙酮清洗。因为在手工钨极氩弧焊焊接过程中惰性气体仅起保护作用，无冶金反应，所以坡口的清洗质量直接影响焊缝的质量。因此，氩弧焊时应特别重视对坡口的清洗工作。

（3）钨极

选用铈钨极，直径为 2.5 mm。

（4）焊接气体

氩气的纯度≥99.5%。

（5）焊接材料

选用 H08Mn2SiA 焊丝，直径为 2.5 mm。

（6）辅助工具

准备好工作服、焊工手套、护脚、面罩、钢丝刷、锉刀和焊接量具等。

2. 焊接工艺参数

焊接工艺参数见表 5-1-5。

表 5-1-5　焊接工艺参数

焊接层次	焊接电流/A	电弧电压/V	氩气流量/(L/min)	钨极直径/mm	焊丝直径/mm	钨极伸出长度/mm	喷嘴至工件距离/mm
打底	85~95	12~16	6~10	2.5	2.5	4~8	≤12
填充	95~105						
盖面	100~110						

3. 操作步骤与要领

（1）装配及定位焊

①钝边

钝边为 0~0.5 mm，要求坡口平直。

②装配

a. 装配间隙为 2~3 mm。

b. 定位焊。采用与焊件焊接时相同牌号的焊丝进行定位焊，并点焊于焊件反面两端，焊点长度为 10~15 mm。如定位焊缝有缺陷，必须将有缺陷的定位焊缝打磨掉后重新点固，不允许用重新熔化的方法处理。

c. 预置反变形量为 3°。

d. 错边量。错边量≤0.6 mm。焊件装配与定位焊如图 5-1-14 所示。

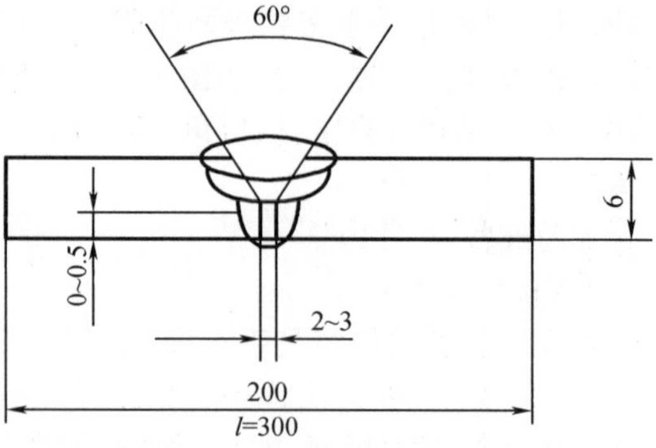

（2）焊接

平焊是最易掌握的焊接方法，持枪方法如图 5-1-15 所示，焊道分布为三层

图 5-1-14　焊件装配及定位焊

142

三道焊,如图5-1-16所示。

①打底焊

a. 引弧与运弧

将钢板固定在水平位置,间隙小的一端放在右侧,施焊时从右向左进行焊接,右手握焊枪,左手拿焊丝,在焊件右侧定位焊缝上进行引弧。

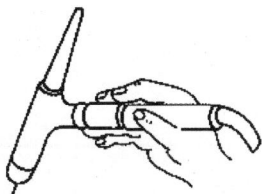

图5-1-15　持枪方法

图5-1-16　焊层及焊道

引弧后,焊枪在原位置稍加停留后,压低电弧向前带至定位焊缝5 mm左右处,焊枪沿坡口两侧摆动,向前施焊。当焊至定位焊缝前沿形成熔池并出现熔孔后,开始填丝。向熔池内送焊丝时用力不能过猛,以保证焊丝端头也就是熔池前总有一滴熔融的铁水为佳。焊枪沿坡口两侧做均匀的小锯齿形摆动,速度要平稳均匀,电弧不宜抬起过高,摆动幅度不要过大,焊丝填入动作要熟练、均匀,填丝要有规律。

b. 接头

当焊丝用完需更换焊丝,或因其他原因需暂时中止焊接时,会有接头存在。在焊缝中间停止焊接时,可松开焊枪上的按钮开关,停止送丝。在接头前,应先检查原弧坑处焊缝的质量,如果保护好则没有氧化皮和缺陷,可直接接头;如果有氧化皮和缺陷,最好用角向磨光机将氧化皮或缺陷磨掉,并将弧坑前磨成斜面,在弧坑右侧15~20 mm处引弧,并慢慢地向左移动,待原弧坑处开始熔化形成熔池和熔孔后,继续填丝焊接。

c. 收弧

如果焊机有电流自动衰减装置,则焊至焊件末端应减小焊枪与焊件的夹角,让热量集中在焊丝上,加大焊丝熔化量,以填满弧坑,然后切断控制开关。这时焊接电流逐渐减小,熔池也不断缩小,焊丝回抽,但不要脱离氩气保护区。停弧后,氩气需延时10 s左右再关闭,防止熔池金属在高温下氧化。

②填充焊

操作步骤和注意事项与打底焊基本相同。中间层焊接时,应先检查根部焊道表面有无氧化皮和缺陷,焊接时焊枪应横向摆动,一般做锯齿或月牙形向前摆动,其焊枪的摆动幅度比打底焊时稍大,电弧在坡口两侧停留时间要稍长,保证坡口两侧熔合良好,焊道均匀。填充层焊缝应比焊件表面低1 mm左右,不能熔化坡口的上棱边,并保持坡口边缘的原始状态。填充焊道尺寸及要求如图5-1-17所示,为盖面层焊接打好基础。

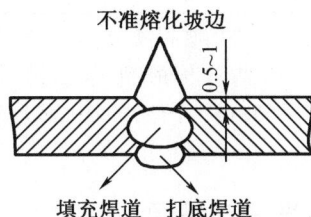

图5-1-17　填充焊道尺寸及要求

③盖面焊

盖面层的焊接与打底层的焊接操作方法基本相同,只是摆动的幅度要进一步增大,保证熔池熔化坡口两侧棱边 0.5~1.5 mm,并压低电弧,避免咬边。接头方法与打底焊有所不同,在熔池前 10~15 mm 处引弧,接头时电弧从接头熔池的最高点处熔化,摆动要有规律,填丝要适量,以确保接头处焊缝过渡圆滑,保持焊缝的统一效果。

4. 焊后检验

焊后用钢丝刷将内、外焊缝表面的氧化膜和熔渣清除干净,检验焊缝质量。焊缝表面不允许存在裂纹、气孔、咬边、焊瘤和夹渣缺陷。

评分标准见表 5-1-6。

表 5-1-6　评分标准

项目	内容	评分标准	配分	得分
外观检验	表面成形	优得 10 分;良得 6 分;中得 3 分;差本项为 0 分	10	
	错边	≤0.6 mm 得 4 分;>0.6 mm 本项为 0 分	4	
	焊后角变形	≤3°得 4 分;>3°本项为 0 分	4	
	焊缝宽度	≤12 mm 得 4 分;>12 mm 本项为 0 分	4	
	焊缝宽度差	≤3 mm 得 4 分;>3 mm 本项为 0 分	4	
	焊缝余高	≤3 mm 得 4 分;>3 mm 本项为 0 分	4	
	焊缝余高差	≤3 mm 得 4 分;>3 mm 本项为 0 分	4	
	背面焊缝余高	≤3 mm 得 6 分;>3 mm 本项为 0 分	6	
	咬边	有咬边,每 2 mm 长扣 1 分;咬边深度>0.5 mm 本项为 0 分	10	
断口检验	按照相关标准考核	无缺陷合格得 40 分;有缺陷合格得 30 分;不合格本项为 0 分	40	
安全文明生产考核	安全操作	不符合安全操作规定者,酌情扣 1~5 分;发生安全事故者判不及格	5	
	文明生产	不符合文明生产要求,要求酌情扣 1~5 分	5	
总分合计			100	

注:1. 表面有裂纹、夹渣、未熔合、烧穿等缺陷,外观检验做 0 分处理;
2. 焊缝表面成形标准:(1)优,成形美观,鱼鳞均匀细密,高低宽窄一致;(2)良,成形较好,鱼鳞均匀,焊缝平整;(3)中,成形尚可,焊缝平直;(4)差,焊缝弯曲,高低宽窄明显。

思考与练习

一、判断题

1. 氩气不与金属起化学反应,在高温时不溶于液态金属中。　　　　　(　　)
2. 几乎所有的金属材料都可以采用氩弧焊。　　　　　(　　)
3. 钨极氩弧焊时,焊接电流根据焊丝直径来选择。　　　　　(　　)
4. 通过焊接电流和电弧电压的配合,可以控制焊缝形状。　　　　　(　　)

5. 钨极氩弧焊时,氩气流量越大保护效果越好。　　　　　　　　　　　( )
6. 钨极氩弧焊时应尽量减少高频振荡器工作时间,引燃电弧后立即切断高频电源。
　　　　　　　　　　　　　　　　　　　　　　　　　　　　　　( )

二、选择题

1. ( )气体作为焊接的保护气时,电弧一旦引燃燃烧就很稳定,适合手工焊接。
A. Ar　　　　　　B. CO_2　　　　　　C. CO_2+O_2　　　　　　D. $Ar+CO_2$

2. 按我国现行规定,氩气的纯度应达到( )才能满足焊接的要求。
A. 98.5%　　　　B. 99.5%　　　　C. 99.95%　　　　D. 99.99%

3. 氩气瓶的外表涂成( )。
A. 白色　　　B. 银灰色　　　C. 天蓝色　　　D. 铝白色

4. 钨极氩弧焊电源的外特性为( )的。
A. 陡降　　　　B. 水平　　　　C. 缓降　　　　D. 上升

5. WS-250 型焊机是( )焊机。
A. 交流钨极氩弧焊　　　　　　B. 直流钨极氩弧焊
C. 交直流钨极氩弧焊　　　　　D. 熔化极氩弧焊

6. WSJ-300 型焊机是( )焊机。
A 交流钨极氩弧焊　　　　　　B. 直流钨极氩弧焊
C. 交直流钨极氩弧焊　　　　　D. 熔化极氩弧焊

三、问答题

1. 试述氩弧焊的特点及其应用范围。
2. 简述钨极氩弧焊的原理。
3. 手工钨极氩弧焊设备由哪几部分组成?

项目 5.2　水平固定钢管对接焊

学习目标

1. 能够正确选择手工钨极氩弧焊的焊接工艺参数;
2. 掌握铝合金钨极氩弧焊的焊接工艺;
3. 掌握铜合金钨极氩弧焊的焊接工艺;
4. 完成不锈钢管的手工钨极氩弧焊任务,并且能够进行设备保养。

项目任务

　　管道焊接常用于换热器,化工管道,船舶管道机器的供油、供气管道,飞机结构和建筑工程等诸多方面。在管道使用过程中,其对接的焊接工作非常普遍,并且具有工作量大、焊接难度大等特点。本项目的任务是不锈钢管手工钨极氩弧焊(图 5-2-1),对两节不锈钢管进行水平位固定对接。

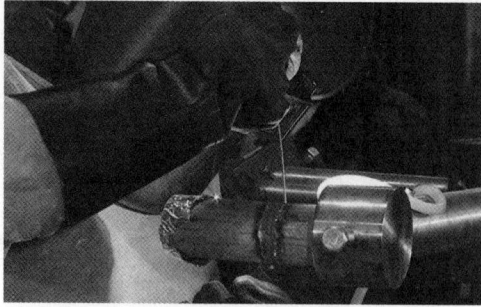

图 5-2-1　不锈钢管手工钨极氩弧焊

知识能力

5.2.1　焊接工艺参数选择

钨极氩弧焊时,可采用填充或不填充焊丝的方法形成焊缝。不填充焊丝法主要用于薄板焊接。例如,厚度在 3 mm 以下的不锈钢板,可采用不留间隙的卷边对接,焊接时不加填充焊丝,而且可实现单面焊双面成形。钨极氩弧焊焊缝截面形状如图 5-2-2 所示。

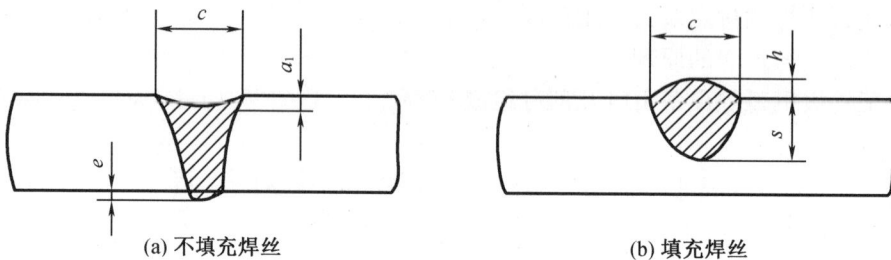

(a) 不填充焊丝　　　　　　　　　(b) 填充焊丝

图 5-2-2　钨极氩弧焊焊缝截面形状

钨极氩弧焊的焊接工艺参数主要有电流的种类及极性、焊接电流、焊接速度、电弧电压、焊接速度、钨极直径和端部形状、喷嘴直径与氩气流量、填丝速度与焊丝直径、喷嘴至焊件的距离和钨极伸出长度等。这些焊接工艺参数的选择主要根据焊件的材料、厚度、接头形式以及操作方法等因素来决定。当被焊接的材料确定之后,应通过工艺试验和工艺评定来确定焊接工艺参数。

1.电流的种类及极性

不同的电流种类及极性具有不同的工艺特点,适用于不同材料的焊接。因此,选择焊接工艺参数时应首先根据工件的材料选择电流的种类及极性,不同电流种类及极性的特点及应用范围见表 5-2-1。

表 5-2-1　不同电流种类及极性的特点及应用范围

种类		直流			交流	
		正极性	反极性	脉冲(正极性)	正弦波	方波
清除氧化膜作用		无	强	无	有	有
电弧热分布	工件端	70%	30%	70%	50%	取决于极性宽度比
	电极端	30%	70%	30%	50%	
钨极载流能力		大	小	大	中等	中等
焊缝		深而窄	浅而宽	深而窄	中等	中等
适用范围		用于除铝、镁及其合金以外的所有金属及合金的焊接	仅用于焊接厚度小于 3 mm 的铝、镁及其合金	用于除铝、镁及其合金以外的所有金属及合金的焊接	常用于焊接铝、镁及其合金;也可焊接其他金属及合金,但效果不如直流正接	

钨极氩弧焊按焊接电流形态的不同可分为三种,各自的适用范围如下。

(1)直流钨极氩弧焊

钨极氩弧焊采用直流电源时,有直流正接和直流反接两种形式,适合不同的焊接要求。

直流正接即焊件接电源的正极,钨极接电源的负极。焊接中电弧的大部分热量在正极产生,所以电弧的稳定性比直流反接时好,可得到深而窄的焊缝,焊接效率高,焊件变形较小,在生产中应用广泛。由于焊件为阳极,阳极没有清理焊件表面氧化膜的作用,因此它适用于焊接低合金高强度钢、不锈钢、耐热钢、铜及铜合金、钛及钛合金等,而不能用于焊接活泼金属,如铝、镁及其合金。

直流反接即焊件接电源的负极,钨极接电源的正极。焊接时钨极温度高,烧损严重,使用寿命较短,并且熔池较浅,焊缝平而宽,焊接效率较低,生产上较少采用。但直流反接具有去除氧化膜的作用,因此可用于焊接厚 3 mm 以下的铝、镁及其合金。

(2)交流钨极氩弧焊

交流钨极氩弧焊常用来焊接铝、镁及其合金焊件。在交流电的负半波(焊件为阴极)时,阴极具有去除氧化膜的作用,使焊缝表面光亮,而在正半波(钨极为阴极)时,钨极温度降低而得到冷却,同时可发射足够的电子,有利于稳定电弧。

(3)程序控制电流(电流脉冲技术)钨极氩弧焊

其可以控制和改善焊根和焊道的成形,改善熔深、晶粒尺寸及特殊位置的焊接。

2. 焊接电流

焊接电流是决定焊缝熔深的最主要的焊接工艺参数。在选定了电流的种类及极性后,焊接电流的大小主要根据被焊材料、板厚来选择,还要适当考虑焊接接头的形式、焊接位置及操作者技术水平等因素。焊接电流增加时,焊缝的余高和宽度都略有增加;过大或过小的焊接电流都会使焊缝成形不良或产生焊接缺陷,所以必须在不同钨极直径允许的焊接电流范围内正确地选择焊接电流。不同直径钨极的许用电流范围见表 5-2-2。

表 5-2-2　不同直径钨极的许用电流范围

钨极直径/mm	直流正接电流/A	直流反接电流/A	交流电流/A
1	15~80	—	20~60
1.6	70~150	10~20	60~120
2.4	140~235	15~30	100~180
3.2	225~325	25~40	160~250

3. 电弧电压和电弧长度

电弧电压取决于电弧长度,电弧长度增加时电弧电压增加,熔池深度减小,熔池宽度显著增加。电弧电压过高即电弧长度太长,易产生咬边和未焊透缺陷,熔池保护效果不好,焊缝被氧化和出现气孔等缺陷;弧长太短则不易操作,既看不清熔池又易造成短路,还会增大钨极烧损,容易夹钨。一般情况下,不加填充焊丝焊接时,电弧长度被控制在 1~3 mm 范围内较适宜;加填充焊丝焊接时,弧长一般被控制在 3~6 mm 范围内。手工钨极氩弧焊的电弧电压一般选用 10~24 V。

4. 焊接速度

焊接速度主要取决于焊接电流和焊件厚度。焊接速度的快慢将影响熔池深度和宽度、焊缝成形和焊缝质量。焊接速度增加时,熔池深度和宽度减小,焊接速度太快易产生未焊透、两侧熔合不好、焊缝高而窄等缺陷。焊接速度太慢时,焊缝变宽,易产生烧穿等缺陷。在选择焊接速度时,一般应考虑以下因素。

(1)为减小焊接变形,在焊接高导热性金属(如铝及铝合金)时,可采取较快的焊接速度。

(2)为减小焊接应力,在焊接有裂纹倾向的合金时,不能采用高速焊接。

(3)在非平焊位置焊接时,为获得较小的熔池,避免液态金属从熔池中流失,应尽量选用较快的焊接速度焊接。

(4)在焊接不锈钢、耐热合金和钛及钛合金材料时,可选择较低的焊接速度,以便得到较大范围的气体保护区域。

(5)焊接速度太快时,会降低保护效果,特别是在自动钨极氩弧焊时,焊接速度太高可能使熔池裸露在空气中,焊接速度对保护效果的影响示意图如图 5-2-3 所示。

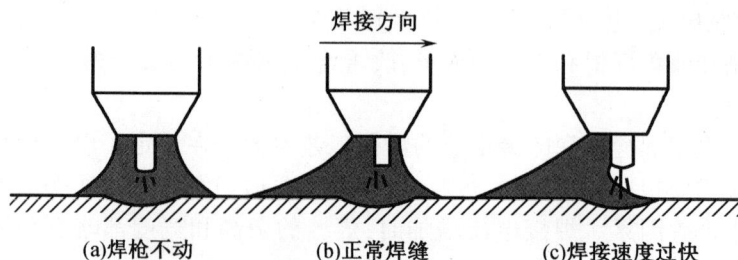

焊接方向

(a)焊枪不动　　　(b)正常焊缝　　　(c)焊接速度过快

图 5-2-3　焊接速度对保护效果的影响示意图

5. 钨极直径和端部形状

钨极直径的选择取决于焊件的厚度、焊接电流的大小、电流种类和极性。通常焊件厚度越大,焊接电流越大,所采用的钨极直径越大。此外,从表5-2-2中还可以看出对相同直径的钨极,采用不同的电流种类及极性时,所允许的电流范围也不同。其中直流正接时允许电流范围数值最大,交流次之,直流反接最小。焊接时,钨极直径一定要选择适当,否则会影响焊缝质量。

钨极端部形状对电弧的稳定性和焊缝成形也有很大影响。在使用直流电源焊接薄板或焊接电流较小时,为便于引弧和稳弧可用小直径钨极并磨成约20°尖锥角(图5-2-4(a));电流较大时,电极锥角过小会导致弧柱的扩散,焊缝成形呈熔深小而宽度大的现象,电流越大,上述变化越明显。因此,当采用大电流直流钨极氩弧焊时,应将电极磨成钝角或平底锥形(图5-2-4(b)),这样可减小弧柱扩散,保持电弧燃烧稳定,使得焊缝成形均匀,焊件加热集中并可避免钨极末端的过热熔化和减少钨极的烧损。钨极端部平底锥形的直径一般为钨极直径的1/4~1/3。若锥顶过尖,钨极易烧损;若过平,则电弧飘浮不定。交流钨极氩弧焊时,为了避免钨极为正的半波时对钨极的烧损,一般将钨极端部磨成半球形,如图5-2-4(c)所示。此外,在不同的焊接电流下尖锥角的大小对焊缝熔深和熔宽有一定影响。通常,若钨极端部锥角减小,则焊缝熔深减小,熔宽增大;反之,熔深增大,熔宽减小。

焊接后也可根据钨极的形状及颜色的变化来判断保护效果。在焊接过程中如果钨极没有变形,焊后钨极端部呈银白色,说明保护效果好;如果焊后钨极端部发蓝,说明保护效果较差;如果焊后钨极端部发黑或有瘤状物,说明钨极已经被污染,这是在焊接过程中短路或沾上很多飞溅所造成的,必须将此段钨极打磨,否则容易夹钨。

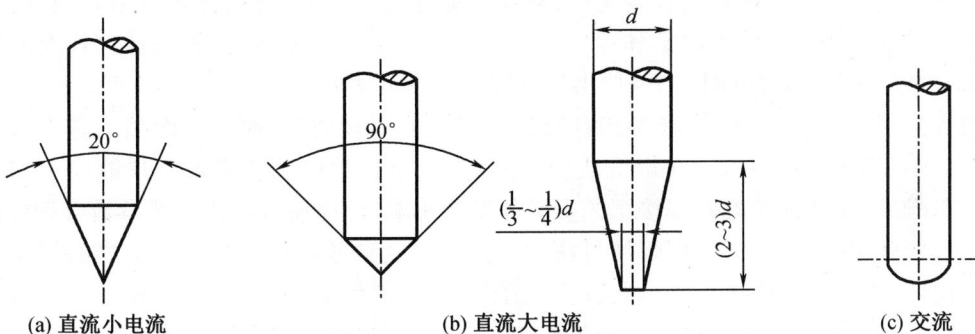

(a) 直流小电流　　　　(b) 直流大电流　　　　(c) 交流

图5-2-4　常用钨极端部形状

6. 喷嘴直径与氩气流量

喷嘴直径的选择主要依据气体的保护效果而定,同时也要考虑焊接电流和电弧长度的影响。在增大喷嘴直径的同时,应增大保护气体的流量,保护的区域越大,保护效果越好;但喷嘴过大时,不仅使氩气的消耗量增加,而且可能在一些焊接位置时,使焊炬伸不进去,或妨碍焊工视线,不便于观察操作。所以一般钨极氩弧焊喷嘴直径以5~14 mm为佳。喷嘴内径可按式(5-2-1)选择。

$$D = (2.5 \sim 3.5)d \qquad (5\text{-}2\text{-}1)$$

式中　D——喷嘴内径,mm;

d——钨极直径,mm。

喷嘴直径决定后,按式(5-2-2)计算氩气流量 Q。

$$Q = (0.8 \sim 1.2)D \qquad (5\text{-}2\text{-}2)$$

式中　Q——氩气流量，L/min。

为了可靠地保护焊接区不受空气的污染，必须有足够流量的保护气体，在实际工作中也可通过试焊来选择氩气流量。氩气流量越大，抵抗流动空气影响的能力越强；但流量过大时，不仅浪费氩气，还可能将空气卷入保护区，反而降低保护效果，所以氩气流量要选择适当。氩气流量合适时，喷嘴喷出的气流是层流，保护效果好，熔池及熔池周围表面明亮无焊渣，焊缝外形美观，表面没有氧化痕迹；如果流量不合适，熔池表面有焊渣，焊缝表面发黑或有氧化皮。

7. 填丝速度与焊丝直径

焊丝的填丝速度受焊丝直径、焊接电流、焊接速度和接头间隙等因素的影响。通常，焊接电流、焊接速度、接头间隙大时，填丝速度较快；焊丝越粗，填丝速度要越慢。如果填丝速度选择不合理，就可能造成焊缝出现未焊接、烧穿、凹陷、堆高过大以及成形不光滑等缺陷。

焊丝直径的选择与母材的板厚、焊缝间隙有关，板厚和焊缝大时，焊丝可选择粗一点；反之，则选择细一点。若选择不当，可能造成焊缝成形不好等缺陷。

8. 喷嘴至焊件的距离

这里指的是喷嘴端面和焊件间的距离，这个距离越小，保护效果越好。因此喷嘴与焊件间的距离应尽可能小些，但距离过小时会给对焊接操作的观察带来不便。通常喷嘴至焊件间的距离以 5~15 mm 为宜。

9. 钨极伸出长度

为了防止电弧热烧坏喷嘴，钨极端部突出于喷嘴端面之外。钨极端部至喷嘴端面的距离叫钨极伸出长度。钨极伸出长度越小，喷嘴与焊件之间距离越近，保护效果就越好；但距离过近时又会妨碍对熔池的观察和焊接的操作。在焊接对接焊缝时，钨极伸出长度通常以 5~6 mm 为宜；焊接角焊缝时，钨极伸出长度以 7~8 mm 为宜。

在焊接过程中，每一项焊接工艺参数都直接影响焊接质量，而且各焊接工艺参数之间又相互影响，相互制约。为了获得优质的焊缝，除注意各焊接工艺参数对焊缝成形和焊接过程的影响外，还必须考虑各焊接工艺参数的综合影响，即应使各焊接工艺参数合理匹配。

钨极氩弧焊时，首先应根据焊件材料的性质与厚度参考现有资料确定适当的焊接电流和焊接速度，再对其他焊接工艺参数进行选择和调整，具体方法如下：先根据焊件的材料性质、板厚和结构特点，确定焊接电流和焊接速度；然后再根据焊接电流的大小选择合适的钨极直径，根据喷嘴直径与钨极直径之间的关系确定喷嘴尺寸；最后根据喷嘴内径与保护气体流量之间的配合关系来确定保护气体流量的大小。

在初步选定焊接参数后，还要根据试焊结果调整有关参数，直至最终符合焊接要求。

5.2.2　手工钨极氩弧焊焊接操作基本要领

1. 焊接操作需要注意的问题

为了保证手工钨极氩弧焊的质量，在焊接过程中要始终注意以下几个问题。

(1)保持正确的持枪姿势。随时调整焊枪角度及喷嘴高度，既有可靠的保护效果，又便于观察熔池。

(2)注意焊后钨极形状和颜色的变化。如果在焊接过程中钨极没有变形，焊后钨极端部为银白色，则说明保护效果好。如果焊后钨极发蓝，则说明保护效果差。如果钨极端部发黑或有瘤状物，则说明钨极已被污染，大多是在焊接过程中发生了短路，或沾了很多飞溅，使钨极端头变成了合金，必须将这段钨极磨掉，否则容易产生夹钨。

（3）送丝要均匀。焊丝不能在保护区搅动，防止卷入空气。

2. 焊接操作要领

手工钨极氩弧焊的操作有三个关键：清洁，即焊件应彻底清理干净，尤其是焊缝两侧和坡口面；支点（支撑），要保证焊枪均匀地运动，最好能有一个可靠的支点，减少手的抖动；配合，左手的送丝和右手焊枪的摆动应配合好，协调一致。另外，由于氩弧焊热量集中，熔深较大且是多层焊，焊件热量越来越高。所以，打底焊时尽量少焊，且速度尽可能地快。要保证焊缝背面成形高度不能太高，否则当其他焊道焊完后，背面焊缝会往下掉，导致成形超高。焊枪摆动与焊丝送进要协调，摆动轨迹为之字形。

焊接时，焊枪角度、电弧长度、焊接速度、给送焊丝的位置和角度都是操作技术的基本要素。焊枪角度是控制熔池形状、熔深和焊道宽窄的关键；电弧太短（电弧电压太低）影响熔池和表面成形；电弧太长（电弧电压太高）会造成焊道中间高和咬边缺陷（平焊缝除外）；焊丝给送位置及角度也直接影响焊道表面的成形和焊接的顺利进行。

手工钨极氩弧焊基本操作技术主要包括引弧、定位焊、焊接、填丝和收弧等环节。

（1）引弧

为了提高焊接质量，手工钨极氩弧焊多采用引弧器引弧，如高频振荡器或高压脉冲发生器，使氩气电离而引燃电弧。其优点是：钨极与焊件不接触就能在施焊点直接引燃电弧，钨极端部损耗小；引弧处焊接质量高，不会产生夹钨等缺陷。

（2）定位焊

为了防止焊接时焊件变形，必须保证定位焊缝间距，可按表5-2-3选择。

表5-2-3　定位焊缝间距

板厚/mm	0.5~0.8	1~2	>2
定位焊缝间距/mm	≈20	50~100	≈200

由于定位焊缝是将来焊缝的一部分，因此必须焊牢，不允许有缺陷。如果该焊缝要求单面焊双面成形，则定位焊缝必须焊透。必须按正式的焊接工艺要求进行定位焊。如正式焊缝要求预热、缓冷，则定位焊焊前也要预热，焊后也要缓冷。定位焊缝不能太高，以免焊接到定位焊缝处接头困难。如果遇到这种情况，最好将定位焊缝磨低些，两端磨成斜坡，以便于焊接时接头。如果在定位焊缝上发现有裂纹、气孔等缺陷，应将这段定位焊缝打磨掉进行重焊，不允许用重熔的方法进行修补。

（3）焊接

①打底焊

打底焊缝应一气呵成，不允许中途停止。打底焊缝应有一定厚度：对于壁厚不大于10 mm的管子，其厚度不得小于2~3 mm；对于壁厚大于10 mm的管子，其厚度不得小于4~5 mm。打底焊缝经自检合格后才能填充焊接。

②焊枪角度及送丝位置

焊接时，要保证焊枪的角度及送丝位置，力求送丝均匀，保证焊缝成形。为了获得比较宽的焊道，保证坡口两侧的熔合质量，焊枪也可做横向摆动，但摆动频率不能太高，幅度不能太大，以不破坏熔池的保护效果为原则，由操作者灵活掌握。打底层焊完后，进行第二层焊接时,应注意不得将打底焊道烧穿,防止焊道下凹或背面剧烈氧化。

③焊接接头质量控制

无论是打底层焊接,还是填充层焊接,控制焊接接头的质量是很重要的。接头是两段焊缝交接的地方,由于温度的差别和填充金属量的变化,接头处易出现超高、缺肉、未焊透、夹渣或夹杂、气孔等缺陷。所以,焊接时应尽量避免停弧,减少接头次数。但是,在实际操作时,由于需要更换焊丝、更换钨极以及焊接位置变化,或要求对称分段焊接等必须停弧,所以接头是不可避免的。因此应尽可能地设法控制接头的质量,主要方法如下。

a. 接头处要有斜坡,不能有死角。

b. 重新引弧的位置在原弧坑后面,使焊缝重叠 20~30 mm,重叠处一般不加或只加少量焊丝。

c. 熔池要贯穿到接头的根部,以确保接头处熔透。

(4)填丝

①填丝的基本操作技术

a. 连续填丝

这种填丝操作技术较好,对保护层的扰动小,但比较难掌握。连续填丝时,要求焊丝比较平直,用左手拇指、食指、中指配合动作送丝,无名指和小指夹住焊丝控制方向,如图5-2-5所示。连续填丝时手臂动作不大,待焊丝快用完时才前移。当填丝量较大,采用较大的焊接工艺参数时,多采用此法。

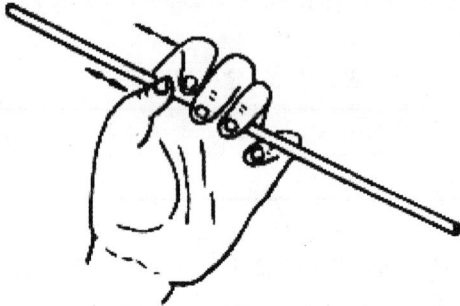

图5-2-5 连续填丝操作技术

b. 断续送丝

断续送丝以左手拇指、食指、中指捏紧焊丝,焊丝末端应始终处于氩气保护区内。填丝动作要轻,不得扰动氩气层,以防止空气侵入。更不能像气焊那样在熔池中搅拌,而是靠手臂和手腕的上、下反复动作,将焊丝端部的熔滴送入熔池,全位置焊时多采用此法。

c. 焊丝贴紧坡口或钝边一起熔入

即将焊丝弯成弧形,紧贴在坡口间隙处,焊接电弧熔化坡口钝边的同时也熔化了焊丝。由于坡口间隙应小于焊丝直径,此法可避免焊丝遮住操作者视线,适用于困难位置的焊接。

②填丝注意事项

a. 必须等坡口两侧熔化后才填丝,以免造成熔合不良。

b. 填丝时,焊丝应与焊件表面成 15°夹角,快速地从熔池前沿点进,随后撤回,如此反复动作。

c. 填丝要均匀,快慢要适当,过快焊缝余高大,过慢则产生焊缝下凹和咬边缺陷。焊丝端头应始终处于在氩气保护区内。

d. 坡口间隙大于焊丝直径时,焊丝应跟随电弧做同步横向摆动。无论采用哪种填丝动作,送丝速度均应与焊接速度相匹配。

e. 填充焊丝时,不应把焊丝直接放在电弧下面,把焊丝抬得过高也是不适宜的,不应让熔滴向熔池"滴渡"。填丝位置示意图如图 5-2-6 所示。

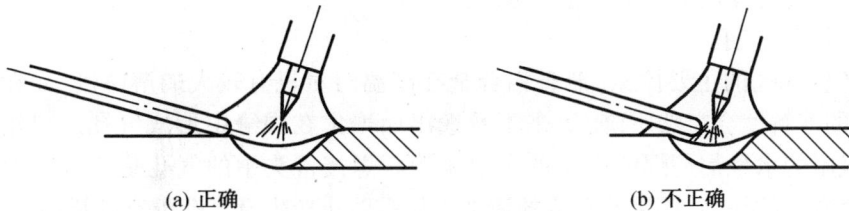

(a) 正确   (b) 不正确

图 5-2-6 填丝位置示意图

f. 操作过程中,如不慎使钨极与焊丝相碰,发生瞬时短路,将产生很大的飞溅和烟雾,会造成焊缝污染和夹钨。这时,应立即停止焊接,用砂轮磨掉被污染处,直到磨出金属光泽。被污染的钨极,应在别处重新引弧熔化掉污染端部,或重新磨尖,然后方可继续焊接。

g. 撤回焊丝时,切记不要让焊丝端头撤出氩气保护区,以免焊丝端头被氧化,在下次点进时送入熔池,造成氧化物夹渣或产生气孔。

(5)收弧

收弧不当会影响焊缝质量,使弧坑过深或产生弧坑裂纹,甚至造成返修。一般氩弧焊设备都配有电流自动衰减装置,若无电流衰减装置,多通过改变操作方法来收弧,其基本要点是逐渐减少热量输入,如改变焊枪角度、拉长电弧、加大焊接速度。对于管子封闭焊缝,最后的收弧一般多采用稍拉长电弧,重叠焊缝 20~40 mm,在重叠部分不加或少加焊丝。停弧后,氩气开关应延时 10 s 左右关闭(一般设备上都有提前送气、滞后关气的装置),防止金属在高温下继续氧化。

5.2.3 铝合金的手工钨极氩弧焊

1. 铝合金的焊接特点

铝合金在各种类型的舰船和民用液货船(如液化天然气船等)中得到了较广泛的应用,这主要是由于铝合金具有比强度高、无磁性、无低温脆性转变倾向以及易维护等特点。

铝合金具有独特的物理化学性能,焊接时会发生一系列的冶金问题,会产生一系列的困难和特点,具体表现为以下几点。

(1)氧化能力强

铝元素对氧的亲和力很大,常温下其表面易被氧化生成一薄层的氧化铝(Al_2O_3),在电弧高温下氧化更为剧烈。氧化铝在熔池中会妨碍焊接过程的正常进行,会阻碍金属之间的良好结合,造成焊缝中的夹渣。氧化铝还会吸附水分,促使焊缝生成气孔,破坏了焊缝的均匀性,降低了接头的力学性能。

(2)导热系数和比热容较大

铝合金的导热系数和比热容约比钢大一倍多,在焊接过程中大量的热量能被迅速传导到基本金属各部位,因此焊接时比钢要消耗更多的热量。为获得高质量的焊接接头,必须采用能量集中、功率大的热源,必要时需采用预热等工艺措施。

(3)焊接变形和热裂纹倾向大

铝合金的线膨胀系数约为钢的两倍,而它的弹性模量却只有钢的三分之一,铝合金凝固时的收缩率又比钢大两倍,所以焊接时易产生大的应力和变形。当铝合金中存在低熔杂质时,就容易产生热裂纹,这是铝合金焊接时最常见的严重缺陷之一。生产中常采用调整焊丝成分和合理的焊接工艺来防止热裂纹的产生。

(4)容易形成气孔

氢是产生气孔的主要因素,液态铝合金在高温时对氢有较大的溶解度,而在熔液凝固时,其对氢的溶解度会突然下降,氢来不及逸出而聚集在焊缝中形成气孔。焊丝和母材表面氧化膜吸附的水分都是焊缝中氢的主要来源。焊接接头中的气孔是铝合金焊接时易产生的另一个常见的缺陷,焊接前严格的清洁工作是防止产生氢气孔的有效措施。

(5)焊接接头强度低

焊接铝及铝合金时,热影响区被加热而发生软化,于是焊接接头的强度无法达到母材的强度。铝合金中含有低沸点的合金元素如镁、锌、锰等,在高温下极易蒸发、烧损,改变了焊缝金属合金元素的含量,降低了焊接接头的性能。焊接可热处理强化的铝合金时,这种铝合金经热处理后抗拉强度显著提高,但往往使焊接性变差,特别在熔化焊时产生热裂纹的倾向性较大,焊接接头的力学性能下降较严重。

(6)容易烧穿

铝合金从固态变成液态时,没有明显的颜色变化,操作者不易判断熔池的温度变化,极易因熔池过热而使液态铝下垂形成烧穿。

2. 铝合金钨极氩弧焊焊接材料的选用

(1)焊丝

在铝合金的焊接中,焊缝金属的组织成分决定着焊缝的强度、塑性、抗裂性、耐腐蚀性等,因此合理地选择焊丝及填充材料是十分重要的。一般按铝及铝合金母材成分选用焊丝,见表5-2-4。铝镁合金一般选用同质焊丝,但考虑到抗裂性能,焊接含3%镁的铝合金时,常选用含镁量稍高的焊丝。若考虑到海水腐蚀性能,一般含镁量稍高的合金(如2101合金)在确保强度前提下应选用镁含量稍低于母材的焊丝。

表5-2-4　按铝及铝合金母材成分选用焊丝

母材金属	焊丝型号	焊丝牌号
纯铝	SAL-1,SAL-2,SAL-3	丝311,丝301,SAL-2(丝301)
铝镁合金	SALMg-5	丝331
铝硅合金	SALSi-1,SALSi-2	丝311
铝锰合金	SALMn	丝321

(2)保护气体

焊接时用的惰性气体有氩气(Ar)和氦气(He)。适合用于铝合金钨极氩弧焊的焊接保护气体常为纯度大于99.8%的氩气。

（3）钨极

氩弧焊用的钨极材料有纯钨、钍钨、铈钨和锆钨等四种。在纯钨极配料中加入 1.8%～2.2%的氧化铈（杂质≤0.1%）的钨极称为铈钨极，铈钨极的电子逸出功低，化学稳定性高，允许电流密度大，并消除了放射性，是铝合金氩弧焊普遍采用的电极。

3.焊接技术

（1）焊前准备

①焊件的清洁

铝及铝合金表面一般都覆盖着油污和氧化铝薄膜，它们阻碍着焊缝金属的熔合，而导致焊缝产生气孔、夹杂以及未焊透等缺陷，影响接头的性能，同时还不利于焊缝的成形，因此焊接之前必须严格清除焊接区（焊缝边缘的两边 30～50 mm 范围内）和焊丝表面的油污及氧化膜等杂质。清理方法有化学清洗和机械清理两种。

a.化学清洗

化学清洗效率高，质量稳定，适合用于清理焊丝及尺寸不大、成批生成的工件。化学清洗分为擦洗法和浸洗法两种，擦洗法是用有机溶剂如汽油、丙酮、四氯化碳等擦净铝材表面；浸洗法是用配制的各种酸碱熔剂浸泡焊件或焊丝，再用热水或流动的清水进行处理。铝合金的化学清洗法见表 5-2-5。

表 5-2-5　铝合金的化学清洗法

| 工序 | 除油 | 碱洗 | | | 冲洗 | 中和光化 | | | 冲洗 | 干燥 |
		溶液	温度/℃	时间/min		溶液	时间/min	温度		
纯铝	汽油、煤油、丙酮等除油剂	6%～10% NaOH	40～60	≤20	流动清水	30% HNO$_3$	1～3	室温或 40～60 ℃	流动清水	风干或低温干燥
铝镁、铝锰合金		6%～10% NaOH	40～60	≤7	流动清水	30% HNO$_3$	1～3	室温或 40～60 ℃	流动清水	风干或低温干燥

b.机械清理

在去除油污后，用细钢丝刷（不锈钢或铜丝刷）刷净焊接区域表面的氧化膜，对小尺寸焊件以及化学清洗后又局部氧化的焊件也可用刮刀清理，直到露出金属光泽为止。因砂粒留在金属表面，焊接时会出现夹渣等缺陷，一般不宜用砂轮或喷砂等方法进行清理。

清洗后焊件及焊丝应保持清洁和干燥。在存放过程中，特别在潮湿的环境中会很快生成新的氧化膜，因此清洗后的焊件和焊丝存放时间不得超过 24 h，潮湿环境及蒸汽、酸、碱等污染环境下不得超过 4 h，否则要重新清洗。

②垫板

铝合金在高温时强度很低，液态流动性能好，在焊接时金属往往容易下塌，为了保证焊透又不致塌陷，焊接时常用垫板来托住熔化金属及附近金属，垫板材料可采用石墨、不锈钢或碳钢等。垫板表面开一个圆弧形槽，以保证焊缝反面成形，也可以不加垫板单面焊双面成形，但要求操作熟练，或对电弧施焊能量严格自动反馈控制等先进工艺。

③焊前预热

板厚小于 8 mm 的小铝件一般不用预热，厚度超过 8 mm 的厚大铝件，为了使接头附近达到所需要的焊接温度，以减少变形、减少气孔等缺陷，焊前应进行预热。如用氧-乙炔焰或电炉或喷灯等加热。预热温度视合金类型及板厚而定，通常为 100～250 ℃。

（2）焊后清理

焊后留在焊缝及其附近的残存焊渣，需要及时清理干净，否则在空气、水分的作用下残存的焊渣会破坏具有防锈作用的氧化铝薄膜，而激烈地腐蚀铝件。因此，焊后应立即清除工件上残存的焊渣。

较常用的清渣方法和步骤如下。

①在热水中用硬毛刷仔细洗刷焊接接头。

②在温度为 60～80 ℃，浓度为 2%～3% 的铬酐水溶液或重铬酸钾溶液中浸洗 5～10 min，并用硬毛刷仔细洗刷。

③在热水中冲刷洗涤。

④在干燥箱中烘干或用热空气吹干，也可以自然干燥。

有些形状简单、要求一般的产品，也可以采用热水冲刷或蒸汽吹刷等较为简单的方法清理。

（3）操作技术

铝合金手工钨极氩弧焊一般采用交流电源。交流氩弧焊机都装有高频引弧装置，所以都是不接触引弧。为了防止起弧及收弧处产生裂纹等缺陷，有时需加引弧板和熄弧板。调整焊接工艺参数，当电弧稳定燃烧，钨极端部被加热到一定温度后，才能将电弧移入焊接区。焊枪、焊丝和工件的相互位置见图 5-2-7。在平对接焊时，焊枪的左右位置是和板成 90°，焊丝和接缝线夹角为 10°左右，不宜大于 15°，若倾角太大，焊丝容易扰乱电弧及影响气流的稳定性。焊丝对准熔池的前端，有节奏地适量熔入，保持焊缝波形的均匀性。

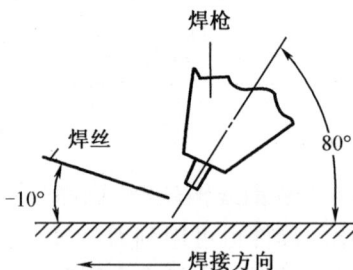

图 5-2-7　焊枪、焊丝和工件的相互位置

铝及铝合金钨极氩弧焊通常采用大电流快焊接速度焊接，因为小电流慢焊接速度时，熔池冷凝时间长，即吸收有害气体的时间长，产生气孔的机会就多。

5.2.4　铜合金的手工钨极氩弧焊

1. 铜及铜合金焊接时的主要问题

铜及铜合金有独特的物理性能，因此它的焊接性能有别于钢和铝。铜及铜合金焊接时的主要问题如下。

（1）焊缝成形能力差

铜及铜合金电弧焊时，因其导热性强，加在铜母材坡口上的热量迅速传导出去，使坡口处难以熔化，而液态金属流动性大，致使熔敷金属与基本金属也难以熔合，造成坡口焊不透和焊缝表面成形差。

因此，铜及铜合金电弧焊时，须采用热量集中的强热源，对于厚大焊件进行预热处理。当铜中加入镍和铁成为白铜后，导热系数急剧下降，接近碳钢，焊前便不需要预热。

（2）焊缝和热影响区热裂纹倾向大

铜及铜合金焊接形成热裂纹的原因主要有以下几个方面。

①铜及铜合金的线膨胀系数几乎比低碳钢大50%以上，由液态转变成固态时的收缩率也较大，对于刚性大的焊件，焊接时会产生较大的内应力。

②铜在高温下易氧化，形成的氧化亚铜与铜形成低熔点共晶体分布在晶界上，它溶于液态铜而不溶于固态铜，容易产生热裂纹。

③凝固金属中的过饱和氢向金属的显微缺陷中扩散，或者它们与偏析物（如 Cu_2O）反应生成的 H_2O 在金属中造成很大的压力。

④焊件中的铋、铝等低熔点杂质在晶界上形成偏析。

防止焊缝及热影响区裂纹产生的措施：严格限制铜中杂质（氧、铋、铅、硫等）的含量；采用脱氧能力强的焊丝；选用能获得双相组织的焊材，以打乱柱状晶的方向；采取预热缓冷等措施来减少焊接内应力。

（3）气孔倾向严重

铜及铜合金产生气孔的倾向远比铝严重。铜及铜合金在熔化状态时能溶解大量的氢，而在冷凝过程中，其对氢的溶解度大大降低，而铜的导热性好，焊接熔池凝固速度快，过剩氢来不及逸出，在焊缝和熔合区产生大量的氢气孔。

防止气孔产生的措施：减少氢和氧的来源；焊前预热，以延长熔池存在时间，使气体有足够的时间逸出；采用含铝、钛等强脱氧剂的焊丝。

（4）焊接接头性能低

焊接铜及铜合金时，由于存在合金元素的氧化及蒸发，有害杂质的侵入，焊缝和热影响区组织的粗大，再加上一些焊接缺陷等问题，接头的强度、塑性、导电性、耐腐蚀性等往往低于母材。

改善接头性能的主要措施：控制铜中杂质的含量、减少合金元素的烧损；通过合金化对焊缝进行变质处理，减少热的作用，焊后做消除应力处理，以减小接头性能下降的程度。

2.紫铜、黄铜、青铜的手工钨极氩弧焊

（1）紫铜的手工钨极氩弧焊

焊丝一般采用丝201和丝202紫铜焊丝。为了确保焊缝质量，提高焊接接头的力学性能，避免产生气孔和夹渣缺陷，焊接时可使用铜焊粉（粉301），它可以改善熔池的流动性和脱氧能力。

紫铜钨极氩弧焊通常不留间隙，板厚3 mm以上开V形坡口，坡口角度为60°～90°。焊前可用机械清理或化学清洗法仔细清除焊丝、坡口及坡口边缘的油污、氧化膜及水分。

焊件厚度为4 mm以下可不预热，焊件厚度为4～12 mm时，预热温度为200～450 ℃。

紫铜的手工钨极氩弧焊操作要领：采用直流电源正接，铜母材接正极，可以从电弧中取得较多的热量，以利焊透。紫铜的导热性大，应采用大的焊接电流，同时焊枪以较快焊接速度焊接。

（2）黄铜的手工钨极氩弧焊

钨极氩弧焊焊黄铜用的焊丝选用 HSCuZn-3（HS221）、HSCuZn-2（HS222）、HSCuZn-4（HS224）。焊丝中的合金成分较高，可以弥补焊接时合金元素的烧损。

焊件通常不预热，只有当焊件厚度大于 12 mm 和焊接边缘厚度相差比较大的铸件时，需采取预热措施，预热温度一般为 150~250 ℃。

黄铜的导热性和熔点比紫铜低，焊接时容易蒸发锌元素，焊接黄铜时可用直流正接，也可用交流，用交流可使锌的蒸发减少。

钨极氩弧焊焊接黄铜的焊接规范与焊接紫铜的焊接规范基本相同。宜选用大的焊接电流（比铜的焊接电流略小）和高的焊接速度，以减少液态金属在高温下的停留时间，减少热影响区范围，否则合金元素严重烧损，导致产生气孔和裂纹缺陷。ZHMn55-3-l 铸造黄铜氩弧焊规范见表5-2-6。

表5-2-6　ZHMn55-3-1 铸造黄铜氩弧焊规范

板厚/mm	电流种类	钨极直径/mm	焊丝直径/mm	焊接电流/A	喷口直径/mm	氩气流量/(L·min⁻¹)
16~20	交流	5	3.5~4.0	260~300	14~16	20~25

喷嘴直径和氩气流量可适当放大，加强对熔池的保护作用。多层焊时，必须仔细清除层间的氧化锌等杂物，以防止焊缝产生夹杂缺陷。黄铜焊件焊接后，应加热到 300~400 ℃进行局部或整体退火，消除焊接应力。

此外，由于黄铜焊接时锌的蒸发使工作场地的空气严重污染，必须采取强有力的排风措施，以保障工人的身体健康。

（3）青铜的手工钨极氩弧焊

青铜的导热性比纯铜弱，合金元素的蒸发烧损比黄铜弱，所以青铜的焊接性比紫铜和黄铜好。不同成分的青铜，焊接性也有所不同。

①锡青铜的手工钨极氩弧焊

锡青铜的氩弧焊工艺与铜的氩弧焊工艺基本相同。对于不含锌的锡青铜，可选用与基本金属成分相同的焊丝，或含锡比母材高 1%~2% 的青铜焊丝，以补偿焊接过程中锡的蒸发和烧损。对于含锌的锡青铜可选用黄铜焊丝，以防止锌烧损后形成气孔。焊接电流可采用直流正接，可使钨极损耗小，焊件熔深大。

锡青铜焊接多用于修补缺陷，若缺陷所在位置刚性不大，焊件可以不预热。焊补时，尽可能减少焊接部位过热。多层多道焊时，待上道焊缝冷却至 60~100 ℃时，再焊第二道焊缝。在焊补缺陷较多或面积较大的情况下，应分散进行焊接。

锡青铜的导热性比黄铜稍强，焊接电流宜比黄铜大些。

②铝青铜的手工钨极氩弧焊

铝青铜的手工钨极氩弧焊一般采用与基本金属成分相同的材料做焊丝。用交流电源焊接，利用阴极破碎作用来清除熔池表面的氧化铝。对于板厚大于 12 mm 的焊件，焊前预热至 150~200 ℃。选用的焊接电流比紫铜小 25%~30%。铝青铜手工钨极氩弧焊的焊接工艺参数见表 5-2-7。

表 5-2-7 铝青铜手工钨极氩弧焊的焊接工艺参数

板厚 /mm	钨极直径 /mm	焊丝直径 /mm	喷嘴孔径 /mm	氩气流量 /(L·min⁻¹)	焊接电流 /A	备注
1.5	4	2	10~12	8~10	100~130	
3	4	3	10~12	12~16	180~220	
6	4	3	12~18	20~24	280~320	预热温度
9	4	4~5	12~18	22~28	320~420	150 ℃

5.2.5 不锈钢及其焊接工艺

不锈钢按金相组织不同可分为马氏体不锈钢、铁素体不锈钢、奥氏体不锈钢及双相不锈钢。船用不锈钢多为奥氏体不锈钢,具有良好的耐腐蚀性。船舶管系中有不少的奥氏体不锈钢管子需要焊接。

应用最广泛的奥氏体不锈钢是 18-8 型,其铬含量为 18%,镍含量为 8% 左右,此类不锈钢的牌号有 0Cr18Ni9、1Cr18Ni9、2Cr18Ni9、1Cr18Ni9Ti、1Cr18Ni11Nb 等。近来正在推广应用双相不锈钢,其牌号为 HDR(50%奥氏体+50%铁素体)。总的来说,这类钢的焊接性是好的。但如果焊丝选用不当或焊接工艺不正确,也会产生晶间腐蚀和热裂纹两大问题。

1. 晶间腐蚀

奥氏体不锈钢中除主要合金元素铬和镍外,还有碳、锰、硅、硫、磷等元素,当不锈钢加热到 450~850 ℃ 时,碳和铬在晶粒之间会生成碳化铬,碳化铬不是铬,这就使得晶粒之间的铬含量小于 12%,形成了贫铬区,失去了抗腐蚀能力,在腐蚀介质作用下,沿着晶粒边缘不断腐蚀,破坏了晶粒间的相互结合,导致了沿晶界开裂,这就是晶间腐蚀。

焊接加热和冷却过程中,总是要通过 450~850 ℃ 的温度区,设法缩短这段温度区存在的时间,使碳化铬来不及生成,就可以防止产生晶间腐蚀。焊前不预热,用小的焊接热输入焊接,焊后使焊缝快速冷却,都对减少晶间腐蚀有利。

2. 热裂纹

奥氏体不锈钢含有较多的镍,同时钢中还存在 S、P 等杂质元素,S 和 Ni 会生成 Ni_3S_2 低熔杂质,它的熔点仅 625 ℃。这些低熔杂质存在于熔池中,当不锈钢从液态转为固态(即结晶)的时间较长时,有足够的时间把处在液态的低熔杂质推置到焊缝中央聚集,形成一个液态薄膜层,液态是没有强度的,在焊缝受到略大的焊接应力作用时,液态薄膜层就被拉成裂纹。

任务实施

现有材质为 1Cr18Ni9Ti 的不锈钢管两节,尺寸为 φ60 mm×3 mm×100 mm,进行钨极氩弧焊水平固定单面焊双面成形焊接。钝边、间隙、焊件离地面高度等自定,对不锈钢管进行水平位固定对接(图 5-2-8)。

氩弧焊水平固定
不锈钢管对接焊
焊前准备

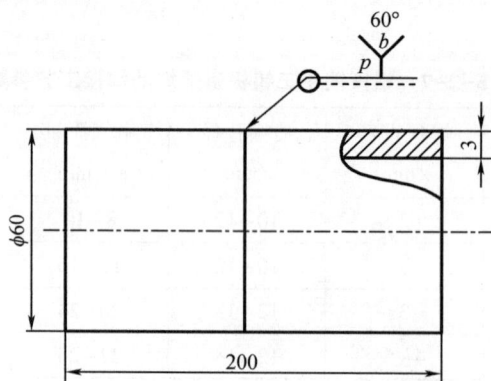

图 5-2-8 不锈钢管水平位固定对接

1. 焊前准备

(1)焊接材料

选用 H0Cr19Ni9Ti 焊丝,直径为 2.0 mm。

(2)焊接设备

采用 NSA4-300 型手工钨极氩弧焊机,直流正极性。

(3)焊接气体

氩气纯度≥99.5%。

(4)钨极

选用直径为 2.0 mm 的铈钨极。

(5)焊前清理

为了保证焊接质量,焊接前将坡口及其两侧 20~30 mm 范围内的焊件表面清理干净,如有油污物,可用丙酮或酒精等有机溶剂进行清洗。

(6)坡口加工

可采用机械加工或等离子切割的方式进行坡口的加工,每个工件坡口的角度为 30°。

2. 焊接工艺参数

焊接工艺参数见表 5-2-8。

表 5-2-8 焊接工艺参数

焊接层	焊接电流 /A	喷嘴直径 /mm	钨极直径 /mm	钨极伸出长度 /mm	焊丝直径 /mm	电弧电压 /V	保护气体流量 /(L·min^{-1})
打底层	60~70	8	2	5~6	2.0	10~12	8~12
盖面层 (两道)	50~70						

3. 操作步骤与要领

(1)装配与点固

①将清理好的焊件固定在如图 5-2-9 所示的胎具上进行装配、点焊,V 形槽装配胎具

可以保证两管同心。装配的间隙为 2.5~3.0 mm,钝边为 0.5~1 mm,错边量≤0.5 mm。

②定位焊。定位焊采取一点定位,焊点长度为 10~15 mm,并保证该处间隙为 3.0 mm,与它相隔 180°处间隙为 2.5 mm。

（2）焊接

本焊件采用两层两道焊,每层焊缝分成两半圆进行焊接,可先焊接右半圆,再焊接左半圆。

①打底焊

将管子固定在水平位置,定位焊缝放在时

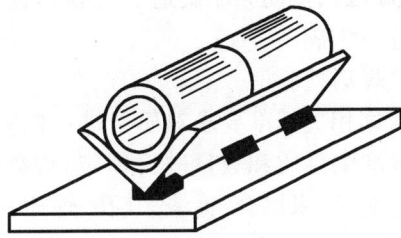

图 5-2-9 管子对接装配胎具

钟 12 点钟位置处,间隙较小的一端放在时钟 6 点钟位置处。施焊时,在仰焊部位时钟 6 点钟位置处往左 5~10 mm 处引弧,按逆时针方向焊接管子的前半部分,焊接至平焊位置并越过管子中心线 5~10 mm 处收尾,然后再按顺时针方向焊接另外半部,如图 5-2-10 所示。在焊接过程中,焊枪和焊丝位置随焊接位置的变化而变化,如图 5-2-11 所示。打底层焊道厚度一般以 2 mm 为宜。

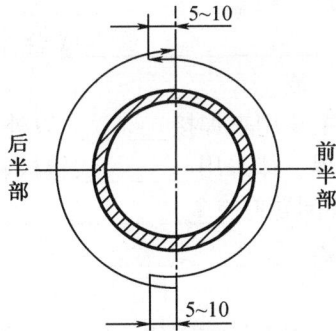

图 5-2-10 水平固定管起弧和收弧的操作位置

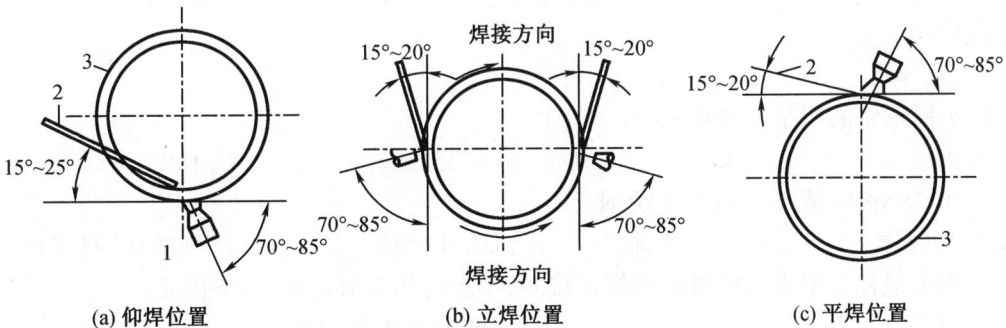

(a) 仰焊位置　　　　(b) 立焊位置　　　　(c) 平焊位置

1—焊枪;2—焊丝;3—水平固定管。

图 5-2-11 焊枪、焊丝位置随焊接位置变化而变化

②盖面焊

盖面焊焊枪角度与打底焊时相同,填丝均为外填丝法。在打底层上时钟 6 点钟位置处引弧,焊枪做月牙形摆动,在坡口边缘及打底层焊道表面熔化并形成熔池后,开始填丝焊接。焊丝与焊枪同步摆动,在坡口两侧稍加停顿,各加一滴熔滴,并使其与母材良好熔合,

如此摆动—填丝进行焊接。在仰焊部位,填丝量应适当少些,以防熔敷金属下坠。在立焊部位,焊枪的摆动频率要适当加快以防熔滴下淌;在平焊部位,每次填充的焊丝要多些,以防焊缝不饱满。

4.焊后检验

依据相关标准要求对质量进行检验:用目视或不大于5倍的低倍放大镜对焊缝正面和背面的缺陷性质和数量进行评定,焊缝表面应保持原始状态,不得有任何加工修磨、补焊,不应有裂纹、未熔合、夹渣、气孔、焊瘤和未焊透等缺陷。

思考与练习

一、填空题

1.铝合金分为_____、_____。

2.钨极氩弧焊的工艺参数主要有电流的种类及极性、_____、_____、_____、钨极直径和形状、保护气体流量与喷嘴直径等。

3.铝合金的焊接性主要问题是_____、_____、_____、_____、_____等。

4.目前焊接铝合金的主要方法有:_____、_____、_____。

5.气焊灰铸铁,焊丝常用_____、_____或合金铸铁焊_____。焊剂采用_____。焊补时,采用_____或_____。

6.HS311是一种通用焊丝,主要用来焊接_____以外的其他各种铝合金。

7.铝合金焊接,熔化极氩弧焊一律采用_____,钨极氩弧焊一般采用_____。

8.铜及铜合金的焊接性主要问题有:_____、_____、_____、_____。

9.纯铜气焊时,可选用纯铜丝_____、_____或_____作为填充焊丝,熔剂选用_____,火焰采用_____。

10.黄铜气焊时填充金属可选用1号黄铜丝_____、2号黄铜丝_____或4号黄铜丝_____。

11.钨极氩弧焊焊纯铜时,采用纯铜焊丝_____;焊黄铜时,常用黄铜_____焊丝或青铜焊丝_____。

二、选择题

1.不锈钢铬的质量分数均大于(　　　)。

A.9%　　　　　　　　B.12%　　　　　　　　C.15%　　　　　　　　D.18%

2.1Cr18Ni9Ti是(　　　)型不锈钢。

A.马氏体　　　　　　B.铁素体　　　　　　C.奥氏体　　　　　　D.奥氏体-铁素体

3.铝及铝合金用直流钨极氩弧焊焊接时,不应使用直流正接,其原因是(　　　)。

A.气体保护差　　　　　　　　　　B.避免钨极损耗过大

C.飞溅大　　　　　　　　　　　　D.焊件表面没有阴极破碎作用

4.纯铜焊缝对氢气孔的敏感性与低碳钢焊缝相比(　　　)。

A.高得多　　　　B.低得多　　　　C.稍低　　　　D.相等

5.焊接黄铜时,为了防止锌蒸发,可使用含(　　　)的填充金属。

A.Ti　　　　　　　　B.Al　　　　　　　　C.Si　　　　　　　　D.Ca

6.下列牌号中(　　　)是纯铝。

A.L1　　　　　　　　B.LF6　　　　　　　　C.LD2　　　　　　　　D.LY3

7. 下列牌号中(　　)是铝镁合金。

　　A. L1　　　　　　　B. LF6　　　　　　　C. LD2　　　　　　　D. LY3

8. 铝及铝合金焊接时生成的气孔主要是(　　)气孔。

　　A. CO　　　　　　　B. CO_2　　　　　　　C. H_2　　　　　　　D. N_2

9. 铝及铝合金焊前必须仔细清理焊件表面的原因是为了防止(　　)。

　　A. 热裂纹　　　　　B. 冷裂纹　　　　　　C. 气孔　　　　　　D. 烧穿

10. 焊接铝及铝合金时,在焊件坡口下面放置垫板的目的是防止(　　)。

　　A. 热裂纹　　　　　B. 冷裂纹　　　　　　C. 气孔　　　　　　D. 塌陷

11. 铝合金焊接时焊缝容易产生(　　)。

　　A. 热裂纹　　　　　B. 冷裂纹　　　　　　C. 再热裂纹　　　　　D. 层状撕裂

三、是非题

1. 钨极氩弧焊时应尽量减少高频振荡器工作时间,引燃电弧后立即切断高频电源。
　　　　　　　　　　　　　　　　　　　　　　　　　　　　　　　　　(　　)

2. 纯铝及非热处理强化铝合金焊接时,很少产生热裂纹,只有热处理强化铝合金焊接时,热裂纹倾向才比较大。　　　　　　　　　　　　　　　　　　　　　(　　)

3. 铝合金钨极氩弧焊时,采用大的焊接电流配合较高的焊接速度对减小气孔比较有利。
　　　　　　　　　　　　　　　　　　　　　　　　　　　　　　　　　(　　)

4. 硬铝 2A11(LY11)气体保护焊时,选用焊丝为 HS311。　　　　　　　　(　　)

5. 焊接纯铜时,厚度大于 3 mm 的焊件焊前必须预热,预热温度为 400~500 ℃,电源采用直流正接。　　　　　　　　　　　　　　　　　　　　　　　　　　　(　　)

6. 黄铜用手工钨极氩弧焊时,电源采用直流正接,也可采用交流电源。直流正接电源焊接时,锌的蒸发量较小。　　　　　　　　　　　　　　　　　　　　　(　　)

7. 铜与铜合金焊接时产生的气孔主要是氢气孔和氮气孔。　　　　　　　(　　)

8. 铜与铜合金焊接产生气孔的倾向较碳钢小些。　　　　　　　　　　　(　　)

9. 铜与铜合金在常温时不易氧化,故焊接时不存在铜的氧化问题。　　　(　　)

10. 铝及铝合金由于导热性强,熔池冷凝快,所以焊接时产生气孔的倾向较大。(　　)

11. 铝及铝合金用等离子切割下料后,即可进行焊接。　　　　　　　　　(　　)

12. 铝和铝合金采用机械清理时,一般都用砂轮打磨,直至露出金属光泽。(　　)

13. 铝及铝合金的熔点低,焊前一律不能预热。　　　　　　　　　　　　(　　)

14. 铜及铜合金采用开坡口的单面焊时,必须在背面加垫板才能获得所要求的焊缝形状。　　　　　　　　　　　　　　　　　　　　　　　　　　　　　　　(　　)

四、问答题

1. 铝及铝合金焊接时应注意哪些问题?

2. 铜及铜合金焊接时应注意哪些问题?

3. 什么是阴极清理作用?

4. 钨极氩弧焊焊纯铝、铝镁合金、铝锰合金时,各应选用什么牌号焊丝?

模块六　船舶结构焊接

项目 6.1　船舶主要部件及舾装件焊接

学习目标

1. 掌握焊接变形与焊接应力产生的原因和影响因素；
2. 熟练掌握控制焊接变形与焊接应力的方法；
3. 掌握 CO_2 气体保护焊制定焊接程序的基本原则；
4. 熟悉船体典型分段的焊接程序；
5. 熟悉预制底部的埋弧焊工艺。

项目任务

本项目的任务是 T 形接头焊件的定位焊施工。学生应在理解 CO_2 气体保护焊基本原理及电弧理论的基础上，掌握引弧、运条、焊道连接、收尾等操作技能，领会 CO_2 气体保护焊安全防护及环境要求，分析焊接技术要求，贯彻 CO_2 气体保护焊的相关焊接标准。如图 6-1-1 所示为 CO_2 气体保护焊 T 形接头焊。

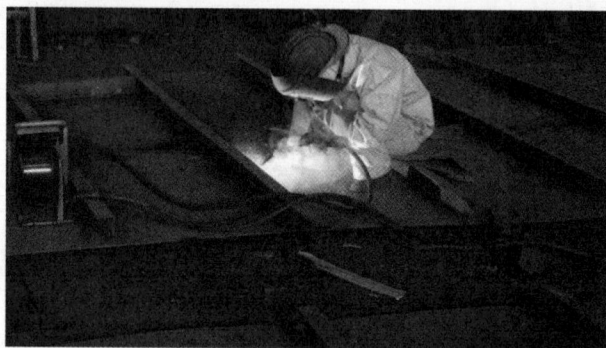

图 6-1-1　CO_2 气体保护焊 T 形接头焊

知识能力

6.1.1　焊接变形与焊接应力

1. 焊接变形与焊接应力的概念

物体在外力或温度等因素的作用下，会发生形状和尺寸的变化，这称为变形。当用很大的力去拉较细钢丝绕成的弹簧时，弹簧被拉得很长，当外力消除后，弹簧回缩，但比原来要长些,缩回去的一部分变形就是弹性变形,保留下来的变形称为塑性变形。金属结构件经过焊接后出现局部或整体尺寸和形状的改变,这种变化叫作焊接变形。它造成下一道工序施工困难,为矫正焊接变形往往要消耗很多人力和物力。严重的焊接变形会影响结构承受外力的能力和使用性能,甚至导致其因变形严重无法矫正而报废。因此,焊接过程中必须了解焊接应力和焊接变形的规律,掌握减小焊接应力和控制焊接变形的措施,以保证结构的焊接质量。

物体受到外力作用时,其单位截面积上所受的力称为应力。物体变形的大小取决于外力和物体截面积的大小。当没有外力存在时,物体内部出现的应力称为内应力。内应力在物体内部是相互平衡的,如物体内有拉伸内应力,就必然有压缩内应力,这是内应力的显著特点。物体不但因受外力产生变形,物体温度变化,由于热胀冷缩,物体也要发生变形。在焊接过程中,焊件内部由于不均匀加热和冷却引起不均匀性变形而产生的应力,称为焊接应力,也称焊接残余应力,过大的焊接应力能引起焊件或焊缝产生裂纹,降低结构承载能力,并使结构在腐蚀介质中产生应力腐蚀。生活中,把一个塑料瓶局部烘烤加热一下,冷却后就立即可以看到塑料瓶发生严重的变形,这就是内应力引起的变形。

2. 焊接变形与焊接应力产生的原因

焊接是一个不均匀的加热过程,在焊接过程中,焊缝及其附近的温度很高,离开焊缝处温度急剧下降,远离焊缝处未受热还是室温。这样,不受热的冷金属便阻碍焊缝及其附近金属的膨胀和收缩,冷却后就产生了不同程度的收缩和内应力,造成了焊接结构的各种变形。

工件受热不均匀、焊缝金属的收缩、金相组织的变化及工件刚性与拘束度等因素都影响焊接应力与焊接变形。低碳钢平板对接焊时焊接应力和焊接变形的形成如图 6-1-2 所示。

图 6-1-2(a)中,虚线表示金属自由膨胀的伸长量,也表示接头横截面的温度分布。实际上,接头是个整体,无法进行自由膨胀,平板只能在宽度方向上整体伸长 Δl,这样就造成了焊缝及邻近区域的伸长。远离焊缝区域产生拉应力,而邻近区域受到远离焊缝区域的限制产生压应力。当焊缝及邻近区域的压应力超过材料的屈服点时,会产生压缩的塑性变形,塑性变形量为图 6-1-2(a)中虚线包围的空白部分。焊后冷却时,金属自由收缩,焊缝及邻近区域高温时已产生的压缩塑性变形会保留下来,不能再恢复,所以会缩至图 6-1-2(b)中的虚线位置,两侧则恢复到焊接前的原长。这种自由收缩同样无法实现,由于整体作用,平板的端面将共同缩短至比原始长度短 $\Delta l'$ 的位置,这样焊缝及邻近区域受拉应力作用,而其两侧受到压应力作用。图 6-1-2(a)中,焊接加热时,焊缝及邻近区域受压应力(因膨胀受阻,用符号"−"表示),远离焊缝区域受拉应力(用符号"+"表示)。

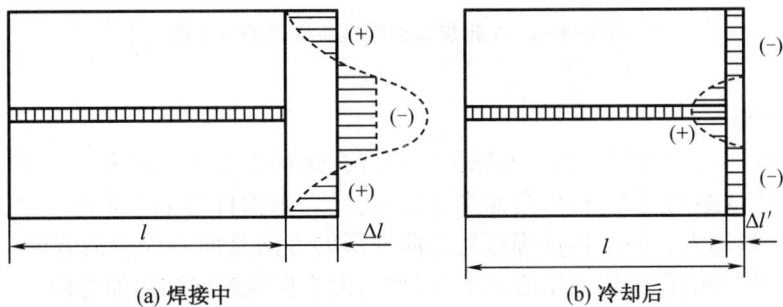

(a) 焊接中 （b) 冷却后

图 6-1-2 低碳钢平板对接焊时焊接应力和焊接变形的形成

在焊接过程中,焊接应力和焊接变形总是同时存在的。当母材塑性较好、结构刚度较小时,焊接变形较大而焊接应力较小;反之,则焊接应力较大而焊接变形较小。总之,产生焊接变形及焊接应力的根本原因是对焊件加热和冷却不均匀。产生焊接变形的原因是加热时焊缝膨胀部分产生压缩塑性变形,使焊件尺寸减小。产生焊接应力的原因是焊接各部分的相互牵连,有拉应力就必然有压应力。

3. 焊接变形的基本形式

根据焊接变形特征的不同,焊接变形可分为收缩变形、角变形、弯曲变形、波浪变形、扭曲变形和错边变形六种基本形式。

(1)收缩变形

收缩变形包括纵向收缩变形和横向收缩变形,是由焊缝的纵向和横向收缩造成整个结构的长度缩短和宽度变窄。

(2)角变形

V 形坡口对接接头焊后的角变形如图 6-1-3 所示,由于焊缝截面形状上下不对称,对接焊时焊缝沿厚度各层的横向收缩不同,焊缝上层的横向收缩数值大于底部的,产生了较大的变形。

V 形坡口对接焊角变形

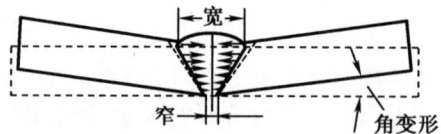

图 6-1-3　V 形坡口对接接头焊后的角变形

开 X 形坡口的对接接头,由于坡口形状对称,第一道焊后翻身焊第二、三、四道,再翻身焊第五道……,如图 6-1-4(a)所示,由于各道焊缝互相牵制,因此产生的角变形较小。若按图 6-1-4(b)所示的焊接顺序焊接,就会造成正反两条焊缝的横向收缩不相等而产生较大的角变形。

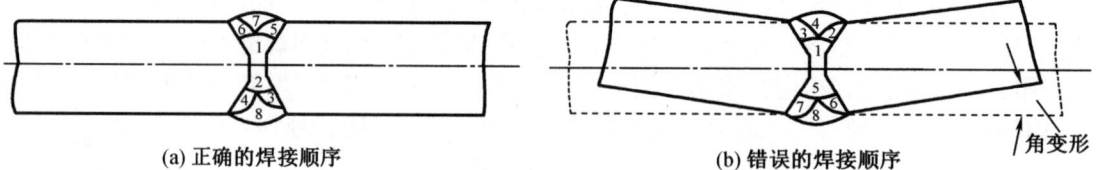

(a) 正确的焊接顺序

(b) 错误的焊接顺序

图 6-1-4　X 形坡口对接接头焊后的角变形

(3)弯曲变形

焊接梁或柱产生弯曲变形的主要原因是焊缝在结构上布置不对称。一般来说,焊缝位置与构件重心线的距离越大,构件弯曲变形越大,反之则构件弯曲变形越小。此外,焊缝尺寸越大,弯曲变形越大,同时,构件焊接后弯曲变形的方向是向着焊缝的方向。如图 6-1-5 所示的丁字形梁,焊缝位于梁的中心线下方,焊后由于焊缝纵向缩短而弯曲变形。

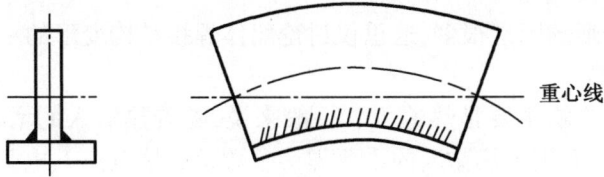

图 6-1-5　丁字形梁的弯曲变形

（4）波浪变形

波浪变形主要出现在薄板焊接结构中。产生波浪变形的原因一种是焊缝的纵向缩短对薄板边缘造成压应力,另一种是焊缝横向缩短造成角变形,图 6-1-6 和图 6-1-7 所示。

在船体结构中有很多是平面板材,如甲板、内底板、船侧外板等,往往在大面积拼板焊接时便显得板薄,刚性不够,在压缩应力过大的情况下,板材就会丧失稳定性而出现波浪变形。

（5）扭曲变形

装配质量不好、工件搁置不当以及焊接顺序和焊接方向不合理,都可能引起扭曲变形。但归根结底,其是由焊缝的纵向或横向缩短所致。

（6）错边变形

错边变形主要是由组成焊件的两零件在装夹时夹紧程度不一致,或刚度各不相同,或物理性质不同,以及装配不良或电弧偏离坡口中心等原因引起的。

总之,焊后焊缝的纵向缩短及横向缩短是引起各种变形和应力的根本原因。同时,焊缝缩短能否转变成各种形

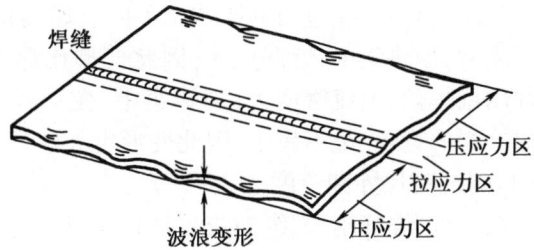

图 6-1-6　薄板焊接应力引起的波浪变形

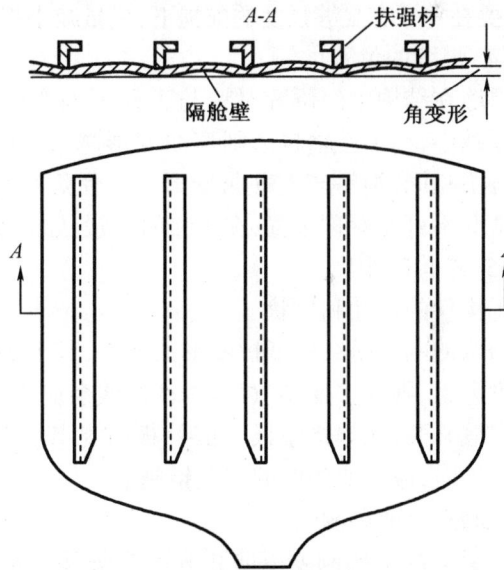

图 6-1-7　船体隔舱壁焊后的角变形
引起的波浪变形

状的变形还和焊缝在结构上的位置、焊接顺序和焊接方向等因素有关。

在焊接结构中,焊接应力和焊接变形在焊接结构中是一个矛盾的两个方面。如果在焊接过程中焊件能够自由地收缩,则焊后焊件的变形较大而焊接应力较小;如果焊接过程中焊件由于外力限制或自身刚性较大而不能自由收缩,则焊后焊件变形很小,但是内部存在着较大的残余应力。例如船体结构大接头的焊接,由于结构刚性很大,焊后不易变形,但焊接处产生了较大拉应力。在实际的生产中,焊后结构既产生一些变形,又存在着一定的焊接残余应力。

4.焊接变形与焊接应力的影响因素

影响焊接结构变形的因素很多,这里仅讨论船体焊接结构变形的一些主要因素。

(1)焊接工艺参数

焊接工艺参数的影响主要是热输入。一般来说,随着热输入的增加,压缩塑性变形区扩大,收缩量会增大。而决定热输入的主要焊接参数是焊接电流 I、电弧电压 U 和焊接速度 V。输入的热量愈大,则焊接变形与焊接应力也就愈大。

(2)施焊方法

当运用焊条电弧焊、CO_2 气体保护焊、埋弧焊等不同的施焊方法时,因加热区的大小不同,对焊接变形与焊接应力的影响也不同。焊接相同厚度的钢板时,埋弧焊的焊接速度快,电流密度大,加热集中,熔深也大,因此变形比焊条电弧焊小。焊接薄板结构时,CO_2 气体保护焊用细焊丝,电流密度大,加热集中,变形较小,而焊条电弧焊的火焰加热区域较 CO_2 气体保护焊的宽,热量不集中,因此变形也大些。

(3)焊缝的尺寸和长度

一般来说,焊缝越长,纵向收缩量越大,焊缝越宽,其横向收缩量也增加。焊缝尺寸大,数量多,则焊接变形与焊接应力就增大。焊接时不要随意加大焊脚尺寸,因为焊脚尺寸加大后焊缝面积将增加得更多,使得金属熔化量大,输入的热量大大增加,焊接变形也就明显增大。因此,要在保证有足够强度的前提下,尽量减小焊缝长度和尺寸,并合理选择坡口形状。

(4)焊缝的位置

焊缝在结构中的位置对称与否是影响弯曲变形的主要因素。焊缝离中性轴越近则弯曲变形越小,离中性轴越远则弯曲变形越大,在船体焊接中,中性轴上下都有很多焊缝,且距离各不相同,则易产生弯曲变形。应使焊缝尽量对称布置来减少弯曲变形的可能性,若实际情况不可能对称布置,在焊接时应设法采用合理的焊接顺序或反变形措施。

(5)结构的刚度

①构件的尺寸和形状

结构的刚度是结构抵抗变形的能力,其大小取决于截面形状和尺寸,截面积越大,则结构刚度愈大,则焊接变形愈小,构件内残余应力也就愈大。结构刚度过大,在焊接时有时会导致焊缝开裂,在焊接厚板或嵌补板时尤其容易出现这种问题。因此,焊接具有较大刚度的钢结构时,应采取相应的工艺措施。

②胎夹具的影响

为了提高结构刚度以防止和减少焊接变形,在生产上常采用简单的胎夹具固定构件,但胎夹具固定作用可能增大构件的焊接残余应力,消耗一部分材料的塑性。因此,对塑性比较差的钢材,不能用胎夹具固定得太牢,以免产生过大的焊接残余应力。

(6)装配及焊接顺序

随着船体结构装配的进行,结构的整体刚性也在增大。在整个结构生产过程中,有装配成整体后再焊接和边装配边焊接两种方式。对于结构截面和焊缝布置较简单的结构来说,先装配成整体后再焊接可以减少其弯曲变形,图6-1-8为不对称工字梁的焊接。图6-1-8(a)为先将零件1,2装配焊接之后,再与零件3装配焊接在一起,焊接变形较大;图6-1-8(b)为先将零件2,3装配焊接之后,再与零件1装配焊接在一起,焊接变形次之;图6-1-8(c)为将零件1,2,3全装配在一起,最后焊接,焊后弯曲变形较小。对于复杂结构来说,全部构件装配后再焊接往往是不合理的。一是边装配边焊接所产生的变形不一定都反映到总变形量中去;二是有些零部件因施工上的需要,只能采用边装配边焊接的方式进行。因此,需根据实际情况来决定采取的装焊方式。

焊接顺序对焊接变形的影响也很大。先焊焊缝引起的变形最大,后焊焊缝引起的变形逐渐减小,而最终变形方向往往与最先焊的焊缝引起的变形方向一致。如图6-1-9(a)和图6-1-9(b)所示为两种不同的平板拼接的焊接顺序,图中数字表示焊接顺序。图6-1-9(a)中先焊3、4两条焊缝,再焊接5、6两条焊缝,则由于5、6两条焊缝的横向收缩受到限制,焊缝中将产生很大的焊接拉应力,在焊缝附近的钢板上有时还会产生皱折。这是一种错误的焊接顺序。图6-1-9(b)在确定焊接顺序时,既考虑焊接变形,又考虑焊接应力,在保证焊接变形较小的情况下,尽量保证每条焊缝能自由收缩,以减少焊接残余应力。

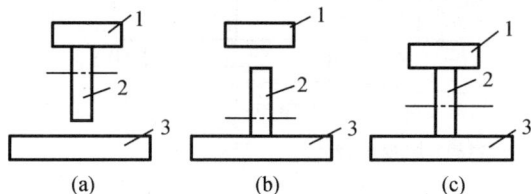

1,3—上下翼板;2—腹板。

图6-1-8 不对称工字梁的焊接

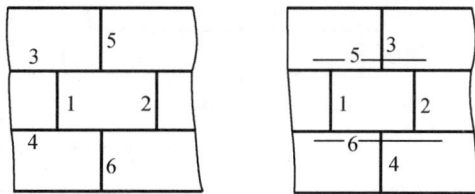

图6-1-9 平板拼接的焊接顺序

5.减小焊接变形及焊接应力的方法

在船体建造中,由于船体结构复杂,同时又是板材结构,如果焊接时不采取一定的措施,很容易产生变形。船体变形不仅影响船型外表美观、增加船舶航行阻力、降低船舶的航行性能,也会使船体结构的强度降低。因此,对船体结构焊接变形应给予足够的重视。

结构焊接后的残余应力过大,会降低结构的使用质量,使结构材料变脆甚至产生裂缝,导致使用过程中发生突然破坏。因此,如何减小或消除应力和变形是焊接结构生产中的一个关键问题。

(1)选择合理的焊接顺序

在焊接结构生产中,常常采取下面的工艺措施来防止和减小焊接应力与焊接变形。

①尽可能考虑焊缝的自由收缩

让每条焊缝能较自由收缩,先焊焊缝不影响后焊焊缝的收缩。在焊接T形交叉对接焊缝时(图6-1-10),若先焊焊缝2,则在焊焊缝1时会产生较大的横向收缩阻力,容易使结构产生裂缝。因此,必须先焊焊缝1,后焊焊缝2。

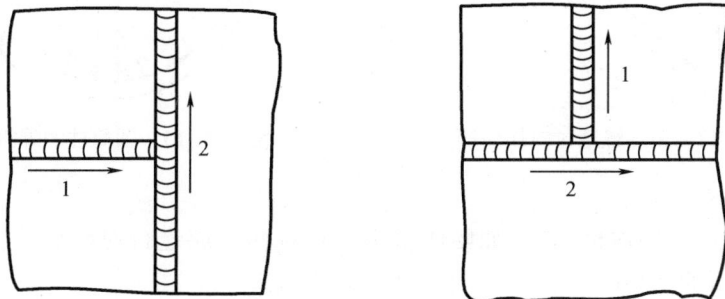

图6-1-10 T形交叉对接焊缝的焊接顺序

图 6-1-11 为大面积平板拼接的焊接顺序。正确的顺序是先焊横向焊缝,后焊纵向焊缝,如图 6-1-11(a)所示。若按图 6-1-11(b)所示的焊接顺序焊接,则不合理。这是因为,先焊所有纵向焊缝,就必然把所有横向焊缝的装配间隙刚性地固定了,待焊接横向焊缝时就没有了自由收缩的可能,于是产生较大的焊接应力,引起波浪变形。

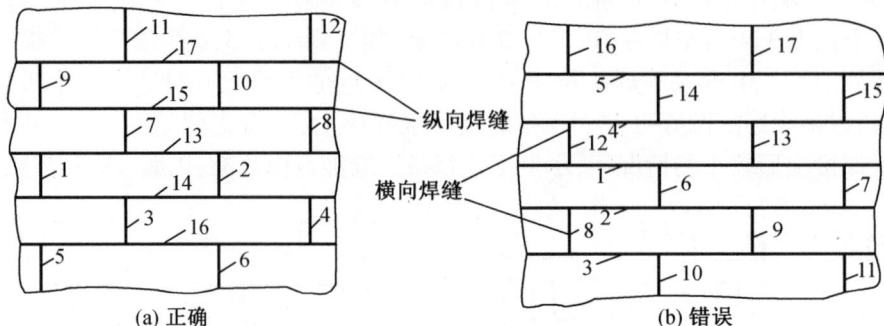

(a) 正确 　　　　　　　　　　　　　(b) 错误

图 6-1-11　大面积平板拼接的焊接顺序

②收缩量大的焊缝先焊

收缩量大的焊缝产生的应力也大,先焊收缩量大的焊缝,它不受阻碍,收缩比较容易,焊后应力小。若后焊收缩量大的焊缝,则后焊焊缝受到先焊焊缝的阻碍,焊接应力更大,危害性更大。若有两条平行的、不同厚度的对接焊缝,则应先焊厚板焊缝。对接焊缝的收缩量比角焊缝的收缩量大,若遇在一起应先焊对接焊缝,后焊角焊缝,如图 6-1-12 所示。

③采取对称焊接

对于刚性大而断面对称的构件,施焊时可采用对称的焊接顺序,这对于保证构件得到最小的弯曲变形是十分有利的。对称布置的焊缝,最好由双数焊工对称地进行焊接。如图 6-1-13 所示,对于圆筒柱如船舶缆柱,采用对称的焊接顺序,而且每一条焊缝又采用分段退焊法进行焊接,这样能保证焊件自由收缩,变形就小。如果先焊周围的焊缝,后焊中央的焊缝,那么中央焊缝的收缩就会受到周围先焊焊缝的限制,内应力必然会很大。

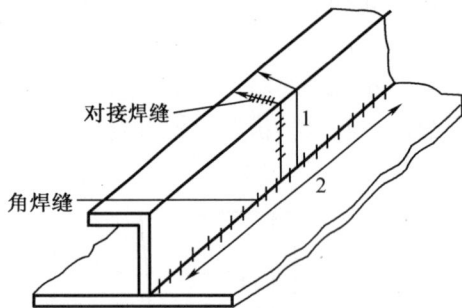

图 6-1-12　角焊缝通过对接焊缝　　　　图 6-1-13　圆筒柱的焊接顺序

对于具有中心线的对称结构(如船体结构左右对称),应进行对称焊接,可以相互抵消变形,也能防止扭曲变形。

④长焊缝采用不同的焊接顺序

焊接长焊缝时,要考虑到让焊接热量在焊缝长度上能均匀分布,可采用对称焊法、逐段退焊法、分中逐段退焊法、间跳焊法和交替焊法,如图6-1-14所示。其中,逐段退焊法和分中逐段退焊法应用较广,每段焊道长度宜为200~400 mm,也可以一根或两根焊条熔敷长度为一段焊道。交替焊法因工作位置移动太多,故较少采用。

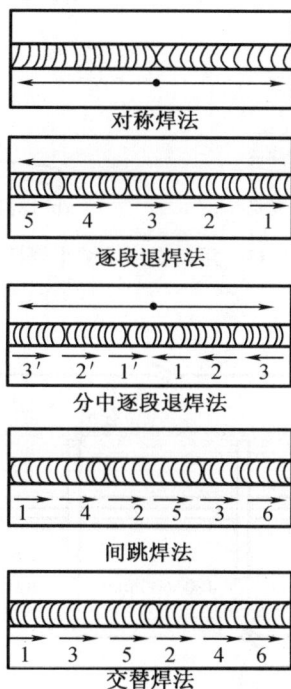

图6-1-14　长焊缝的焊接顺序

(2)反变形法

所谓反变形法,就是根据焊后变形的情况,预先给予一个方向相反、大小相等的变形,使构件焊后变形很小甚至完全消除。采用此法时,应预先确定反变形的数值,以便达到消除焊后变形的目的。采用反变形法前,应先掌握焊件焊后变形的规律。

图6-1-15(a)是V形坡口单面对接焊的变形情况。采用反变形法后,变形就基本被消除了,如图6-1-15(b)所示。此法是减小焊接变形及焊接应力的有效方法,即在焊前预先对焊件在焊后变形相反的方向加以弯曲或倾斜,焊后可获得所需要的形状和尺寸。

(3)刚性固定法

刚性大的构件焊后变形小,如果在焊前加强构件的刚性,同样可以减小焊接变形。刚性固定法是采用强制手段来减小构件焊后变形的有效办法,在船体建造过程中普遍应用。例如:在焊件上加上一抑制器,焊接过程中可以抑制焊件的变形,焊后将抑制器拆去。船体建造过程中应用的抑制器有"马"和其他卡具。在焊对接焊缝时,为了抑制焊缝的横向收缩和角变形,将"马"焊在钢板上,如图6-1-16所示。带有曲面的傍板分段,傍板在胎架上装配焊接,于是用定位焊将傍板焊在胎架上,这也是用刚性固定法抑制傍板的焊接变形。

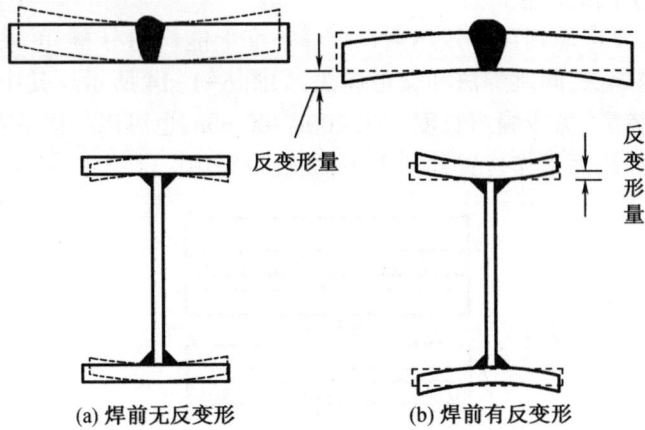

图 6-1-15　用反变形法减小焊接变形

(a) 焊前无反变形　　　(b) 焊前有反变形

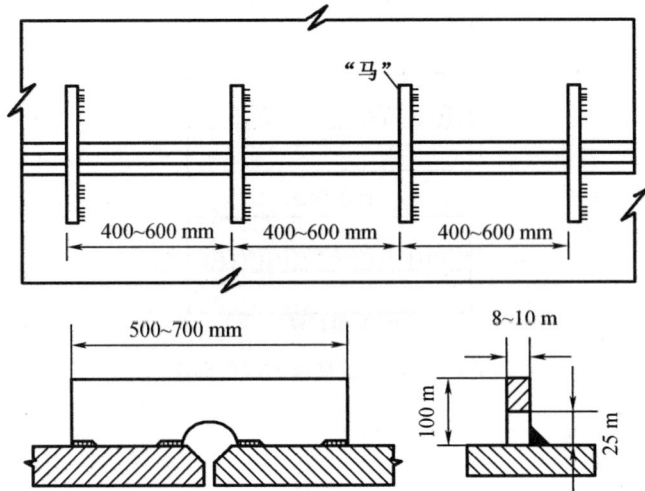

图 6-1-16　用"马"抑制焊件变形

（4）预热法

在焊前加热焊件能减小焊件的温度差,降低焊后的冷却速度,这样焊缝加热膨胀和冷却收缩受到的阻碍减小,从而减少了焊接应力。焊接中高碳钢、高强度结构钢、铸钢件时常用预热法来减小应力。低碳钢焊件较厚或环境温度很低时也用预热法来减小应力,防止产生裂纹。

（5）锤击焊缝法

锤击焊缝法就是锤击焊缝及其周围区域,可以减小收缩应力和变形。锤击使焊缝及其周围金属产生塑性变形,令已产生收缩的焊缝纤维伸长,从而减小了构件的内应力和可见变形。

锤击可以用圆头手锤或气锤进行。实践证明,在焊完第一层焊缝后进行锤击,可使内应力几乎完全消除。为防止产生裂缝,锤击宜在焊缝金属塑性较好的热状态下进行。每焊一层焊缝敲击一层,为了保持焊缝的美观,通常对盖面层不敲击。

（6）焊后热处理

消除焊接结构的焊接残余应力，最有效的方法是焊后热处理，通常采用退火热处理。即把焊件整体或局部均匀加热到钢的退火温度，并进行一定时间的保温，这时钢的屈服强度降得极低，使得结构内的残余应力作用而产生塑性变形，从而使应力得到消除。焊后热处理还可以改善焊缝和热影响区的组织与性能。

对于板较厚且体积不大的工件，如船首柱和船尾柱，往往需要用焊后热处理来消除内应力。

（7）焊接变形的矫正

结构的焊接变形如果超过技术要求所允许的数值，就应设法矫正，使之符合质量要求。生产中常用的变形矫正方法主要有机械矫正和火焰矫正两种，它们的实质都是设法造成新的变形去抵消已经发生的变形。

机械矫正是指利用机械力的作用来矫正结构焊后的变形，一般可用辊床、油压机、校直机等设备来矫正焊件。如图6-1-17所示为用校直机校直焊接工字梁的弯曲变形。矫正薄板的波浪变形可以采取手工锤击焊缝的方法，使焊缝得到延伸，从而消除焊缝区因纵向缩短而导致的波浪变形。为了避免在钢板或焊缝表面留下印痕，可在焊件表面垫上带槽小平锤，然后进行锤击。

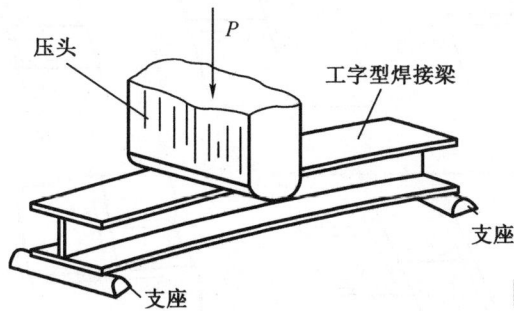

图6-1-17　用校直机校直焊接工字梁的弯曲变形

火焰矫正又叫火工矫正，其实质是利用气体燃烧火焰对焊件上适当的地方局部加热，使焊件产生新的变形，来抵消原来产生的焊接变形。图6-1-18为用火焰矫正校直T形焊接梁。决定火焰矫正效果的因素主要是火焰的加热位置和加热量。不同的加热位置可以矫正不同方向的变形。不同的加热量具有不同的矫正变形的能力，一般情况下，加热量越大，矫正能力越强，矫正变形量也就越大。但首要的是确定出正确的加热位置，如果加热位置错了，就会获得相反的结果。

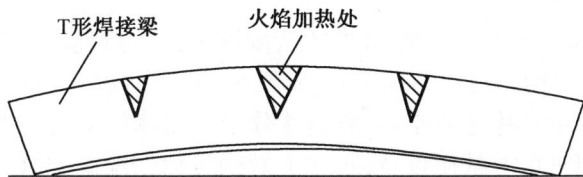

图6-1-18　用火焰矫正校直T形焊接梁

6.1.2　制定焊接顺序的基本原则

正确地选择和严格地遵守焊接顺序,是减小船体结构的焊接变形和焊接应力的有效方法,是保证船体焊接质量的重要措施。由于船体结构复杂,各种类型的船体结构也不一样,因此其焊接顺序也有所差异。在制定船体结构的焊接顺序时,应遵守以下几个原则。

(1)首先焊接不会对其他焊缝形成刚性约束的焊缝,在对接缝和角接缝并存的情况下,应当先焊对接缝,后焊角接缝,如图6-1-19所示。

(2)船体外板、甲板的拼缝,一般应先焊横向焊缝(短焊缝),后焊纵向焊缝(长焊缝),如图6-1-20所示,对具有中心线且左右对称的构件,应该左右对称地进行焊接,最好是双数焊工同时进行,避免构件中心线发生移位。埋弧焊的焊接顺序一般为先纵缝后横缝。

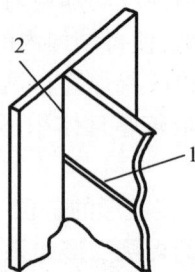

图6-1-19　对接缝、角接缝的焊接顺序

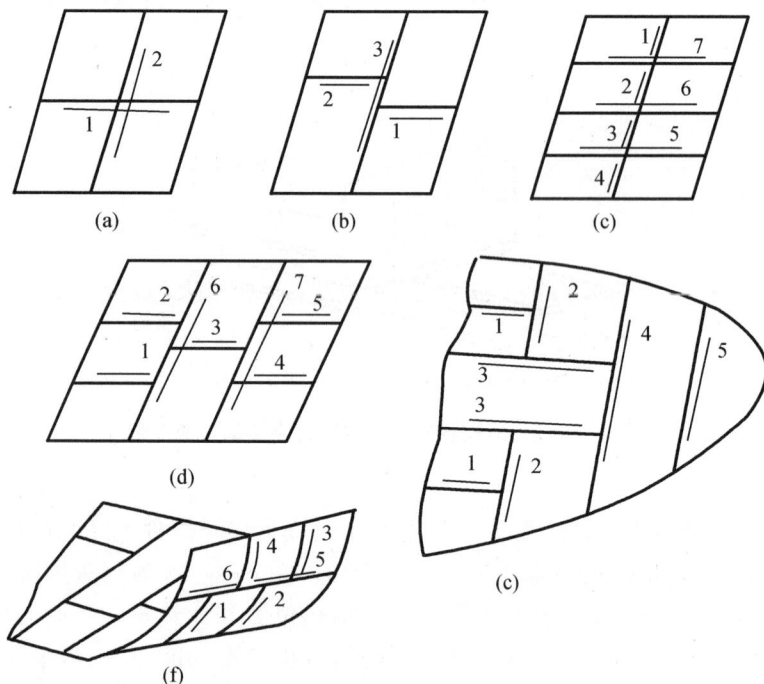

图6-1-20　横向焊缝、纵向焊缝的焊接

(3)构架与板缝相交时,应当先焊板缝,然后焊构架间的对接缝,再焊构架间的角接缝,最后焊构架与板的角接缝,如图6-1-21所示。

(4)对于一个分段或整体建造船体,应当从分段或船体的中央向左右两舷同时对称施焊,同时也要依照设备、焊工人数的具体情况确定从分段和船长的中间逐渐向首尾完成焊接工作,如图6-1-22所示。

构架与板缝相交的焊接

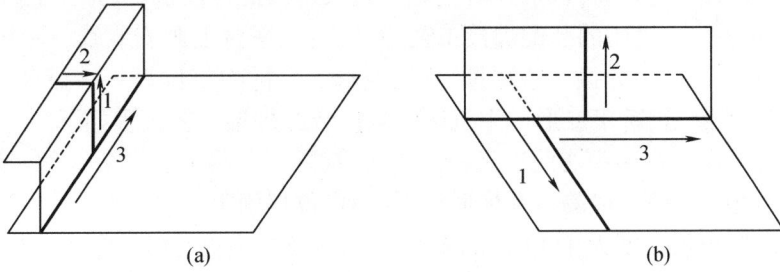

图 6-1-21 构架与板缝相交的焊接顺序

（5）分段和总段的外板纵向接缝（图 6-1-23），以及构件与外板的角接缝，其两端应留出 200～300 mm 长度暂时不焊，以便船台装配时对接调整。

（6）构件中间同时存在单层焊焊缝和多层焊焊缝时，应先焊收缩变形较大的多层焊焊缝，后焊单层焊焊缝。施焊多层焊焊缝时，在条件允许的情况下，各层焊缝的施焊方向应相反，焊道的接头应互相错开。

（7）肋骨、舱壁等构件靠近总段大合拢接缝一边的角接缝，以及双层底分段中内底边板与外板的上部角接缝，一般应在大合拢接缝焊接完毕后再进行焊接。

（8）重要的焊缝如总段合拢缝、环形合拢缝的焊接过程应连续完成。

（9）分段建造中产生的焊接缺陷，以及超出标准的焊接变形，应在上船台之前修补及矫正完毕，不得拖延到船台上进行。

（10）焊缝的接头不允许在纵横焊缝的交叉处。

6.1.3 船舶主要部件及舾装件焊接

1. 主机座焊条电弧焊施工

如图 6-1-24 所示，主机座由左右两列机座纵桁和数行横隔板及横肘板等组成。主机座是船体的重要构件之一。

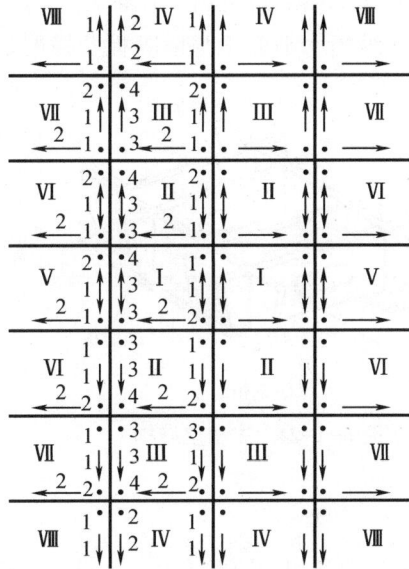

图 6-1-22 分段焊接顺序

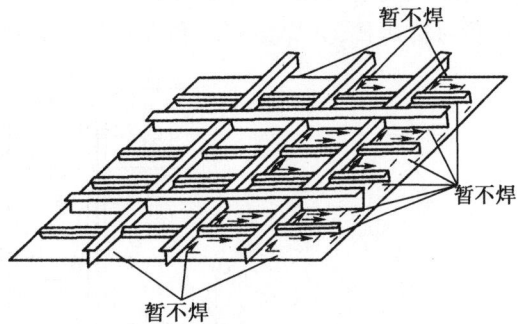

图 6-1-23 分段和总段的外板纵向接缝

主机座的机座纵桁、横隔板和横肘板都是 T 形部件，焊后通常都会产生变形。由于要安装主机，机座纵桁上端的面板要求装焊后保持水平，若面板产生焊接变形会影响主机的接触及安装质量。主机座是一个立体结构，板材较厚，焊缝又比较集中，因此它的结构刚性较大。此外，主机座承受着主机的质量和主机运转时传递来的动载荷。这就要求主机座的焊接质量要高,疲劳强度要高,特别是防止焊缝裂纹。因此,焊接时要严格控制焊接变形和防止产生焊接缺陷。主机座的装配焊接工艺路线为:在平台上画安装线——按线铺装并用定位焊固定于平台上——焊接——测量、矫正变形——拆除定位焊——翻身——上船安装与内底板焊接——测量、矫正变形。主机座的具体装配焊接工艺过程如下。

(1)在平台画出主机座中心线以及机座纵桁、横隔板和横肘板的安装线,按线铺装已经装成部件的 T 形机座纵桁、横隔板和横肘板,并用定位焊固定于平台上。

(2)机座纵桁腹板厚度大于 12 mm 时,水平面板及内底板与机座纵桁腹板的角接缝,焊前应在腹板边缘开不留根的坡口。腹板开坡口的起始板厚以船级社最新规范为准。

(3)焊接前清理焊缝坡口边缘,做好必需的清洁工作。

(4)采用碱性焊条焊接机座纵桁与横隔板及横肘板的角接缝时,其焊接顺序一般从中间向两端逐格间跳进行,每条焊缝采用自上而下的逐段退焊法,如图 6-1-25 所示。然后焊接机座纵桁水平面板与横隔板及横肘板间的平角焊缝。

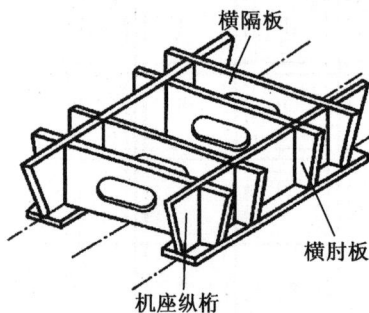

图 6-1-24 主机座结构

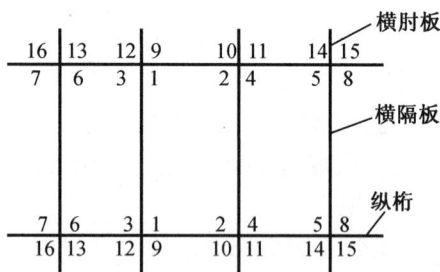

图 6-1-25 机座纵桁与横隔板及横肘板的角焊缝焊接顺序

(5)焊接时,应随时测量主机座的变形情况,及时调整焊接顺序,以控制焊接变形。

(6)主机座焊后拆除与平台的定位焊,翻身校正变形,然后上船安装并与内底板焊接。它与内底板的连接采用双面连续手工角焊(或 CO_2 气体保护焊)。由双数焊工从中间向两端进行对称焊接,其焊接顺序和方向如图 6-1-26 所示。

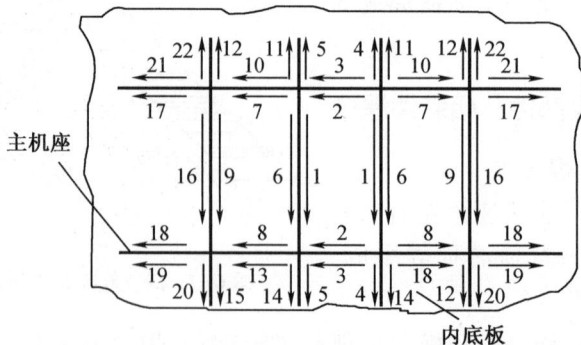

图 6-1-26 主机座与内底板的焊接顺序和方向

在焊接主机座时要注意以下问题。

(1)由于有动载荷必须提高角焊缝的疲劳强度,因此一般来说,机座纵桁面板与腹板要开坡口焊透,横肘板、横隔板与机座纵桁面板和腹板也要开坡口焊接,机座纵桁与内底板要开坡口焊接。

(2)为控制主机座焊接变形,焊接前要用定位焊把主机座与平台点牢,焊接时还要注意使用正确的焊接顺序焊接。

2. 舱口结构的焊接工艺

由于船舶在甲板上开了装卸货物用的舱口,甲板强度受到削弱。为了增大甲板开口处的强度,必须加强甲板舱口的结构。此结构主要由舱口围壁(包括半圆铁和上、下面板,如图 6-1-27(a)所示)以及肘板等组成。甲板舱口是一个长方形开口(四角为圆弧形)。舱口围壁一般先预制成 4 块平面部分和 4 块圆弧部分,在甲板开孔上将它装配合拢成一个整体。其焊接工艺过程如下。

(1)将预制好的 4 块平面舱口围壁部件(包括上、下面板和半圆铁)和 4 块圆弧舱口围壁部件装配到甲板舱口处,并用定位焊固定。然后再装上、下肘板,同样用定位焊固定。

(2)焊接舱口围壁的对接焊缝(立焊),先焊内缝,再碳刨清根焊外缝封底焊,由双数焊工按图 6-1-27(b)中Ⅰ、Ⅱ、Ⅲ、Ⅳ顺序对称焊接。

(3)焊接舱口围壁与甲板的角焊缝,同样由双数焊工按图 6-1-27(b)中标注顺序对称焊接。先焊接平直的 4 条焊缝,再焊 4 条圆角焊缝。

(4)焊接肘板与围壁板和甲板的角焊缝及其他焊缝。

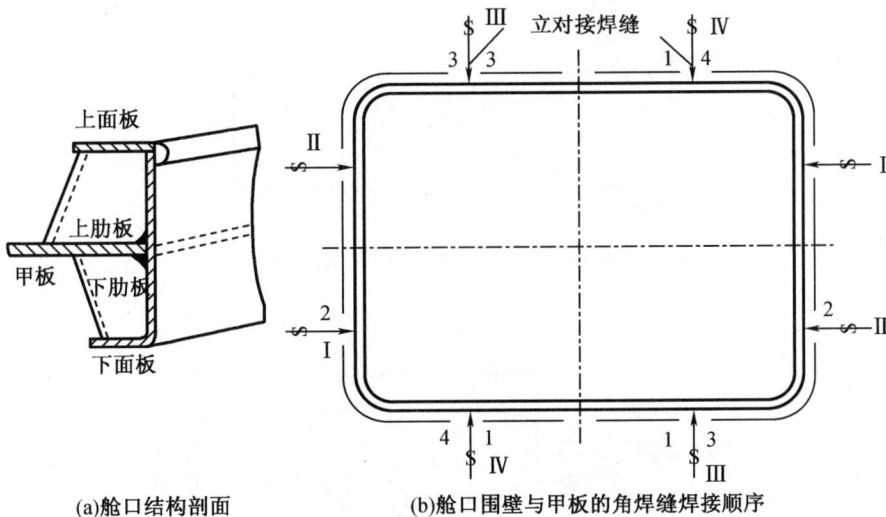

(a)舱口结构剖面　　　　(b)舱口围壁与甲板的角焊缝焊接顺序

图 6-1-27　舱口结构的焊接顺序

3. 舵的焊接

舵是保证船舶操纵性能的装置中的重要部件之一。舵按其截面形状分为平板舵和流线型舵两种。平板舵目前较少采用,它由舵板和舵臂等构件组成。流线型舵被大、中型船舶广泛采用,它由舵杆和舵叶两部分组成。舵杆是舵的转轴,舵叶由舵板、水平隔板和垂直隔板等零件组成,如图 6-1-28 所示。流线型舵受到的水压力和刚度大,对舵的焊接,要求水密和变形小,所以一般都在胎架上进行装焊。下面介绍流线型舵的焊接工艺。

（1）在胎架上装配下舵板。下舵板与胎架板用定位焊固定,定位焊缝长度为30~50 mm。板缝的焊接可待构架装配后进行,或在板缝反面加"马"后再进行焊接。焊接时,采用逐段退焊法,如图6-1-29所示。

（2）在下舵板上安装水平隔板、垂直隔板（图6-1-30）以及舵杆套筒（铸钢）,并用定位焊固定;先焊接隔板之间的角焊缝（立角焊）,其顺序如图6-1-31所示;然后焊接隔板与舵板的角接缝（平角焊）,其顺序如图6-1-32所示;焊接时可由两人按图的顺序同时进行。舵杆套筒与周围的水平隔板、垂直隔板连接焊缝要求水密。

（3）装配上舵板,如图6-1-33所示,其对接缝背面装有永久垫板。首先焊上舵板与舵首板的对接缝,以及上舵板本身的拼接焊缝,然后焊接上舵板与水平隔板、垂直隔板间的塞焊缝。焊接塞焊缝时,应先焊内圈四周,然后逐层堆焊。焊接顺序同样是从中间向左右逐格把水平隔板间的塞焊缝焊好,然后焊垂直隔板间的塞焊缝。再焊上舵板与舵尾板的角接缝,最后焊上舵板与舵顶板、舵底板的角焊缝。

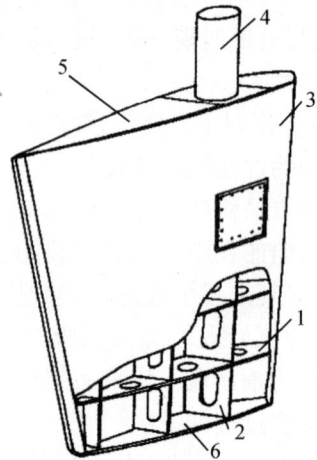

图 6-1-28　流线型舵的结构示意图
1—水平隔板;2—垂直隔板;3—舵板;
4—舵杆;5—舵顶板;6—舵底板

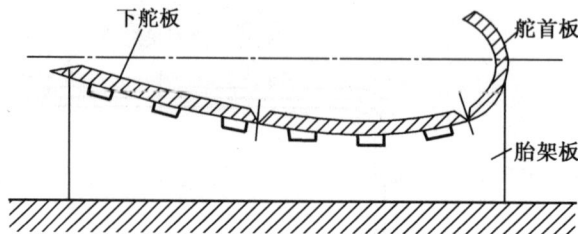

图 6-1-29　下舵板在胎架上装焊

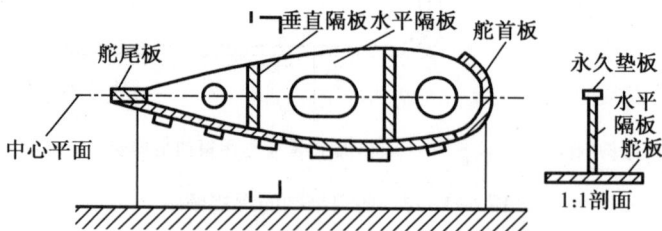

图 6-1-30　在下舵板上安装水平隔板、垂直隔板

（4）将舵割离胎架翻身垫妥后,将下舵板的对接缝和下舵板与舵首板的对接缝用碳刨开槽清根,并进行封底焊。最后焊接下舵板与舵顶板、舵底板、舵尾板的连接角焊缝。

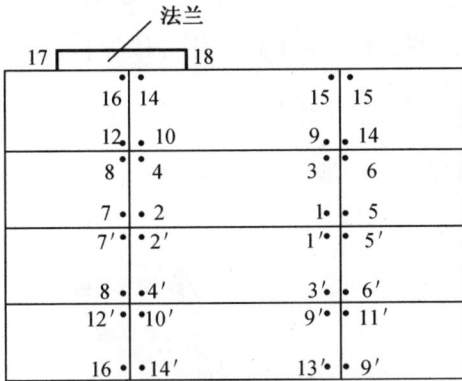

图 6-1-31　舵板上的水平隔板、垂直隔板的
角焊缝焊接顺序

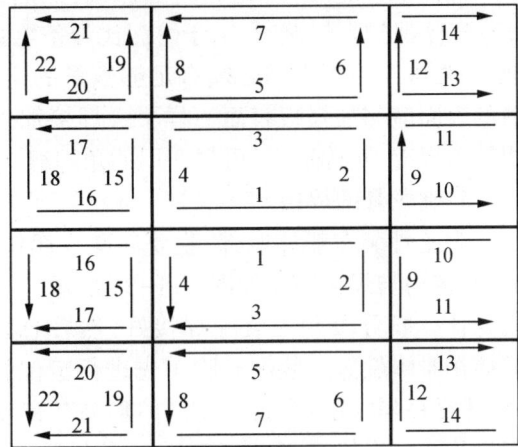

图 6-1-32　水平隔板、垂直隔板与下舵板的
角焊缝焊接顺序

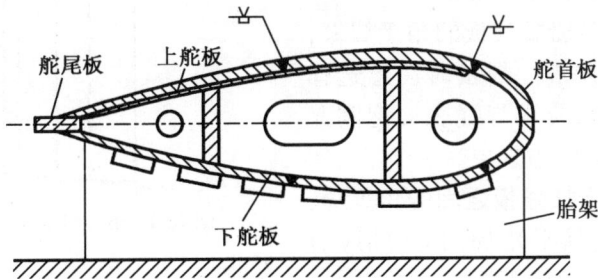

图 6-1-33　上舵板的装配

4. 带缆桩的焊接

带缆桩是系船用的桩柱,固定在甲板上。安装带缆桩于甲板时,主要有两部分焊缝:一部分是带缆桩下部的加强板与甲板的塞焊缝和角焊缝;另一部分是带缆桩与加强板之间的角焊缝,如图 6-1-34 所示。

带缆桩的焊接顺序是先焊塞焊缝,再焊加强板与甲板的角焊缝,如图 6-1-35 所示。最后焊接带缆桩与加强板的角焊缝。

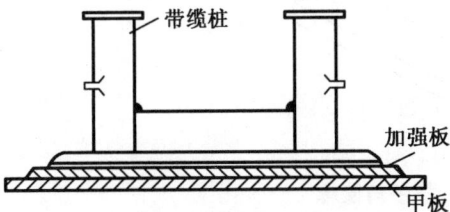

图 6-1-34　带缆桩与甲板的焊接

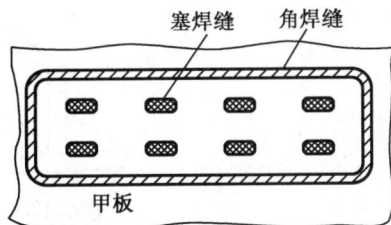

图 6-1-35　带缆桩的焊接顺序

焊接塞焊缝时,应先焊内圈四周,然后逐层堆焊。否则易形成假焊,即未熔合。采用 CO_2 气体保护焊焊接时,由于熔深比焊条电弧焊深,熔敷效率高,则效果更好。在焊塞焊缝前,加强板与甲板之间必须有足够数量的定位焊,以保证塞焊时定位焊缝不致裂开。塞焊缝的表面应与加强板表面一样平。焊接加强板的角焊缝时,要注意对称分段焊接,先焊直边的角焊缝,对称进行,再焊四周的角焊缝,也要对称进行。

5. 舭龙骨的焊接

舭龙骨装在船体舭部,主要起减少船舶摇摆的作用,一般由加强版和舭龙骨两部分组成,其结构与焊接顺序如图 6-1-36 所示。

舭龙骨一般分段预先装配焊接好,然后总装焊接在船体舭部。装配时除了先进行定位焊外,还要每隔一定距离装一块"门形马",以便定位及防止焊接变形。焊完后,"马材"才能拆除。舭龙骨的焊接顺序如下。

（1）先焊接加强板和舭龙骨的焊缝。焊前接缝应开 V 形坡口,有坡口一面的焊缝焊完后,反面用碳刨清根进行封底焊。

（2）焊接加强板与船舭列板的角接焊缝,先焊仰角焊,后焊平角焊。焊接时注意选择合适的焊接工艺参数,要求焊缝表面饱满无缺陷,特别是不允许有咬边现象。

（3）焊接舭龙骨与加强板之间的角焊缝,以免腐蚀,先仰角焊,后平角焊,其两端应有良好的包角焊缝,要求封闭不漏水。

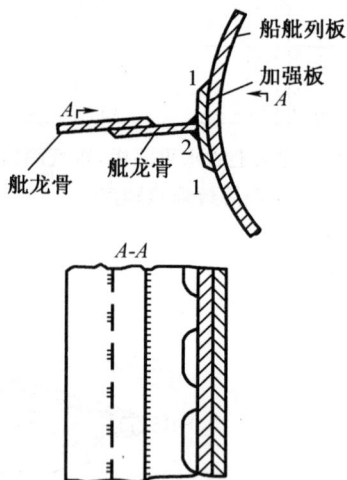

图 6-1-36　舭龙骨结构与焊接顺序

（4）最后焊接舭龙骨与舭龙骨之间的搭接角焊缝,也是先仰角焊,后平角焊。焊接过程中应从中间向两端进行对称焊,不要采用下坡焊。焊缝用 CO_2 气体保护焊焊接。

任务实施

如图 6-1-37 所示,有两块低碳钢板,长 250 mm,宽 120 mm,厚 8 mm,要求进行 CO_2 气体保护平角接焊。

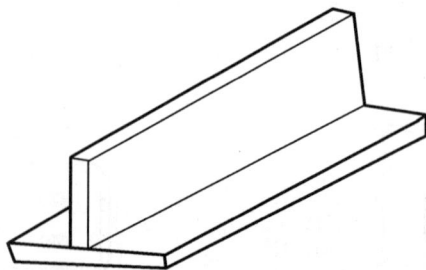

图 6-1-37　CO_2 气体保护平角接焊

1. 焊接工艺参数

CO_2 气体保护平角接焊焊接工艺参数见表 6-1-1。

表 6-1-1　CO_2 气体保护平角接焊焊接工艺参数

	焊接电流/A	电弧电压/V	焊接速度/(cm·min⁻¹)	气体流量(L·min⁻¹)	焊脚尺寸/mm
第一层	150~170	21~23	20~30	10~15	6~6.5
其他各层	130~150	20~22	15~25	10~15	6~6.5

2. 操作准备

（1）设备

NBC-250 型 CO_2 气体保护半自动焊机，CO_2 气瓶，301-1 型浮子式流量计，减压阀，预热器及干燥器。

（2）焊件

低碳钢板两块，长 250 mm，宽 120 mm，厚 8 mm。

（3）焊丝

H08Mn2SiA 焊丝，直径 1.2 mm。

（4）CO_2 气体纯度

CO_2 含量>99.5%、O_2 含量<0.1%，H_2O 含量小于 2 g/m³。

（5）焊条

E4303，直径 4 mm。

（6）设备检查

①检查送丝轮压力是否合适，送丝软管是否通畅，送丝压力是否合适。

②清理焊枪喷嘴。在喷嘴上涂硅油可防止飞溅金属黏附在喷嘴上，或者采用机械方法清理喷嘴。

③检查继电器触点接触是否良好。若有烧伤应仔细打磨烧伤处，使其接触良好。

（7）焊丝盘绕

将烘干过的焊丝按顺序盘绕至焊丝盘内，以免使用时紊乱，发生缠绕，影响正常送丝。

3. 操作要领

（1）焊前清理

主要是对焊件、焊丝表面的油、锈、水分等进行仔细清理。

（2）装配定位焊

定位焊可使用优质焊条进行手弧焊或直接采用 CO_2 气体保护半自动焊进行。定位焊的长度和间距根据板厚和焊件的结构形式而定，一般以 30~250 mm 为宜，间距以 100~300 mm 为宜。

（3）注意事项

进行 T 形接头焊接时，极易产生咬边、未焊透、焊缝下垂等缺陷。为了防止产生这些缺陷，在操作时，除了正确选用焊接工艺参数外，还要根据板厚和焊脚尺寸来控制焊丝的角度，如图 6-1-38 所示。在等厚度板上进行 T 形接头焊接时，一般焊丝与水平板夹角为 40°~50°，当焊脚尺寸在 5 mm 以下时，可按图 6-1-39 中的 A 方式将焊丝指向夹角处，当焊脚尺寸为 5 mm 以上时，可将焊丝水平移开，离夹角处 1~2 mm，这时可以得到等脚的焊缝（图 6-1-39 中的 B 方式），否则容易造成垂直板产生咬边的缺陷和水平板产生焊瘤的缺陷。焊接过程中焊丝的前倾角度为 10°~25°,采用左向焊法,如图 6-1-40 所示。

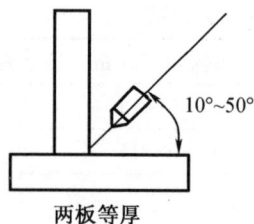

图 6-1-38   T 形接头焊接时焊丝的角度

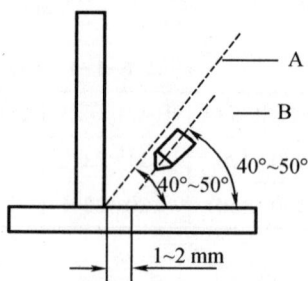

图 6-1-39   T 形接头平角焊时的焊丝位置

焊脚尺寸小于 8 mm 时,都可采用单层焊。

①焊脚尺寸小于 5 mm 时,可用直线移动运丝法和短路过渡法进行匀速焊接。

②焊脚尺寸为 5~8 mm 时,可采用斜圆圈形运丝法,并以左焊法进行焊接,如图 6-1-40 所示。其运丝要领为:$a-b$ 慢速,保证水平板有足够的熔深,并充分焊透,$b-c$ 稍快,防止熔化金属下淌,c 处稍做停顿,保证垂直板熔深,并要注意防止咬边现象产生,$c-b-d$ 稍慢,保证根部焊透和水平板熔深;$d-e$ 稍慢,在 e 处稍做停留。

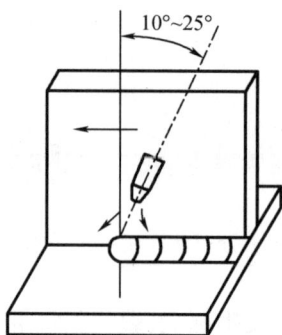

图 6-1-40   焊丝前倾角度

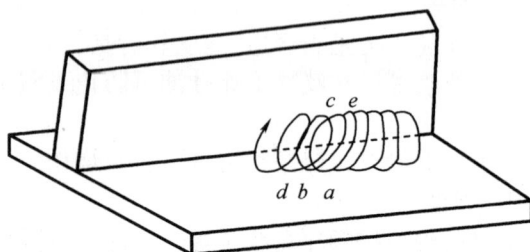

图 6-1-41   T 形接头角焊时的斜圆圈形运丝法

焊脚尺寸为 8~9 mm 时,焊缝可用两层两道焊,第一层用直线移动运丝法施焊,电流稍大,以保证熔深足够;第二层,电流稍偏小,用斜圆圈形运丝法和左焊法焊接。

焊脚尺寸大于 9 mm 时,仍采用多层多道焊,其焊接层数可参照手弧焊的平角焊多层焊。但采用横向摆动时,第一道(第一层)采用直线移动运丝法焊接,第二层以后可采用斜圆圈形运丝法和直线移动运丝法交叉进行焊接。

评分标准见表 6-1-2。

表 6-1-2 评分标准

项目	内容	评分标准	配分	得分
外观检验	表面成形	优得 10 分;良得 6 分;中得 3 分;差本项为 0 分	10	
	焊后角变形	≤3°得 4 分;>3°本项为 0 分	4	
	错边	≤1.2 mm 得 4 分;>1.2 mm 本项为 0 分	4	
	焊缝宽度	≤20 mm 得 4 分;>20 mm 本项为 0 分	4	
	焊缝宽度差	≤3 mm 得 4 分;>3 mm 本项为 0 分	4	
	焊缝余高	≤4 mm 得 4 分;>4 mm 本项为 0 分	4	
	焊缝余高差	≤3 mm 得 4 分;>3 mm 本项为 0 分	4	
	咬边	有咬边,每 2 mm 长扣 1 分;咬边深度>0.5 mm 本项为 0 分	6	
	背面焊缝余高	≤3 mm 得 4 分;>3 mm 本项为 0 分	4	
	背面凹坑	无凹坑得 6 分;有凹坑,每 5 mm 长扣 1 分;凹坑深度>2 mm 本项为 0 分	6	
断口检验	按照相关标准考核	无缺陷合格得 40 分;有缺陷合格得 30 分;不合格本项为 0 分	40	
安全文明生产考核	安全操作	不符合安全操作规定者,酌情扣 1~10 分;发生安全事故者判不及格	5	
	文明生产	不符合文明生产,要求酌情扣 1~5 分	5	
总分合计			100	

注:1. 表面有裂纹、未熔合、烧穿、焊缝低于母材等缺陷,试件做 0 分处理。

2. 夹杂、气孔的缺陷尺寸要求≤3 mm。缺陷尺寸≤1 mm,每个缺陷扣 5 分;缺陷尺寸≤2 mm,每个缺陷扣 10 分;缺陷尺寸≤3 mm,每个缺陷扣 20 分;缺陷尺寸>3 mm,试件做 0 分处理。

3. 焊缝表面成形标准:(1)优,成形美观,鱼鳞均匀细密,高低宽窄一致;(2)良,成形较好,鱼鳞均匀,焊缝平整;(3)中,成形尚可,焊缝平直;(4)差,焊缝弯曲,高低宽窄明显。

思考与练习

一、填空题

1. 焊接是一个不均匀的加热过程,在焊接过程中,焊缝及其附近的_____,离开焊缝处温度_____。

2. 根据焊接变形的特征不同,焊接变形分为_____、角变形、_____、_____、扭曲变形和错边变形六种基本形式。

3. 焊接长焊缝时,要考虑到焊接热量在焊缝长度上能均匀分布,可采用_____、逐段退焊法、间跳焊法、_____。

4. 决定热输入的主要参数是_____、_____和焊接速度 V 等三个。输入的热量愈大,则焊接变形与应力也就愈大。

5. 大面积平板拼接时的焊接程序,正确的程序应先焊_____,后焊_____。

6. 消除焊接结构的焊接残余应力,最有效的方法是焊后热处理,通常采用_____。

7. 在对接缝和角接缝并存的情况下应当先焊_____,后焊_____。

8. 船体外板、甲板的拼缝,一般应先焊_____,后焊_____。

9. 对于一个分段或整体建造船体时,应当从分段或船体的_____向_____同时对称施焊。

10. 分段和总段的外板纵向接缝,以及构件与外板的角接缝,其两端应留出_____ mm 长度暂时不焊,以利船台装配时对接调整。

二、判断题(在题末括号内做记号:√表示对,×表示错)

1. 金属结构件经过焊接后出现局部或整体尺寸和形状的改变,这种变化叫作焊接变形。 (　　)

2. V 形坡口对接焊时由于焊缝沿厚度各层的横向收缩不同,焊缝上层的横向收缩数值大于底部的数值,因此产生了较大的变形。 (　　)

3. 在保证有足够强度的前提下,尽量增大焊缝长度和尺寸,并合理选择坡口形状。 (　　)

4. 逐段退焊法和分中逐段退焊法应用较广,每段焊缝长度宜为 100～200 mm。 (　　)

5. 焊接梁或柱产生波浪变形的主要原因是焊缝在结构上布置不对称。

6. 波浪变形主要出现在厚板焊接结构中。 (　　)

7. 甲板、内底板、船侧外板等,往往大面积拼板焊接时便显得板薄,刚性不够,在压缩应力过大的情况下,板材就会丧失稳定性而出现扭曲变形。 (　　)

三、问答题

1. 简述焊接变形和焊接应力产生的原因。

2. 什么是焊接变形?

3. 简述反变形法。

4. 什么是焊接变形的矫正?

5. 简述主机座的装配焊接工艺过程。

项目 6.2　船体分段焊接

学习目标

1. 熟悉气电垂直自动焊技术;
2. 能够进行船体大合拢的焊接方法的选用;
3. 掌握焊接胎夹具;
4. 熟悉船体典型分段装焊。

项目任务

在焊接结构生产中,有时不能实施双面焊接,而且只能采用立位焊。陶质衬垫贴 CO_2 立位焊是船体大合拢焊接时常采用的一种技术。它是将陶质衬垫贴在焊件坡口的反面,正面进行 CO_2 气体保护焊立焊,借助衬垫的承托作用建立焊道反面成型,完成单面焊两面成形。在本项目中,学生要在掌握这一技能的基础上熟知气电垂直自动焊(图 6-2-1)这一重要工艺在船舶焊接中的应用。

图 6-2-1 气电垂直自动焊

知识能力

6.2.1 船体典型分段装焊

1.甲板分段的焊接

（1）甲板的结构形式

上甲板(也称强力甲板)是船体抗纵总弯曲的强力构件。小型船舶的上甲板通常为横骨架式结构。

（2）甲板拼板的焊接

甲板的对接焊缝可以采用焊条电弧焊焊接,但目前大部分船厂已广泛采用埋弧焊焊接,焊前必须根据板厚先开好符合工艺要求的坡口,焊接顺序则根据板的板列情况而定,如图 6-2-2 所示。

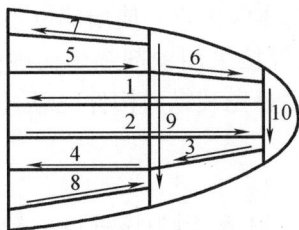

图 6-2-2 甲板拼板焊接顺序

（3）甲板分段的焊接

将焊好后的甲板吊放在胎架上,为了保证甲板分段的梁拱和减小焊接变形,甲板与胎架之间应间隔一定距离进行定位焊固定。焊接顺序应遵循下列原则。

①先焊构件的对接缝,然后焊构件的角焊缝(立角焊缝)及构件上的肘板,最后焊接构件与甲板的平角焊缝。甲板分段焊接时,应由双数焊工从分段中央开始,逐步向左右及前后方向对称进行焊接。甲板分段的焊接顺序如图 6-2-3 所示。

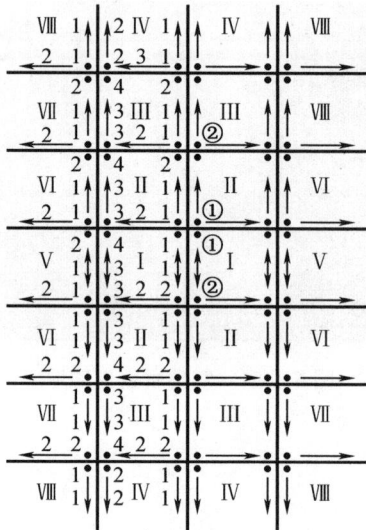

图 6-2-3　甲板分段的焊接顺序

②为了总段或立体分段装配方便,在分段两端的纵桁应有一档约 300 mm 暂不焊,待总段装配好后再按装配的实际情况进行焊接。

③在焊接大型船舶时,为了采用 CO_2 自动角焊机或重力焊(铁粉焊条),加快分段建造周期,提高生产率,可采用分离装配的焊接方法。

④焊接小型船舶时,宜采用混合装配法,即纵横构架的装配可以交叉进行,待全部构件装配完成后,再进行焊接,这可减少分段焊后变形。

(4)焊接时的相关事项说明

①高效焊的使用情况

使用埋弧角焊、重力焊、CO_2 气体保护焊。使用部位为构件与甲板的角接焊缝。

焊接平面分段效率更高,拼板焊接采用铜剂垫单面埋弧焊工艺(多丝埋弧焊),无须翻身和气刨清根。构件装配焊接顺序是先装纵向构件,然后使用 CO_2 自动角焊机进行角焊缝的焊接。

②角焊缝开坡口情况

船中部分甲板与外板要开坡口焊透,因为该处应力较大。若有舱口围板,舱口围板与外板一般也要开坡口。造船时,如果设计图纸还有其他开坡口的要求,那就要按图纸的要求来制定焊接工艺。

2. 舷侧分段的焊接

(1)舷侧分段的结构

舷侧分段的结构包括舷侧外板、舷顶列板、肋骨、舷侧纵桁等,有的舷侧分段还带有甲板小分段和舱壁小分段。小型油船的舷侧结构如图 6-2-4 所示。

不同线型特点的舷侧分段,其装焊基础也不同。线型较为平坦的舷侧分段可在平台上装焊,分段曲率较大的则须在胎架上装焊。

(2)拼板焊接

线型较平坦的板可在平台上拼板,用埋弧焊焊接。装配焊接工艺同甲板拼板。

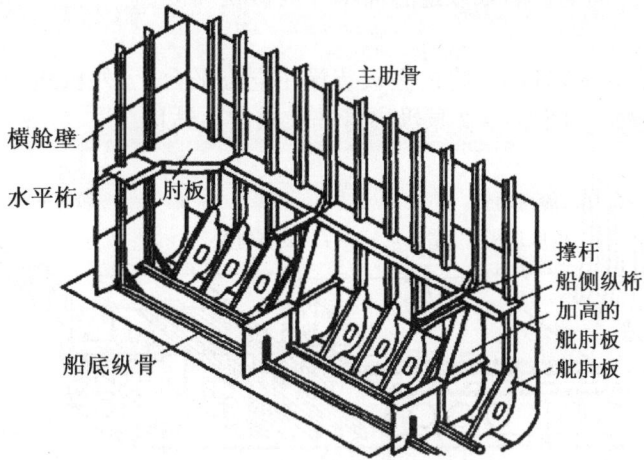

图 6-2-4　小型油船的舷侧结构

（3）一般舷侧分段焊接工艺

①舷侧外板铺放在胎架上，用定位焊缝将它与胎架焊牢定位。

②舷侧外板对接缝焊完后，用装配点焊固定构件。然后先进行构件之间的对接缝的焊接，再进行构件之间的立角接焊缝的焊接，最后焊接构件与外板的角接焊缝。舷侧构件之间的立角接焊缝和构件与外板的平角接焊缝的焊接顺序分别如图 6-2-5 和图 6-2-6 所示。

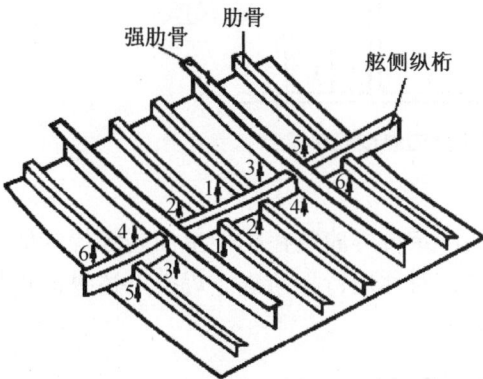

图 6-2-5　舷侧构件之间的立角接
焊缝的焊接顺序

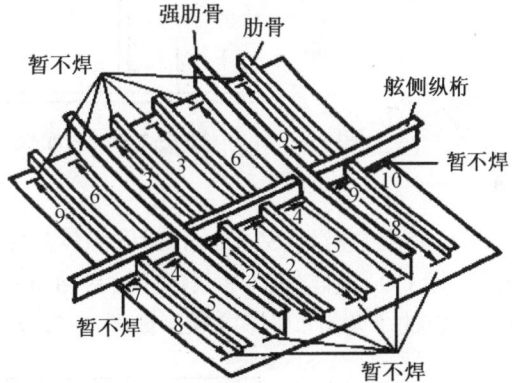

图 6-2-6　舷侧构件与外板的平角接
焊缝的焊接顺序

③舷侧分段内侧焊完后，割离胎架，翻身后进行舷侧外板对接封底焊。

④舷侧分段焊接时，同样应由双数焊工从分段中央向左右和前后对称地施焊，以减小焊接变形。

（4）焊接相关事项说明

①高效焊使用情况：使用埋弧角焊、CO_2 气体保护焊、重力焊进行构件的焊接。

②有的舷侧分段具有双层舷侧（船级社规范不同，船型不同，要求也会有所不同）。内纵壁与甲板、内纵壁与内底板、内纵壁与平台板等，如果设计图纸有开坡口要求，一定要开

坡口焊接,不能因要赶周期怕麻烦或遗忘而不开坡口就焊接。

3. 双层底焊接

反装法是以内底板为基准面,将内底板装置在空心平台上,外板线型由肋板、船底纵桁等横构架的外形来控制。图6-2-7是纵横骨架式双层底结构。

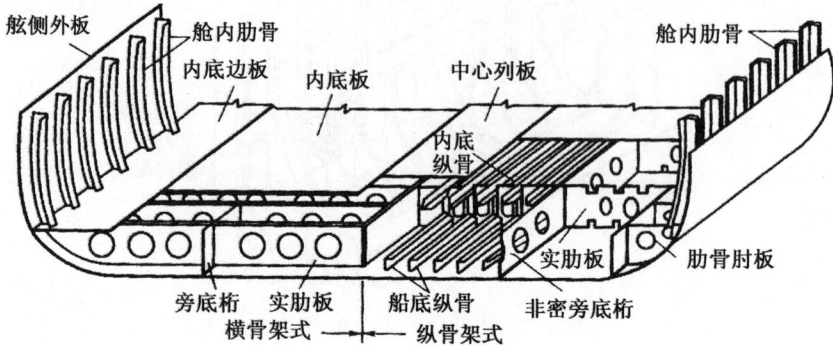

图6-2-7　纵横骨架式双层底结构

(1)在装配平台上铺设内底板,按工艺要求确定坡口形式,然后装配并定位焊。装配后可采用埋弧焊或焊条电弧焊进行正面焊缝的焊接,焊完正面焊缝后,将板列翻身进行反面封底焊。正反两面焊缝可按图6-2-8所示的焊接顺序进行焊接。

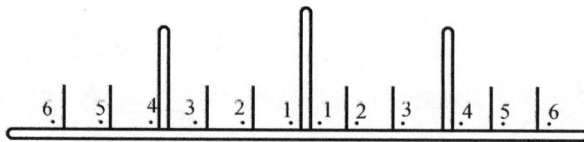

图6-2-8　内底板与纵向构架的焊接顺序

(2)装配中桁板、旁桁板和船底纵骨。定位焊后(定位焊应放在构架单面连续焊缝的另一面),用 CO_2 气体保护焊、重力焊、自动角焊等方法,对称进行平角焊。焊接上述纵向构架与内底板的平角缝,其焊接顺序如图6-2-9所示。

1—中桁板;2—旁桁板;3—肋板。

图6-2-9　肋板与纵向构架立角缝的焊接顺序

(3)安装肋板,定位焊后,用 CO_2 气体保护焊或焊条电弧焊焊接肋板与中桁板、旁桁板的立角缝,其焊接顺序如图6-3-10所示。然后焊接肋板与纵骨的立角缝。

(4)焊接肋板与内底板的平角接缝,焊接顺序是由双数焊工从分段中间向四周对称焊接。其焊接顺序如图6-2-10所示。

应当注意,在双层底分段长度方向两端,内底板、船底外板与肋板的外侧角接缝,以及与纵向构架的角接缝,暂时不焊,便于分段合拢时装配调节,待合拢后,再予补焊。

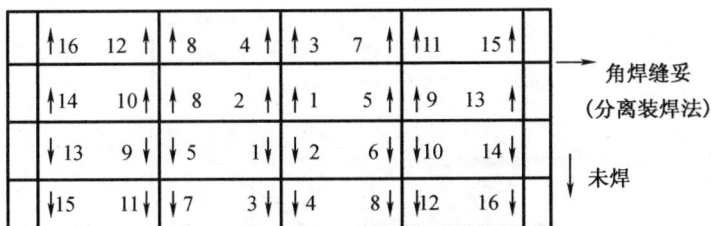

图6-2-10　肋板与内底板平角缝的焊接程序

(5)有的船厂是把纵、横构件装好后,再进行先立角焊、后平角焊的焊接。焊接顺序相同。主要原则是从中间往四周逐格焊接。

(6)在内底构架上装配船底板,定位焊后,焊接船底板对接内缝(仰焊),焊毕,外缝碳刨清根封底焊(尽可能采用埋弧焊)。这种方法适合外板曲度大的分段如船艏、船艉部分。对于平直分段可以先拼好,再上分段或分几块板上分段用CO_2陶质衬垫焊焊接。焊接顺序如图6-2-11所示。

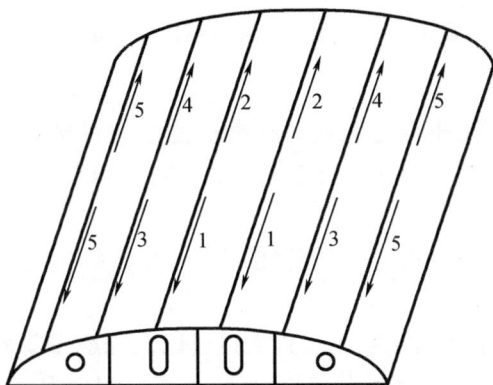

图6-2-11　船底外板对接焊的焊接顺序

(7)为了总段装配方便,只焊船底外板与内底板的内侧角焊缝,外侧角焊缝待总段总装后再焊。

(8)将双层底分段吊离胎架,并翻身,然后用CO_2气体保护焊或焊条电弧焊焊接内底板与中桁板、旁桁板的平角焊缝。还要焊内底板与外板的内侧角焊缝(外侧角焊缝要在船台合拢后再焊)以及焊接船底板对接焊缝的封底焊。

6.2.2　船体大接缝焊接

船体分段(结构分段)大合拢后各接缝所处的位置不同,有平、立、横等对接缝,也有各种位置的角接缝,因此所选用的焊接方法也不同。

1. 板列之间大接缝的焊接方法

这种大接缝基本上都应用各种高效焊接方法来焊接,如图 6-2-12 所示。

(1)陶质衬垫 CO_2 气体保护半自动单面焊在大合拢中应用面相当广,可用于平对接缝、横对接缝以及上坡对接缝的焊接(主要是保证反面成形)。

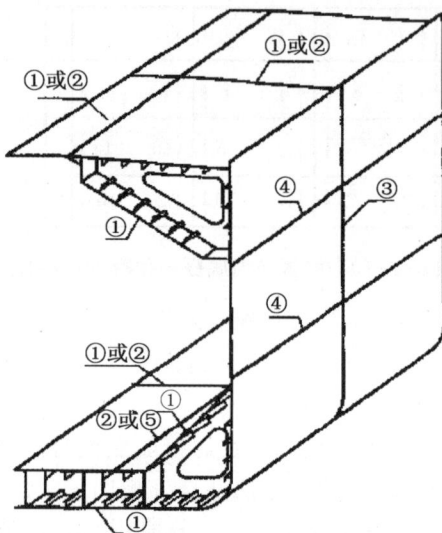

①—CO_2 单面焊;②—CO_2 单面焊+埋弧焊;③—气电垂直自动焊;④—CO_2 横对接单面焊;⑤—FAB 法。

图 6-2-12　板列之间大接缝的焊接方法

(2)只要是在平焊位置,不管是纵向对接缝还是横向对接缝均可采用埋弧焊。比较常见的做法是陶质衬垫 CO_2 气体保护半自动单面焊(焊接两层)之后,采用本焊接方法继续进行中间层和盖面层的焊接。

(3)FAB 法多用于较厚板的纵向对接缝的焊接,由于应用两根焊丝,焊接一道基本上达到两面成型,焊接效率高。

(4)气电垂直自动焊主要用于舷侧垂直大接缝以及隔舱壁等垂直大接缝的焊接。由于是强迫成形的,可以用较大的焊接工艺参数,所以生产效率也很高。

2. 构架对接缝的焊接方法

采用焊条手工电弧双面焊。一面焊妥后,另一面清根后再焊妥。亦可采用陶质衬垫 CO_2 气体保护半自动单面焊。

3. 构件与板之间的角焊缝

基本上采用焊条手工电弧焊、CO_2 气体保护半自动焊两种焊接方法。

6.2.3　垂直气电焊

垂直气电焊又叫气电垂直自动焊,适用于处在垂直位置的对接缝的焊接,尤其是较厚板的垂直长接缝的焊接,如船体分段大合拢,舷侧分段、隔舱壁分段等大接头的焊接。它替代了繁重的手工焊操作,具有生产效率高、焊缝质量好、实现焊接过程自动化、明显降低焊工的劳动强度等一系列优点,大大缩短了船台建造周期。因此该工艺在万吨级以上的大中型船舶的建造中得到广泛的应用。

1. 工艺基本原理

该工艺的原理如图 6-2-13 所示,是强迫成型的一种焊接方法。

在开 V 型坡口的对接缝背面有陶质衬垫(临时衬垫),正面有带冷却水的铜滑块,这样形成了一个封闭的空间。焊接电弧位于这个空间中。熔化了的焊丝和坡口边缘的母材共同建立起熔池,随着熔池液面的上升,熔池底部由于温度的下降,逐步结晶,形成了焊缝。与铜滑块接触的焊缝表面形状取决于铜滑块的表面凹槽,与陶质衬垫接触的焊缝表面形状也取决于陶质衬垫的表面形状。

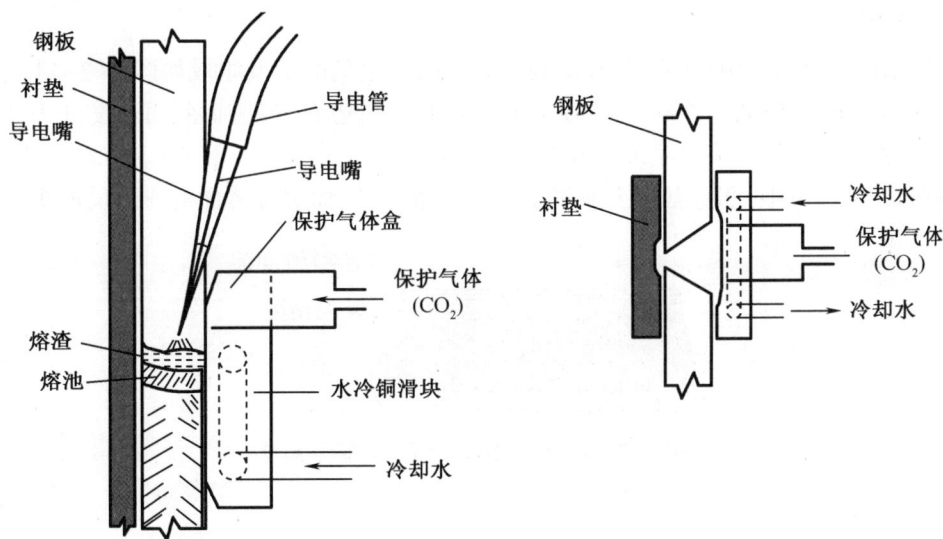

图 6-2-13 垂直气电焊的原理

2. 工艺特点

(1)熔敷效率高

采用直径 1.6 mm 的 DWS-43G 药芯焊丝,用常用焊接电流 380 A 焊接时,其熔敷效率可达 180 g/min,是手工电弧焊的 10 倍(如万吨级船舶 12 m 高的舷侧分段大接头 2 h 即可焊妥)。

(2)焊接质量高

焊接过程稳定,焊缝表面成形美观,在正常的条件下,焊缝 X 光一次拍片合格率高。

(3)焊接装置重量轻

采用的 SG-2(Z)焊接装置具有重量轻(19 kg)、体积小的特点,装置与轨道采用新颖的连接方法,拆装方便。

(4)操作容易

熔池的监视为自动控制,焊接工艺参数确定之后,焊接过程自动进行,操作比较容易。

(5)劳动强度较低

焊工在专用升降架中操作,保证处在较佳的条件下跟踪观察,劳动条件好。

3. 焊接材料

（1）焊丝

采用专用药芯焊丝 DWS-43G，其直径为 1.6 mm，每盘 20 kg。其适用于一般船体结构钢和 50 kg 级高强度船体结构钢的焊接。药芯焊丝的熔敷金属化学成分见表 6-2-1。

表 6-2-1　药芯焊丝的熔敷金属化学成分

化学成分	C	Mn	Si	S	P	Mo
占比/%	0.08	1.71	0.35	0.007	0.015	0.15

（2）陶质衬垫

采用 KL-4GT 型专用衬垫，其长度为 600 mm，衬垫的断面及组成如图 6-2-14 所示。

该衬垫表面的玻璃纤维织带对适应钢板表面的错边有好处，而且可以防止背面焊穿，但是它的存在控制不了焊缝背面的成形（背面焊缝的均匀度保证不了）。因此国产的本工艺专用衬垫（如 TSHD-QD）基本上取消了玻璃纤维织带，而焊缝背面的成形反而更有保证。

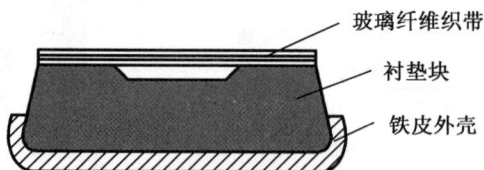

图 6-2-14　KL-4GT 衬垫的断面及组成

（3）CO_2 气体

CO_2 气体的纯度>99.5%。焊接保护气体的流量比较大，对供气的稳定性要求也高，一般是采用单独瓶装 CO_2 供气。

4. 焊前的坡口准备

立对接缝均采用 V 型坡口形式，其坡口角度和间隙应根据板厚而定，见表 6-2-2，对于板厚 16~24 mm 的原则上坡口角度为 40°±5°（板厚角度小些，反之亦然）。标准的间隙为 6 mm，允许最大到 10 mm，过大或过小都会对焊缝产生不利的影响。

表 6-2-2　不同板厚的坡口角度和间隙

板厚/mm	9	12	14	16	18	20	22	25
坡口角度/(°)	60	50	50	45	40	40	40	35
间隙/mm	6	6	6	6	6	6	5	5

6.2.4　焊接胎夹具

焊接胎夹具包括焊接夹具、装焊平台和胎架等。在焊接生产过程中如果选用和配合适当的焊接胎夹具，就能在装配时迅速定位和夹紧焊件，节省焊件装配时间；焊接时，可将焊件在空间的各种位置变为平焊,熔透横角焊变为船形焊,这样有利于选用高效率的焊接方法,提高劳动生产率,缩短生产周期;可以减少和控制焊件的变形,提高产品质量;能减轻劳动强度,改善作业环境。

1. 焊接夹具

焊接夹具是用以夹持并确定工件位置,以便进行焊接的工艺装置,它的效能直接影响焊接过程的效率和速度。

焊接夹具

（1）对焊接夹具的基本要求

①必须使被装配的零件或部件获得正确的位置和可靠的夹紧,并且在焊接时能有效地防止焊件产生变形。

②应具有足够的强度和刚度,足以承受重力和焊件变形引起的各个方向的应力。

③夹具的结构力求简单、使用方便、工作迅速可靠、装配容易。

④不影响焊接过程的顺序进行。

（2）焊接夹具的类型和用途

焊接夹具的类型很多,大都是根据本企业的结构特点、生产条件和实际需要自行设计和制作的。焊接夹具按应用范围分为通用夹具和专用夹具。通用夹具又称万能夹具,这类夹具无须调整或稍加调整,就能适用于不同工件的装配或焊接工作。专用夹具仅适用于一定类型的焊件。常用的夹具可分为定位元件、夹紧装置、拉紧器和推撑器等。

①定位元件

焊件在装焊时,定位元件的作用是使焊件间形成一定不变的相对位置,这对保证装焊过程顺利进行起到重要作用。定位元件有挡块、挡板、支承钉、定位销和 V 字铁等。它是以线或面与工件的定位基准接触进行定位的。定位元件通常配置在平台或胎架上,有时就在夹具或焊件本身的表面上。

②夹紧装置

夹紧装置是将焊件按预定要求夹紧在一定的位置上,使其不得移动,以便进行焊接的装置。它的种类很多,按作用原理分为杠杆、斜楔、螺旋、偏心轮等;按外力的来源分为手动、气动、液动和电磁式等。

a. 斜楔

其利用楔的斜面将工件夹紧,如图 6-2-15 所示。它的优点是结构简单,使用时必须将斜楔与"马"板放在一起,不同的斜面有不同的夹紧力。

图 6-2-15　斜楔

b. "马"

船厂中最常用的有 L 形"马"、V 形"马"、槽形"马"、梳状"马"、弓形"马"等多种,如图 6-2-16 所示。除弓形"马"和梳状"马"以外,一般都与铁楔同时使用,以压紧构件,便于装配,并防止焊接变形。L 形"马"主要用以压紧构件和铺板边缘,以便进行定位焊和焊接;槽形"马"（或称门形"马"）主要用于构架与板材装配时将构架压紧;梳状"马"主要用于拼板焊接,以防止焊接变形;弓形"马"主要用于让拼板按胎架线型固定。

马板组装

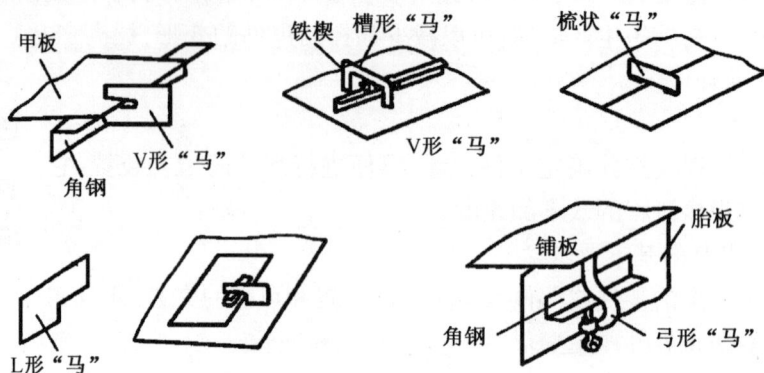

图 6-2-16 各种"马"

c.螺旋夹紧器(俗称"卡篮")

其利用螺旋(丝杆)力来夹紧工件。C形螺旋夹紧器如图 6-2-17 所示。它的特点是结构简单,夹紧较牢靠、通用性大,既可独立使用,也可安装在夹具上与定位器配合使用。

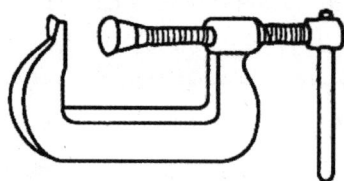

图 6-2-17 C形螺旋夹紧器

③拉紧器和推撑器

在装配过程中,拉紧器和推撑器可使两个工件拉紧、顶紧和推撑,从而达到预定的尺寸要求。在焊接过程中,也可用其来防止焊接变形,焊后又可以用其来进行变形矫正。

a.拉紧器

拉紧器以螺旋拉紧器应用最广。图 6-2-18 中的弓形"马"主要用于分段和胎架模板拉紧之用。图 6-2-18 所示的螺旋拉紧器(又称花篮螺丝)是一种通用拉紧器,它们由具有左右螺纹的螺杆和螺母组成。在图 6-2-18(a)中,两螺杆能把工件向里拉紧,反向旋转即能松开。在图 6-2-18(b)中,则是旋转螺杆,螺母向里或向外移动,将工件靠拢或分开。它可以用来拉紧相对位置的壁板、舷板、甲板等,以便进行装焊。

螺旋结构
拉紧器

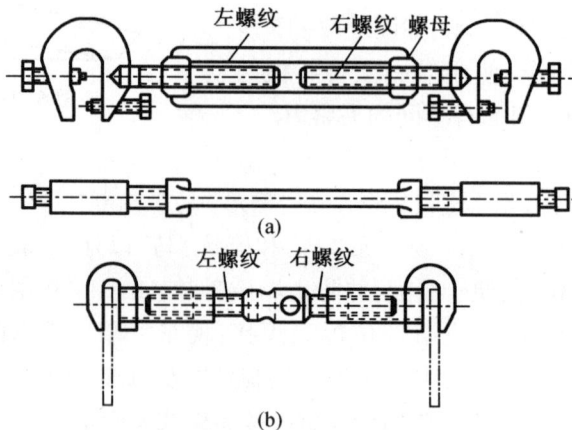

图 6-2-18 螺旋拉紧器

b. 推撑器

把两个工件顶紧或撑开,而本身受压力的装置叫推撑器。日常使用的千斤顶就是一种推撑器,它可用于焊件的顶升和压紧。图6-2-19是一种螺旋推撑器,主要用于容器内的推撑。

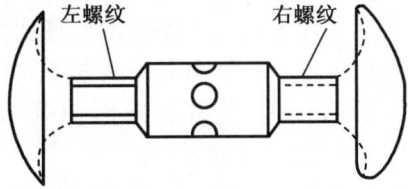

图6-2-19 螺旋推撑器

2. 焊接平台

焊接平台是最简单的一种通用支持件。它是装配焊接船体结构件、主机座和一些船体拼板及平面片段的基座。为了适应装配各种产品的需要,保证构件的质量,通常要求焊接平台要有较大的刚性,能承受一定的压力、拉力和冲击力,有较高的水平度,能安装所需的定位元件和夹紧装置。

常见的焊接平台有金属结构平台和铸铁平台。金属结构平台是用各种型钢制成或在型钢上铺板组成的空心平台或实心平台,在这类平台上可对各种船体部装拼板及平面片段进行装焊,并用弓形"马"拉紧来减少和控制变形。铸铁平台由整块铸铁铸成,在台面上开有各种沟槽或圆孔,用来安装夹紧装置。

3. 胎架

胎架是一种模具,在船体制造时作为分段外模用。它是根据放样台中或数学放样中的船体线型,按所要装配的分段外形复制而成的。胎架的使用特点是既可保证船体分段线型,又能改善装焊条件和扩大自动和半自动焊的使用范围。根据使用要求,胎架可分为以下几种。

(1)固定胎架

固定胎架由型钢和胎板组合而成。它根据分段制造方法不同,可分平面胎架(框架式)和曲面胎架(框架式)两种。

①平面胎架主要用于分段反造。分段是以平面为基准面,在拼板上面装焊纵横构件,然后再贴外板。拼板铺在胎架上,在其反面与胎板用定位焊固定,防止分段变形。

②曲面胎架主要用于分段正造。图6-2-20所示为船体分段曲面胎架示意图。为了使胎板与分段外板接触面积小而又能紧贴,并使分段在焊接时有自由收缩的可能,可利用废旧的边角料,在角钢上面间隔排列小块胎板,这种胎板还能起到定位作用。根据分段的不同形状和尺寸,可制成甲板胎架、底部分段胎架和舷侧分段胎架以及各种半立体分段胎架等。这种类型的胎板胎架缺点是每个胎架只能制造一种分段,当分段线型变化时,必须将胎板拆除,按照重新制造分段的线型重新安装胎板。

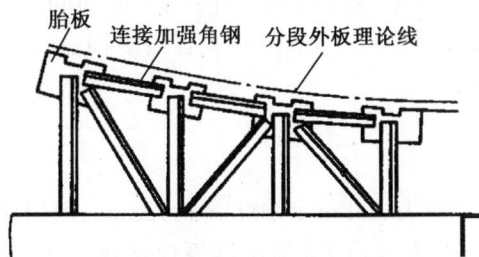

图6-2-20 船体分段曲面胎架示意图

（2）活络胎架

活络胎架由许多根可调节高度的支柱组成。胎架线型不需用样板划线，而是直接以坐标形值定出。支柱由内外两根不同口径的管子套接而成，在内外管上各按不同间距钻两排对穿的销孔，以便按胎架形值调节支柱的高度后用销轴插入相应的销孔中加以固定（图6-2-21），再通过弓形"马"将分段与胎架固定。

这种胎架在每装一只不同分段时，需将胎架支柱按分段形值调整一次。随着电子技术应用于造船工业，胎架的支柱能自动调整，即各支柱的高度值是用数学放样所得的型值，制成纸带，通过数控装置来调整。支柱的高低可用液压千斤顶或螺旋千斤顶进行传动调节。活络胎架具有较高的经济性，很有发展前途。

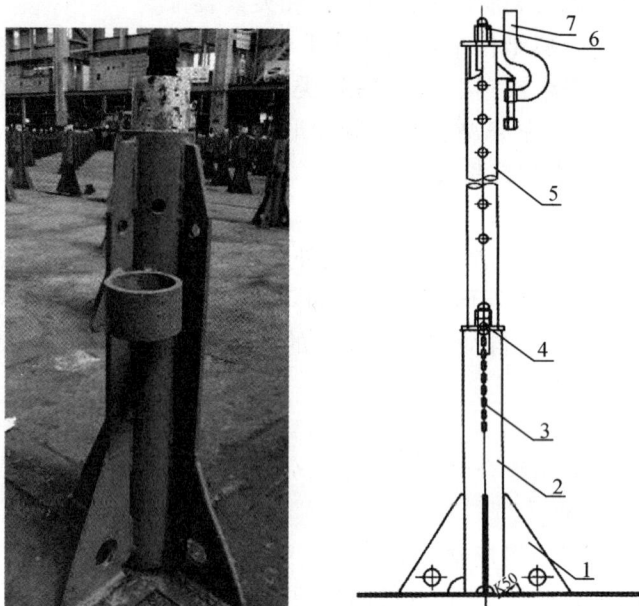

1—支撑板；2—外管；3—调节螺杆；4—销轴；5—内管。

图6-2-21 活络胎架支柱

（3）回转胎架

回转胎架的作用是将焊件在一个或几个平面内回转，以便使焊件上的各条焊缝都尽可能地处于水平位置进行焊接。胎架的回转动力有手动和电力传动两种。手动的回转胎架较简单，多用于焊条电弧焊焊接小型较轻的焊件；电力传动的回转胎架主要用于大型较重的焊件或自动焊接的转胎。回转胎架的结构形式有很多种，如滚轮转胎、端面回转器、焊接变位机、支承圈的回转胎架等。

任务实施

材质为Q235的钢板，规格为300 mm×100 mm×12 mm，坡口面为40°，如图6-2-22所示。请按照技术要求，将两块钢板焊接成一组焊件，要求采用陶质衬垫 CO_2 气体向上立焊操作。焊后变形量≤3°。为保证衬垫能紧贴及不致影响成型焊缝质量，装配时缝口两端应装引、熄弧扳，坡口内不

立焊操作

能有定位焊点。

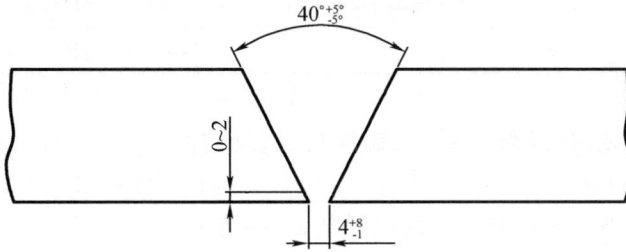

图 6-2-22　坡口设置

1.焊前准备

(1)焊接材料

选用 H08Mn2SiA 焊丝,直径为 1.2 mm。

(2)焊接设备

选用 NBC-350 型 CO_2 气体保护焊机,电源极性采用直流反接。

(3)CO_2 气体

纯度≥99.5%。

(4)辅助工、量具

辅助工、量具见表 6-2-3。

表 6-2-3　辅助工、量具

序号	名称	用途
1	敲渣锤	清除焊渣和金属飞溅
2	錾子	铲除金属表面缺陷和焊瘤
3	钢丝刷	刷焊件表面或焊缝脏物
4	钢丝钳	剪断焊丝
5	扳手	开关 CO_2 气瓶
6	钢尺	测量工件
7	焊规	焊缝尺寸、坡口角度及装配间隙测量
8	工具箱	存放工具

(5)引、熄弧板安装

引、熄弧板的尺寸为 150 mm×100 mm,安装方式如图 6-2-23 所示。引、熄弧板选用的厚度必须符合表 6-2-4 要求。

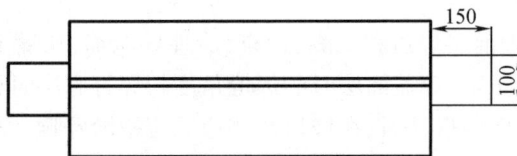

图 6-2-23　引、熄弧板的安装方式

表 6-2-4　引、熄弧板选用的厚度　　　　　　　　　　　　　　单位：mm

板厚	14≤t≤16	16<t≤18	18<t≤20	20<t≤22	22<t≤24	24<t≤26	26<t≤28	28<t≤30
引、熄弧板	16	18	20	22	24	26	28	30

引、熄弧板的安装，必须保证引、熄弧板与拼板的背面齐平。引、熄弧板安装后，需在引、熄弧板上沿焊缝方向，采用碳弧气刨进行坡口的开启，引弧端坡口长度≥30 mm，熄弧端坡口长度≥50 mm。坡口深度略高于拼板焊缝 2 mm 左右，并与拼板焊缝连续过渡。

（6）衬垫安装

衬垫的安装必须与钢板黏合紧密，衬垫与衬垫衔接处应相互推紧无间隙。

2. 焊接工艺参数

焊接工艺参数见表 6-2-5。

表 6-2-5　焊接工艺参数

焊道位置	坡口形式	焊道	焊丝直径/mm	焊接电流/A	电弧电压/V	气体流量/(L·min⁻¹)
立	55° 4 3 2 1 5±2	打底层	1.2	130~150	20~24	15~20
		填充层 盖面层	1.2	150~180	22~26	15~20

3. 操作步骤与要领

（1）打底焊

打底层一般常用左焊法施焊。施焊之前，调试好焊接参数。检查、清理导电嘴和喷嘴，并把喷嘴涂上防飞溅剂。焊接时，先按动焊枪开关，检查送丝是否正常，然后调整好焊枪角度，在试板引弧板处引燃电弧。电弧引燃后以锯齿形向上摆动焊枪、施焊。打底层焊接中，坡口两根趾应完全熔透，坡口间隙较大时，可进行适当的手势摆动，两根趾处略做停顿，以确保焊缝背面成形良好。

（2）填充焊

根据填充焊的需要调整焊接电流、电弧电压和焊丝伸出长度。清理焊件表面的飞溅物。检查、清理喷嘴处飞溅物，并涂以防堵剂。按动开关、检查送丝是否正常。施焊时焊丝摆动幅度比焊打底层时要大，电弧在坡口两侧稍做停留，以保证焊道两侧熔合良好。填充焊道要比母材表面低 1.5~2 mm，以使坡口边缘保持原始状态，为焊盖面层打好基础。

（3）盖面焊

盖面层焊接前，应清理前层焊道和飞溅，检查、清理导电嘴、喷嘴上的飞溅，并对喷嘴涂以硅油。检查焊枪送丝是否正常，焊盖面层时的焊枪角度与焊打底层时相同，焊丝横向摆动幅度比焊填充层时要大。焊丝横向摆动时，在坡口两侧边缘应稍做停顿，停顿时间以焊缝与母材圆滑过渡，焊缝余高不超过标准为宜。焊枪沿焊缝两侧摆动还应保证熔池熔化范围超出棱边 1~2 mm，以获得宽度一致的焊缝成形。焊丝横向摆动时，应注意控制摆动间距，使之均匀、合适。

间距不宜过大,否则易产生咬边,焊缝表面也不美观。收弧时,注意填满弧坑。

CO_2气体保护半自动焊立焊操作不推荐采用月牙形摆动。如图6-2-24(c)所示的向下弯曲的月牙形摆动,会促使熔敷金属下淌,产生焊瘤和咬边缺陷,因此常采用反月牙形摆动进行立焊。

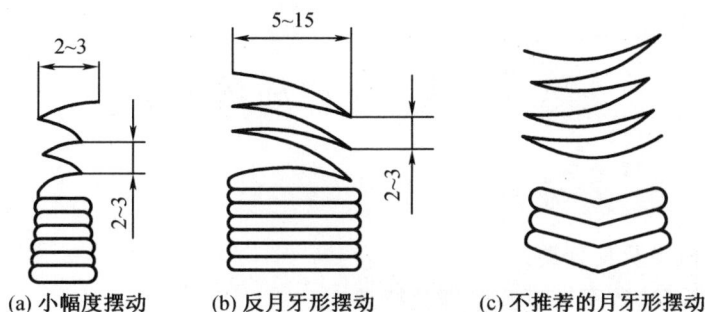

(a) 小幅度摆动　　　(b) 反月牙形摆动　　　(c) 不推荐的月牙形摆动

图6-2-24　CO_2气体保护焊横向摆动运丝法

4. 焊后检验

焊接结束后,焊工需去除焊缝背面衬垫,并检查背面焊缝是否符合要求。

(1)外观检验

焊缝正、背面不得有气孔、夹渣、焊瘤、未熔合等缺陷,未焊透长度小于焊缝总长的20%,且深度不超过1.5 mm。

(2)无损探伤

执行《金属熔化焊焊接接头射线照相》(GB/T 3323—2005)标准,Ⅱ级以上为合格。

(3)力学性能检验

参照低合金钢焊条电弧焊力学性能检验合格标准。

思考与练习

一、填空题

1. 焊接胎夹具包括_____、_____、胎架或翻转机械装置等。

2. 常用的夹具可分为_____、_____、_____等。

3. 船厂中最常用的有_____形"马"、_____形"马"、槽型"马"、_____"马"、弓形"马"等多种。

4. 胎架是一种_____,在船体制造时作为分段外模用。

5. 固定胎架由型钢和胎板组合而成。它根据分段制造方法不同,可分_____(框架式)和_____(框架式)两种。

6. 垂直气电焊适用于处在垂直位置的对接缝的焊接,尤其是较厚板的垂直长接缝的焊接,如_____,_____,隔舱壁分段等大接头的焊接。

二、问答题

1. 船体分段大合拢的焊接方法有哪些?

2. 简述气电垂直自动焊工艺的基本原理。

3. 焊接夹具的类型和用途是什么?

模块七　船舶焊接检验

项目 7.1　船舶焊接检验

学习目标

1. 掌握焊接检验及其分类；
2. 掌握外观检验、致密性试验原理及特点；
3. 理解超声波探伤的原理，掌握超声波探伤的特点；
4. 理解射线探伤的原理，掌握射线探伤的特点；
5. 掌握渗透探伤特点和检测步骤。

项目任务

本项目任务是船舶焊接检验，通过对钢板进行渗透探伤来认识焊缝表面缺陷。当船舶的主要焊接接头存在严重缺陷时，它必然经受不了大风大浪的冲击，很有可能造成断裂，严重时甚至会发生沉船事故。因此，对焊接质量进行检验，具有重要意义。学生应在掌握焊接检验分类、外观检验、致密性试验、超声探伤、射线探伤原理的基础上，会评片，并且能熟练掌握渗透探伤技能。渗透探伤前要先对试件进行预清洗，再用干净的纸用力擦拭清洗干净，并自然干燥 3~5 min。检测后评定缺陷类型、缺陷级别和缺陷位置。如图 7-1-1 所示为焊接缺陷检验。

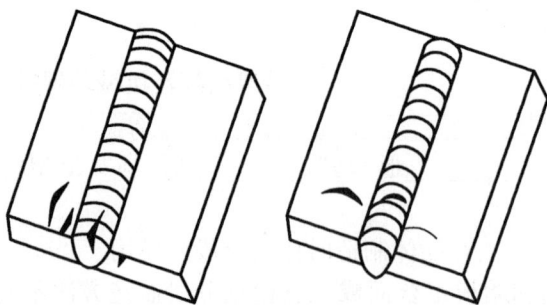

图 7-1-1　焊缝缺陷检验

知识能力

7.1.1　焊接检验及其分类

1. 船舶焊接检验的意义

焊接结构的生产同其他产品一样,抓好产品的质量是很重要的一个环节。在焊接结构的生产中,焊接接头的质量好坏将直接影响到产品结构的安全使用。所以,每个焊接工作者都必须在焊接结构生产过程中,努力保证焊缝的质量符合技术要求。

焊接质量主要取决于以下因素:基本金属和焊接材料的质量、焊件坡口的加工和清理工作、焊件装配的质量、焊接规范、焊接工艺规程、焊接设备、焊工的技能和工作情绪等。

因此,为了获得可靠的焊接结构,保障焊接产品的质量,还必须采用合理的焊接检验技术。

焊接检验的主要作用如下。

(1)保证焊接结构制造质量,保证其使用性能。

(2)改进焊接工艺,合理使用焊接技术。

(3)降低产品成本。

(4)有效保障并促进焊接技术的推广和应用。

2. 焊接检验的分类

焊接检验通常分为三个阶段进行,即焊前检验、焊接过程中的检验和成品检验。

焊前检验是防止废品产生的重要措施之一。经验证明,多花些时间使焊前检验做得好些,要比因检验不好造成废品后进行修补经济得多。焊前检验内容主要是技术文件(图纸)、焊接材料、焊接设备、装焊的工夹具和工件质量、焊件边缘清洁程度等是否符合技术要求。在焊接重要结构时,焊工还必须经过一定的考试。焊前检验工作主要由技术检验科负责进行,由工厂焊接试验室协助。

焊接过程中的检验是从焊接工作开始至全部焊接工作完成期间内的检验,主要检查焊接过程中使用的装焊工夹具,焊接工艺规程和焊接规范的执行情况等。焊接过程中的检验由技术检验科、焊工、焊接生产组组长和工长等一起进行。

成品检验是最后一个检验阶段。也是决定性地鉴定焊接质量优劣的阶段。焊接检验的方法根据结构的工作要求来确定。成品检验由技术检验科完成。

焊接检验可分为破坏性检验和非破坏性检验两大类,如图7-1-2所示。

非破坏性检验又称无损检测,是不损坏被检材料或成品的性能与完整性而检测其缺陷的方法。

破坏性检验是从焊件上切取试样,或以产品的整体破坏做试验,以检测其各种力学性能、化学成分、焊接性等的试验方法。

焊接检验
- 非破坏性试验
  - 外观检验
  - 压力试验
    - 水压试验
    - 气压试验
  - 致密性试验
    - 气密性试验
    - 吹气试验
    - 氨渗漏试验
    - 煤油试验
    - 载水试验
    - 沉水试验
    - 水冲试验
    - 氦检漏试验
  - 无损检测
    - 射线探伤
    - 超声波探伤
    - 渗透探伤
    - 磁粉探伤
    - 涡流、红外线、声发射等其他探伤方法
- 破坏性试验
  - 化学成分分析
    - 化学分析
    - 腐蚀试验
  - 力学性能试验
    - 拉伸试验
    - 弯曲试验
    - 压缩试验
    - 冲击试验
    - 硬度试验
    - 疲劳试验
  - 金相检验
  - 焊接性试验
    - 斜 Y 形坡口试验
    - 插销试验
    - 其他试验方法

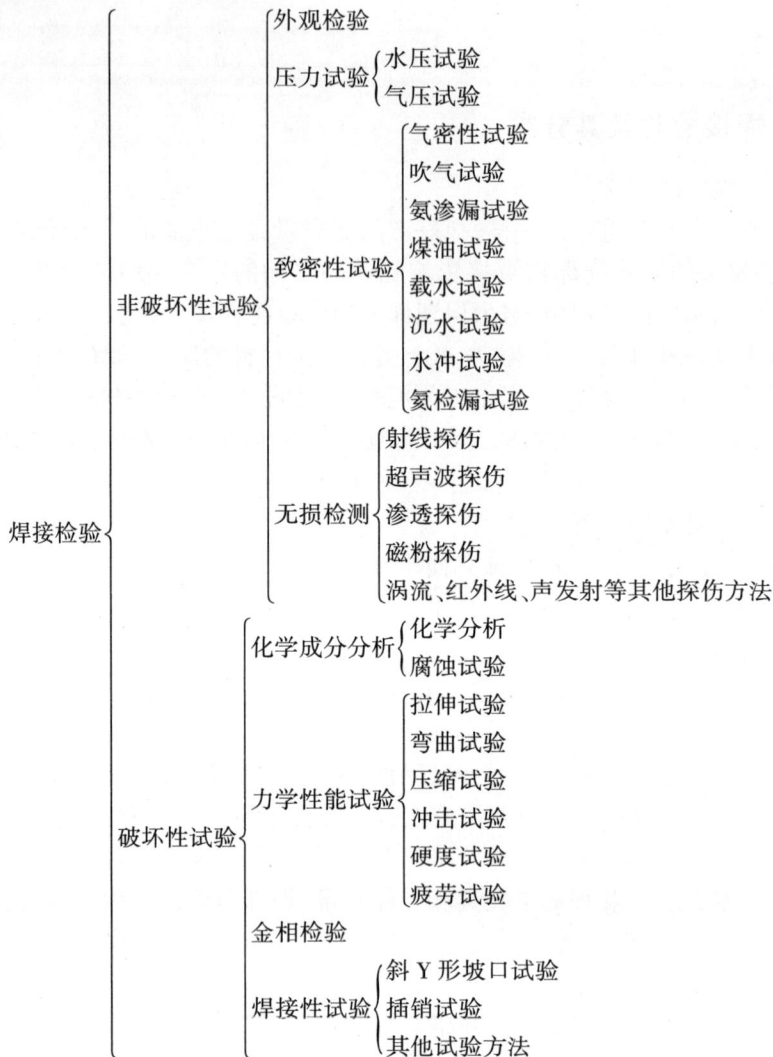

图 7-1-2　焊接检验分类

7.1.2　焊接外观检验、压力试验和致密性试验

焊缝的外观检验可用肉眼及放大镜,主要检测焊接接头的形状和尺寸,检验过程中可使用标准样板和量规。

1.焊缝的外观检验

(1)目视检测的方法

目视检测方法分为直接目视检测和远距离目视检测。

①直接目视检测

直接目视检测也称近距离目视检测,适用于眼睛能充分接近被检物体直接观察和分辨缺陷形态的场合。一般情况下,目视距离约为 600 mm,眼睛与被检工件表面所成的视角不小于 30°。在检测过程中,采用适当照明,利用反光镜调节照射角度和观察角度,或借助低倍放大镜观察,以提高眼睛发现缺陷和分辨缺陷的能力,图 7-1-3 为放大镜、反光镜。

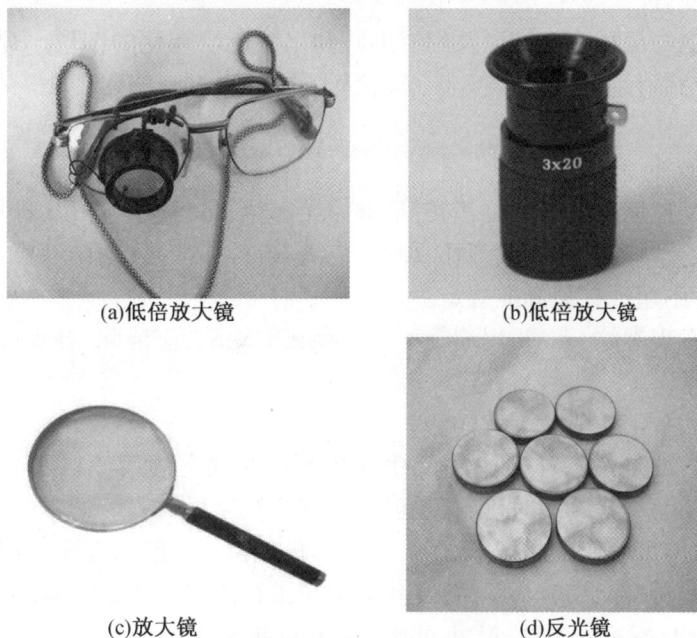

(a)低倍放大镜　　(b)低倍放大镜

(c)放大镜　　(d)反光镜

图 7-1-3　放大镜、反光镜

②远距离目视检测

远距离目视检测适用于眼睛不能接近被检物体,必须借助望远镜、内孔管道镜、照相机等进行观察的场合。其分辨能力,至少应具备相当于直接目视观察所获的检测效果,图7-1-4 为远距离目视检测工具。

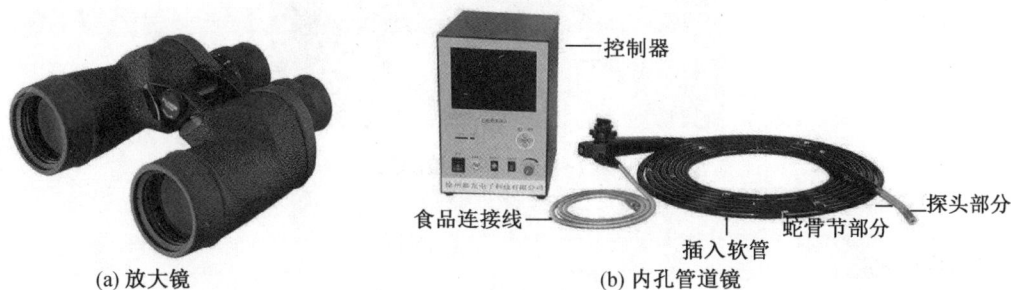

控制器

食品连接线　插入软管　蛇骨节部分　探头部分

(a) 放大镜　　(b) 内孔管道镜

图 7-1-4　远距离目视检测工具

(2)目视检测的项目

①焊接后清理质量

所有焊缝及其边缘,应无熔渣、飞溅及阻碍外观检查的附着物。

②焊接缺陷检查

在整条焊缝和热影响区附近,应无裂纹、夹渣、焊瘤、烧穿等缺陷,气孔、咬边应符合有关标准规定。焊接接头部位容易产生焊瘤、咬边等缺陷,收弧部位容易产生弧坑、裂纹、夹渣、气孔等缺陷,检查时要注意。

③几何形状检查

重点检查焊缝与母材连接处以及焊缝形状和尺寸急剧变化的部位。焊缝应完整,不得有漏焊,连接处应圆滑过渡。焊缝高低、宽窄及结晶鱼鳞纹应均匀变化。可借助测量工具来进行测量。

④焊接的伤痕补焊

重点检查装配拉筋板拆除部位,勾钉吊卡焊接部位、母材引弧部位、母材机械划伤部位等。应无缺肉及遗留焊疤,无表面气孔、裂纹、夹渣、疏松等缺陷,划伤部位不应有明显棱角和沟槽,伤痕深度不超过有关标准规定。

目视检测若发现裂纹、夹渣、焊瘤等不允许存在的缺陷,应清除、补焊或修磨,使焊缝表面的质量符合要求。

(3)焊缝尺寸的检测

焊缝尺寸的检测是按图样标注的尺寸或技术标准规定的尺寸对实物进行测量检查。尺寸测量工作可与目视检测同时进行,也可在目视检测之后进行。通常是在目视检测的基础上,初步掌握几何尺寸变化的规律之后,选择测量部位。一般情况下,选择焊缝尺寸正常部位、尺寸变化的过渡部位和尺寸异常变化的部位进行测量检查,然后相互比较,找出焊缝尺寸变化的规律,与标准规定的尺寸对比,从而判断焊缝的几何尺寸是否符合要求,图7-1-5为焊接检测尺。

图7-1-5　焊接检测尺

2.压力试验

(1)水压试验

水压试验是最常用的压力试验方法。水的压缩性很小,一旦焊接结构因缺陷扩展而发生泄漏,水压立即显著下降,不会引起爆炸。因此,用水做试压介质既安全又廉价,操作起来也十分方便,故得到了广泛的使用。对于极少数不宜盛装水的焊接结构,则可采用不会导致危险发生的其他液体。但试验时液体的温度应低于其闪点或沸点。进行水压试验的产品,焊接工作必须全部结束。焊缝的返修、焊后热处理、力学性能检测及无损探伤必须全部合格。受压部件充灌水之前,药皮、焊渣等杂物必须清理干净。

水压试验可用作焊接容器的致密性和强度试验。水压试验的规范包括环境温度、水的温度及试验压力、保压时间等。水压试验的环境温度应高于5℃,水的温度应不高于49℃,以防汽化,否则检查渗漏时难以发现。试验压力不同的材质按照国家标准选择,一般保压

8~12 h。但气温低于 5 ℃时不应进行水压试验。当环境温度低于 5 ℃时,进行试验要采用人工加温,维持水温在 5 ℃以上方可进行。试验时,容器充满水,彻底排尽空气,然后,用水压机逐步增大容器内的静水压力,压力的大小按产品的工作性质而定,一般为工作压力的 1.25~1.5 倍。在高压下持续一定的时间以后,再将压力降至工作压力,并沿焊缝边缘 15~20 mm 的地方用 0.4~0.5 kg 的圆头小锤轻轻敲击,同时对焊缝仔细检查,当发现焊缝有水珠、细水流或潮湿时就表示该焊缝处不致密,应当把它标示出来,这样的产品应评为不合格,返修处理。如果产品在试验压力下,关闭了所有进、出水的阀门,其压力值保持一定时间不变,亦未发现任何缺陷,则产品评为合格,水压试验如图 7-1-6 所示。

图 7-1-6 水压试验

(2)气压试验

气压试验和水压试验一样,检测的是在一定压力下工作的容器和管道的焊缝的致密性。气压试验比水压试验更为灵敏和迅速,同时试验后的产品不用排水处理,对于排水困难的产品尤为适用。但是,气压试验的危险性比水压试验大,所以进行试验时,必须遵守相应的安全技术措施,以防试验过程中发生事故,气压试验如图 7-1-7 所示。

图 7-1-7 气压试验

3. 致密性试验

致密性试验是对焊接结构的整体强度和密封性进行的检测,也是对焊接结构的选材、切割和制造工艺等的综合性检测,其检测结果不但是产品是否合格和等级划分的关键数据,而且是保证其安全运行的重要依据。

贮存液体或气体的焊接容器,其焊缝的不致密缺陷,如贯穿性的裂纹、气孔、夹渣、未焊透以及疏松组织等,可用致密性试验来发现。下面对几种常用的致密性试验方法进行简要介绍。

(1)煤油试验

煤油试验是最常用的致密性试验方法,常用于检查敞口的容器,如贮存石油、汽油的固定储罐和其他同类型的产品。

用这种方法进行检测时,在比较容易修补和发现缺陷的一面,将白垩粉水溶液涂在焊缝上,干燥后,将煤油仔细地涂在焊缝的另一面上。由于煤油黏度和表面张力很小,渗透性很强,具有透过极小的贯穿性缺陷的能力,当焊缝上有贯穿性缺陷时,煤油就能渗透过去,并且在白垩粉涂过的表面上显示出明显的浊斑点或条带状油迹。时间一长,它们会渐渐散开成为模糊的斑迹。为了精确地确定缺陷的大小和部位,检查工作要在涂覆煤油后立即开始,发现油斑就及时将缺陷标出。

检查的持续时间和工件板厚、缺陷的大小及涂覆煤油量有关,板越厚时间越长,缺陷较小时间也要长些,一般为15~20 min。如果在规定的时间内焊缝表面上并未出现油斑,焊缝被评为合格。

(2)载水试验

载水试验常用来检测较浅的不承受压力的容器或敞口容器,如船体、水箱等。进行这个试验时,将容器的全部或一部分充满水,观察焊缝表面是否有水渗出。如果没有水渗出,该容器的焊缝视为合格。这一方法需要较长的检测时间。

(3)氨气试验

氨气试验是将容器的焊缝表面用5%硝酸汞水溶液浸过的纸带盖严实,在容器内加入含1%体积(在常压下的含量)氨气的混合气体,加压至容器的设计承受压力值时,如果焊缝有不致密的地方,氨气就透过焊缝,并作用到浸过硝酸汞水溶液的纸上,使该处形成黑色的图斑。根据这些图斑就可以确定焊缝的缺陷部位。封闭容器和敞口容器都可以采用这一试验。实验所得的硝酸汞纸带可作为判断焊缝质量的文件证据。浸过同样溶液的普通医用绷带也可代替纸带,绷带的优点是洗净后可以再用。这种方法比较准确、迅速和经济,同时可在低温下检测焊缝的致密性。

7.1.3 渗透探伤

渗透探伤是在被检工件上浸涂可以渗透的带有荧光物质的或有颜色的染料,利用渗透剂的渗透作用,显示表面缺陷痕迹的一种无损检测方法。该法具有操作简单、成本低廉、不受材料性质的限制等优点,广泛应用于各种金属材料和非金属材料构件的表面开口缺陷的质量检验。由于渗透探伤只能检测表面开口缺陷,因此一般应当和其他无损检测方法配合使用才能最终确定缺陷性质。

1. 渗透探伤的原理

当被检工件表面涂覆了带有颜色或荧光物质且具有高度渗透能力的渗透液时,在液体对固体表面的湿润作用和毛细管作用下,渗透液渗透入工件表面开口缺陷中。然后,将工件表面多余的渗透液清洗干净,注意保留渗透到缺陷中的渗透液,再在工件表面涂上一层显像剂,将缺陷中的渗透液在毛细作用下重新吸附到工件表面,从而形成缺陷的痕迹,通过直接目视或特殊灯具,观察缺陷痕迹颜色或荧光图像对缺陷性质进行评定,这就是渗透探伤的基本原理,如图 7-1-8 所示。

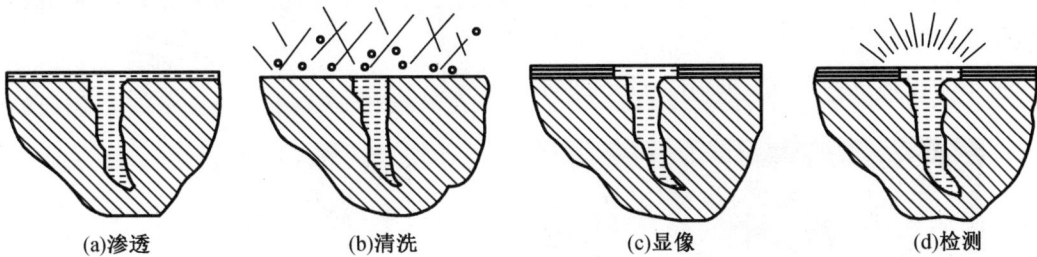

(a)渗透　　　　　(b)清洗　　　　　(c)显像　　　　　(d)检测

图 7-1-8　渗透探伤的基本原理

2. 渗透探伤的常用方法

根据显像方式、渗透剂及显像剂的不同,常用的渗透探伤方法分为以下几种。

(1)着色渗透探伤法

这种探伤方法使用的渗透剂主要是颜色深的着色物质,通常由红色染料及溶解着色剂的溶剂组成。而显像剂则为含有吸附性强的白色颗粒状的悬浮液组成。白色显像剂所吸附的红色渗透剂,显现出对比度明显的色彩图像,能直观地反映出缺陷的部位、形态及数量。

(2)荧光渗透探伤法

这种探伤方法使用含有荧光物质的渗透剂。经清洗后保留在缺陷中的渗透剂被显像剂吸附出来,用紫外光源照射使荧光物质产生波长较长的可见光,在暗室中对照射后的工件表面进行观察,通过显现的荧光图像可判断缺陷的大小、位置及形态。

(3)水洗型渗透探伤法

这种探伤方法以水为清洗剂,渗透剂以水为溶剂,或者在渗透剂中加有乳化剂,使非水溶性的渗透剂发生乳化作用而具有水溶性。也可以在渗透剂中直接加入乳化剂,而使渗透剂具有水溶性。

(4)溶剂去除渗透探伤法

自乳化型渗透剂有灵敏度不足的缺点,使用溶剂作为清洗剂可避免上述问题。由于清洗使用的溶剂主要是各种有机物,它们具有较小的表面张力系数,对固体表面有很好的润湿作用,因此有很强的渗透能力。但如操作不当,很容易浸入缺陷内部,将渗透剂冲洗出来,或者降低了着色物的浓度,使图像色彩对比度不足而造成漏检。当在探伤工作量不大且现场又无水源、电源时,其作为一种便携式的探伤手段,可以随时随地展开探伤工作,是一种较好的方法。

(5)干式显像渗透探伤法

这种探伤法主要用于荧光渗透剂,用经干燥后的细颗粒干粉可获得很薄的粉膜,对荧光显像有利,可提高探伤灵敏度。

(6)湿式显像渗透探伤法

湿式显像剂是在具有高挥发性的有机溶剂中加入起吸附作用的白色粉末配制而成的,这些白色粉末并不溶解于有机溶剂中,而是呈悬浮状态,使用时必须摇晃均匀。为改善显像剂的性能,还要加入一些增加黏度的成分,以限制有机溶剂在吸附渗透剂到工件表面后扩散,防止显现的图像比实际缺陷大的假象,同时为了尽快进行观察,常常采用吹风机进行热风烘吹以加快干燥。

常用的渗透剂与观测仪如图7-1-9所示。

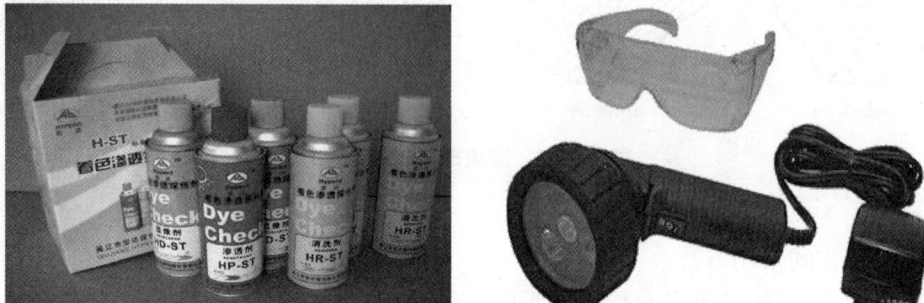

图7-1-9　常用的渗透剂与观测仪

3. 渗透探伤的操作步骤

渗透探伤的操作步骤较多,检测时对各步骤都应给予足够的重视,其操作步骤为:前处理→渗透处理→乳化处理→清洗处理→干燥处理→显像处理→检验→后处理。

（1）前处理

前处理是向被检工件表面涂覆渗透剂前的一项准备工作,其目的是彻底清除工件表面妨碍渗透剂渗入缺陷的油脂、涂料、铁锈、氧化皮及污物等附着物。如果是对工件表面局部探伤,例如对焊缝或坡口热加工表面探伤,清除处理的范围应从探伤部位四周向外扩展25 mm以上。经预清洗后残余的溶剂、清洗剂和水分应充分干燥,并尽快进行下一步操作。如探伤工作量大,则可清洗一段,探伤一段,以避免间隔时间太长造成二次污染。

（2）渗透处理

渗透处理是在工件表面施加渗透剂的过程,应根据工件的数量、尺寸、形状及渗透剂的种类等条件采用不同的渗透方法和渗透时间。在整个渗透过程中要保证渗透剂能充分覆盖工件表面,否则会影响渗透效果。常用的渗透方法有浸渍法、刷涂法、喷涂法等。

渗透过程是一个扩散过程,渗透所需时间根据渗透剂种类、被检工件的材质、缺陷本身的性质以及被检工件和渗透剂的温度而定。对水洗型渗透剂,无论是水基的还是自乳化型的,由于渗透性能较差,需要的渗透时间就长一些。

（3）乳化处理

这一操作步骤仅在采用后乳化型渗透剂时才必要,因为渗透剂中大多以不溶于水的有机物作为着色剂的溶剂,所以无法直接用水进行清洗,如果用水清洗,则必须先作乳化处理。

（4）清洗处理

无论采用何种类型的渗透剂,清洗处理都是必不可少的步骤,其目的是去除附着在被检工件表面的多余渗透剂,在处理过程中,既要防止处理不足而造成对缺陷识别的困难,也要防止处理过度而使渗入缺陷中的渗透剂也被洗去。用荧光渗透剂时,可在紫外线照射下边观察处理程度边进行操作。

（5）干燥处理

干燥处理有自然干燥和人工干燥两种方式。对自然干燥,主要控制干燥时间,不宜太长;对人工干燥,则应控制干燥温度,以免蒸发掉缺陷内的渗透剂,降低检验质量。在工作程序上,可能在清洗之后进行,也可能在显像之后进行。

（6）显像处理

根据显像剂的使用方式不同,显像处理的操作方法也不同。荧光探伤可直接使用经干燥后的细颗粒氧化镁粉作为显像剂喷洒在被检面上,即干式显像法。对小型工件也可埋入氧化镁粉中,保留一定时间,让显像剂充分吸附缺陷中的渗透剂,最后用压力比较低的压缩空气吹拂掉多余的显像剂即可。

（7）检验

由于渗透探伤是依靠人的视力或辅以 5~10 倍的放大镜去观察的,因此要求探伤人员的矫正视力在 1.0 以上,无色盲。对于荧光渗透探伤,观察人员应先在暗室中至少停留 5 min,以适应环境,然后再观察,被检物表面的照度不得低于 50 lx。

（8）后处理

如果残留在工件上的显像剂或渗透剂影响以后的加工、使用,或要求重新检验时,应将表面冲洗干净。对于水溶性的显像剂或渗透剂用水冲洗,或用有机溶剂擦拭。

7.1.4 超声波探伤原理及特点

超声波探伤是利用超声波在物体中的传播、反射和衰减等物理特性来发现缺陷的一种无损检测方法。它可以检查金属材料、部分非金属材料的表面和内部缺陷,如焊缝中裂纹、未熔合、未焊透、夹渣、气孔等缺陷。超声波探伤具有灵敏度高、设备轻巧、操作方便、探测速度快、成本低、对人体无害等优点,但在对缺陷进行定性和定量的准确判定方面还存在着一定的困难。超声波是频率大于 20 000 Hz 的声波,它属于机械波。在金属探伤中使用的超声波,其频率为 0.5~10 MHz,其中以 2~5 MHz 最为常用。

超声波探伤

1. 超声波探伤的原理

在超声波探伤中常用的频率为 0.5~10 MHz。这种机械波在材料中能以一定的速度和方向传播,遇到声阻抗不同的异质界面(如缺陷或被测物件的底面等)就会产生反射。这种反射现象可被用来进行超声波探伤,最常用的是脉冲回波探伤法,探伤时,脉冲振荡器发出的电压加在探头(用压电陶瓷或石英晶片制成的探测元件)上,探头发出的超声波脉冲通过声耦合介质(如机油或水等)进入材料并在其中传播,遇到缺陷后,部分反射能量沿原途径返回探头,探头又将其转变为电脉冲,经仪器放大而显示在示波管的荧光屏上。

根据缺陷反射波在荧光屏上的位置和幅度(与参考试块中人工缺陷的反射波幅度做比较),即可测定缺陷的位置和大致尺寸。除回波法外,还有用另一探头在工件另一侧接收信号的穿透法。利用超声法检测材料的物理特性时,还经常利用超声波在工件中的声速、衰减和共振等特性。A 型脉冲反射式超声波探伤仪原理如图 7-1-10 所示。

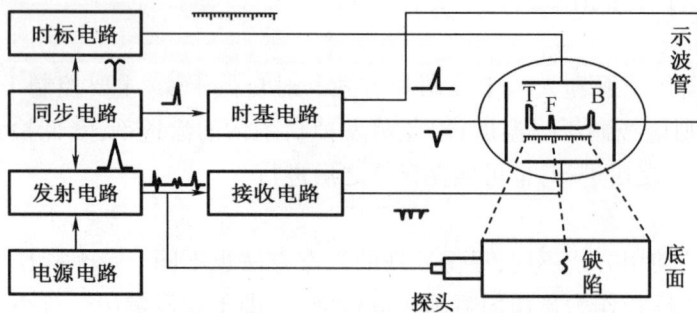

图 7-1-10　A 型脉冲反射式超声波探伤仪原理

2. 设备与器材

超声波探伤常用的仪器有超声波探伤仪(图 7-1-11)和超声波探头(图 7-1-12)。

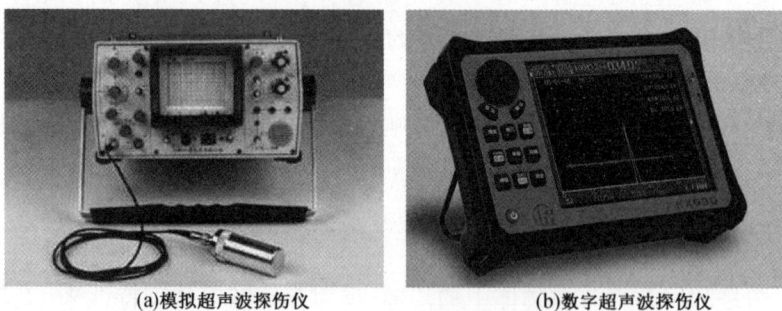

(a)模拟超声波探伤仪　　　　　　　(b)数字超声波探伤仪

图 7-1-11　超声波探伤仪

图 7-1-12　超声波探头

3. 焊缝直接接触法超声波探伤

超声波探伤示例如图 7-1-13 所示。焊缝中缺陷的位置、形状和方向直接影响缺陷的声反射率。超声波探测焊缝的方向越多,波束垂直于缺陷平面的概率越大,缺陷的检出率也越高,结果也就越准确。根据对焊缝探测方向的多少,目前把超声波探伤划分为三个检验级别。

A级——检验的完善程度最低,难度系数最小($K=1$),适用于普通钢结构检验。

B级——检验的完善程度一般,难度系数较大($K=5\sim6$),适用于压力容器检验。

C级——检验的完善程度最高,难度系数最大($K=10\sim12$),适用于反应性容器与管道等的检验。

4. 缺陷性质的评估

(1) 气孔

单个气孔回波高度低,波形为单峰,较稳定,当探头绕缺陷转动时,缺陷波高大致不变,但探头定点转动时,反射波立即消失;密集气孔会出现一簇反射波,其波高随气孔大小而不同,当探头做点转动时,会出现此起彼伏现象。

图 7-1-13 超声波探伤示例

(2) 裂纹

缺陷回波高度大,波幅宽,常出现多峰。探头平移时,反射波连续出现,波幅有变动;探头转动时,波峰有上下错动现象。

(3) 夹渣

点状夹渣的回波信号类似于点状气孔。条状夹渣回波信号呈锯齿状,由于其反射率低,波幅不高且形状多呈树枝状,主峰边上有小峰。探头平移时,波幅有变动;探头绕缺陷移动时,波幅不相同。

(4) 未焊透

由于反射率高(厚板焊缝中该缺陷表面类似镜面反射),波幅均较高。探头平移时,波形较稳定。在焊缝两侧探伤时,均能得到大致相同的反射波幅。

(5) 未熔合

当声波垂直入射该缺陷表面时,回波高度大。探头平移时,波形稳定。焊缝两侧探伤时,反射波幅不同,有时只能从一侧探测到。需要注意的是,在焊缝探测中,示波屏上常会出现一些非缺陷引起的反射信号,称之为假信号。如探头杂波、仪器杂波、耦合反射、焊角反射、咬边反射、沟槽反射、焊缝错位和上下宽度不一等情况均可能引起假信号。其产生的主要原因是焊缝成形结构和仪器灵敏度过高。识别时应当注意区分。

7.1.5 射线探伤原理及特点

射线探伤

射线探伤是利用射线可以穿透物质和在物质中有衰减的特性来发现其中缺陷的一种无损探伤方法。它可以检查金属和非金属材料及其制品的内部缺陷,如焊缝中的气孔、夹渣、未焊透等体积性缺陷。常用的检测射线有:X射线、γ射线、高能X射线等。与探伤有关的射线的性质有:不可见,以光速直线传播;不带电,不受电场和磁场的影响;具有可穿透可见光不能穿透的物质如骨骼、金属等的能力,并且在物质中有衰减的特性;可以使物质电离,能使胶片感光,亦能使某些物质产生荧光;能起生物效应,伤害和杀死细胞。

1. 射线探伤的基本原理

射线探伤的实质是:射线在穿透物质过程中,因吸收和散射而使强度衰减,衰减程度取决于穿透物质的衰减系数和穿透物质的厚度。如果被透照工件内部存在缺陷,且缺陷介质与被检工件对射线衰减程度不同,会使得透过工件的射线产生强度差异,使胶片的感光程度不同,经暗室处理后底片上有缺陷的部位黑度较大,评片人员可凭此判断缺陷的情况。

2. 射线探伤的特点

射线探伤主要用于检验各种熔焊方法的对接接头,特殊情况下也可检验角焊缝和其他特殊结构件,还可检验铸钢件,但不适宜钢板、钢管、锻件的检验。射线探伤能够较准确地判断缺陷的性质、数量、尺寸和位置,且可以长期保存,但检验成本较高,检验速度较慢,且射线对人体有伤害,检验时需采取必要的防护措施。

3. 射线探伤设备

射线探伤常用的设备主要有X射线机、γ射线机等,它们的结构区别较大。X射线机即X射线探伤仪,按其结构形式分为固定式、移动式和便携式三种。固定式X射线机固定在确定的工作环境中靠移动焊件来完成探伤工作;移动式X射线机能在车间或实验室移动,适用于中、厚焊件的探伤;便携式X射线机多采用组合式X射线发生器,体积小,重量轻,适用于施工现场和野外作业的工件探伤。常用射线探伤仪如图7-1-14所示。

X射线机通常由X射线管、高压发生器、控制装置、冷却器、机械装置和高压电缆等部件组成。X射线管是X射线机的核心部件,是由阴极、阳极和管套组成的真空电子器件,其结构如图7-1-15所示。

4. 焊缝射线底片的评定

射线底片的评定工作简称评片,由二级或二级以上探伤人员在评片室内利用观片灯、黑度计等仪器和工具进行该项工作。评片工作包括底片质量的评定、缺陷的定性和定量、焊缝质量的评级等内容。

射线探伤是通过射线底片上缺陷影像来反映焊缝内部质量的。底片质量的好坏直接影响对焊缝质量评价的准确性。因此,只有合格的底片才能作为评定焊缝质量的依据。合格的底片应当满足如下指标:黑度值、灵敏度、标识系、表面质量等。表7-1-1为焊接缺陷显示特点(部分)。在焊缝射线底片上除上述缺陷影像外,还可能出现一些伪缺陷影像,应注意区分,避免将其误判成焊接缺陷。表7-1-2为焊缝底片上常出现的伪缺陷及其原因。

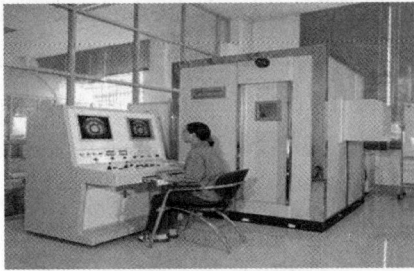

(a) 固定式 X 射线探伤仪

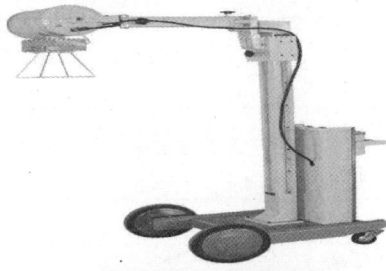

(b) 移动式 X 射线探伤仪

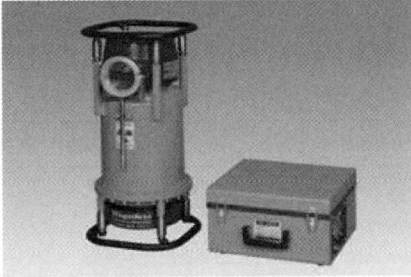

(c) 便携式 X 射线探伤仪

(d)γ射线机

图 7-1-14　射线探伤仪

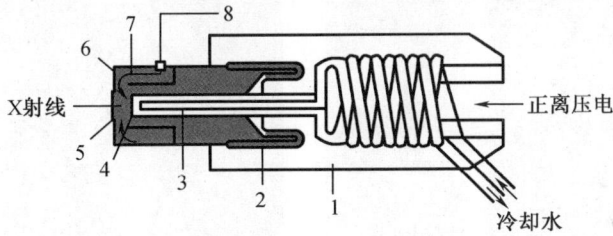

1—绝缘油;2—玻璃;3—冷却水;4—靶;5—Be 窗;6—电子束;7—灯丝;8—焊丝电源。

图 7-1-15　X 射线管结构

表 7-1-1　焊接缺陷显示特点(部分)

焊接缺陷		射线探伤 底片	工业 X 射线电视法 屏幕
裂纹	横向裂纹	与焊缝方向垂直的黑色条纹	形貌同左的灰白色条纹
	纵向裂纹	与焊缝方向一致的黑色条纹,两头尖细	形貌同左的灰白色条纹
	放射裂纹	由一点辐射出去星形黑色条纹	形貌同左的灰白色条纹
	弧坑裂纹	弧坑中纵、横向及星形黑色条纹	位置与形貌同左的灰白色条纹
未熔合 未焊透	未熔合	坡口边缘、焊道之间以及焊缝根部等处的伴有气孔或夹渣的连续或断续黑色影像	分布同左的灰色图像
	未焊透	焊缝根部钝边未熔化的直线黑色影像	灰白色直线状显示

表 7-1-2　焊缝射线底片上常出现的伪缺陷及其原因

影像特征	可能的原因
细小霉斑区域	底片陈旧发霉
底片角上边缘上有雾	暗盒封闭不严、漏光
普遍严重发灰	红灯不安全,显影液失效或胶片存放不当或过期
暗黑色珠状影像	显影处理前溅上显影液滴
黑色枝状条纹	静电感光
密集黑色小点	定影时银粒子流动
黑度较大的点和线	局部受机械压伤或划伤
淡色圆环斑	显影过程中有气泡
淡色斑点区域	增感屏损坏或夹有纸片,显影前胶片上溅上定影液也会产生这种现象

图 7-1-16 为射线探伤底片示例。

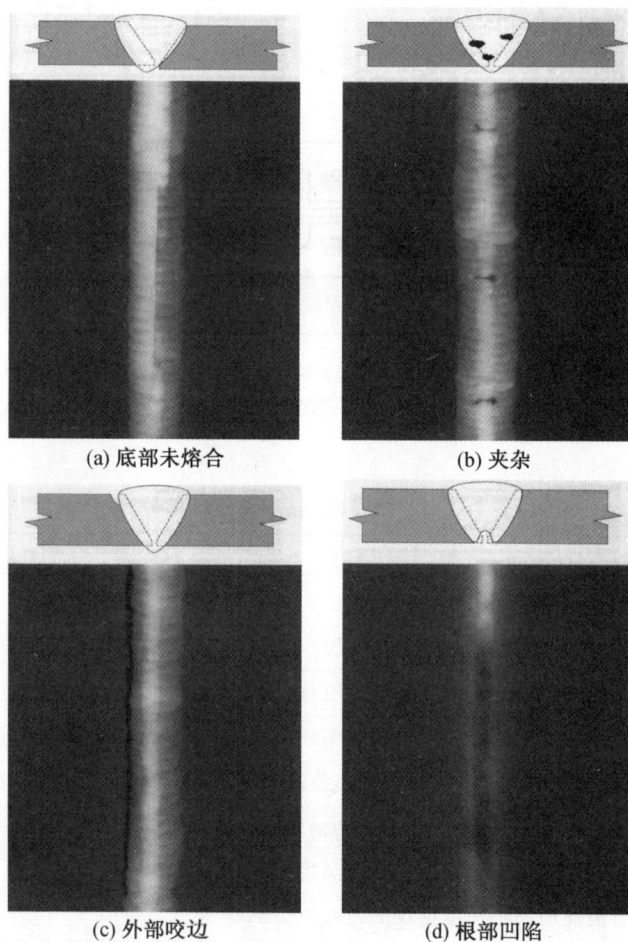

(a) 底部未熔合　　(b) 夹杂　　(c) 外部咬边　　(d) 根部凹陷

图 7-1-16　射线探伤底片示例

任务实施

Q235 钢板焊缝渗透探伤检验

现有两块 Q235 钢板的试样焊缝,进行渗透探伤操作,如图 7-1-17 所示。

S_1 为第一组试件缺陷左端到试板左边线的距离,mm;S_2 为第一组试件缺陷右端到试板左边线的距离,mm;S_1' 为第二组试件缺陷左端到试板左边线的距离,mm;S_2' 为第二组试件缺陷右端到试板左边线的距离,mm;L 为第一组试件缺陷长度,mm;L' 为第二组试件缺陷长度,mm;N 为第一组试件缺陷总数;N' 为第二组试件缺陷总数。

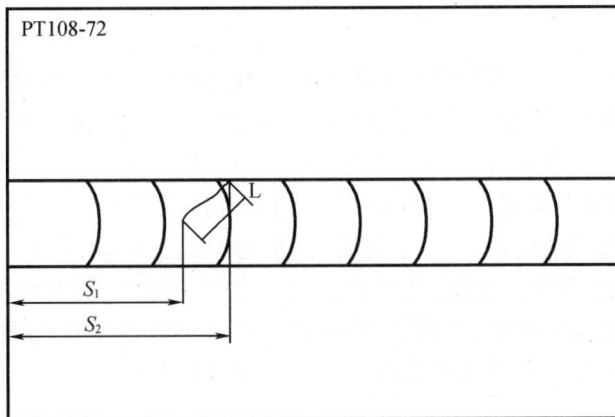

图 7-1-17 渗透探伤焊缝试样

1. 灵敏度试验

用干净的水或清洗剂仔细清洗灵敏度试块,干燥备用。然后对灵敏度试块进行综合灵敏度试验,要求显像时 3 处星形裂纹可见。灵敏度试验方法与实际待测试样渗透探伤方法一致,可与待测试样检测同时进行,检测完成后观察显示痕迹,如 3 处可见,探伤剂满足试验灵敏度要求,如未显示,更换探伤剂,再次重复试验过程,直至达到试验要求为止。

2. 试样的预清洗

用刷子对试样焊缝上的污染物进行刷洗,清除范围应扩大到焊缝的热影响区(每一侧 25 mm 宽度)。然后用盆中的丙酮清洗。

3. 试样干燥

预清洗后的试件用清洗剂(喷罐)清洗试样检测面,再用干净的纸用力将清洗剂擦拭干净,并自然干燥 3~5 分钟。

4. 施加渗透剂

用渗透剂喷罐喷涂渗透剂,要求喷嘴距焊缝尽量近(只覆盖检测部位即可),保证受检面均匀覆盖上渗透剂。两个试样同时施加渗透剂。渗透时间为 10 min。如果气温较高,应在中间分别给两个试样补加渗透剂,防止渗透剂干涸。同时准备好记录纸,画好试件草图,准备好钢皮尺。

5. 擦洗

应先对平板试样进行擦洗(另一个试样还是让它保持渗透状态)。擦洗方法:先用纸按同一方向擦去受检面上的渗透剂,不能过度用力反复擦拭,以免造成过清洗。然后取干净的纸,用清洗剂喷罐喷上少许清洗剂,用半湿的部分擦拭焊缝及其余受检面,仍沿着一个方向擦拭,不允许来回擦,直到受检面上红色的渗透剂全部擦拭干净,只保持非常淡的本底。

6. 显像

擦拭干净后,把试件在空气中放置几分钟,使表面干燥,在充分摇匀显像剂喷罐后,开始施加显像剂,方法是:先引喷一下喷罐,然后使喷嘴距焊缝表面 300~400 mm、喷嘴与焊缝夹角 30°~40°,使喷出的显像剂呈雾状,从焊缝的一端(可从试样外头开始)连续施加显像剂一层薄薄的均匀的显像剂。

7. 观察记录缺陷

施加显像剂后,必须马上观察显像剂颜色的变化,刚喷上显像剂时显像剂呈暗灰色,当显像剂发白时就应密切注视显像情况,此时缺陷处将有点状红点出现,并可以看到红点不断变大,由点变成线。当线状显示已经变宽时,必须立即记录缺陷的大小尺寸及位置。如果没有缺陷显示应该慢慢等待,时间不少于 7 分钟,等待缺陷出现,有些微小裂纹的显像时间是比较长的;记录每组缺陷的位置和条数,测量每组最长的裂纹的长度,核实无误后,就可以对另一个试样进行清洗、显像、观察和记录。裂纹一般呈直线,两边有锯齿状延伸,属平面型缺陷,诱发焊接接缝破裂、失效,一般存在于焊缝或热影响区的内部或表面。可以通过控制有害元素、缓慢冷却和减小焊接应力来减少裂纹的产生。

8. 后处理

检测完成、记录完毕、画好草图、核实无误后,试样及灵敏度试块应用废纸擦去所有的显像粉末,然后放到清洗盆中用毛刷刷去渗透剂,清洗干净后交回原处,并将现场清理干净,填写焊缝渗透检测报告,见表 7-1-2。

表 7-1-2　焊缝渗透检测报告

主体材质	Q235 碳钢		试件编号		PT108-72		试件名称		碳钢钢板焊缝
检测部位	焊缝及热影响区		试件规格		300×125×12		表面状况		打磨
探伤方法	溶剂去除型着色探伤法		对比试块		B 型不锈钢镀铬试块		观察方式		日光下目视光照≥1 000 Lx
渗透剂型号	DPT-5		渗透剂施加方法		喷涂		渗透时间/min		10~15
显像剂型号	DPT-5		显像剂施加方法		喷涂		显像时间/min		7~15
执行标准	JB/T 4730—2005/Ⅰ级						环境温度/℃		32
缺陷序号	$S_1(S_1')$ /mm	$S_2(S_2')$ /mm	$S_3(S_3')$ /mm	$L_1(L_2)$ /mm	$n_1(n_2)$ /mm	评定级别	备注
①	40	54	46	7	5	不允许	裂纹

示意图：

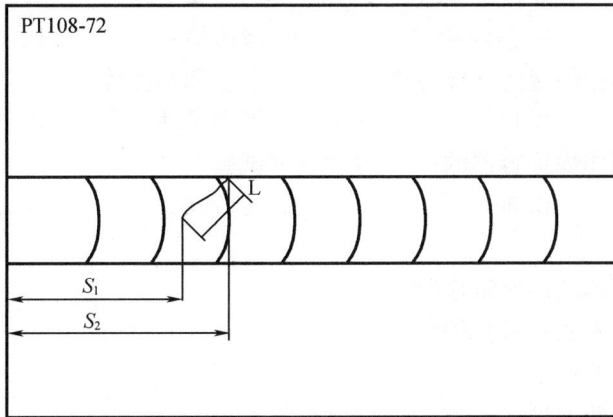

结论	不合格		
探伤员	×××	日期	×××

思考与练习

一、判断题(在题末括号内做记号:√表示对,×表示错)

1.射线探伤能够较准确地判断缺陷的性质、数量、尺寸和位置。　　　　　　(　)

2.焊接过程中的检验是决定焊接质量优劣的最主要阶段。　　　　　　　　(　)

3.渗透探伤是利用渗透剂的渗透作用显示内部缺陷痕迹的一种无损检测方法。

(　)

4.水压试验可用作焊接容器的致密性和强度试验。　　　　　　　　　　　(　)

5.着色渗透探伤法能直观地反映出缺陷的部位、形态及数量。　　　　　　(　)

6.水压试验可以确定焊缝的致密性,但不能确定它的相应强度。　　　　　(　)

7.超声波探伤检验法可对焊缝缺陷进行定性和定量判定。　　　　　　　　(　)

8.射线探伤可以检查金属和非金属材料及其制品的内部缺陷,如焊缝中的气孔、夹渣、未焊透等体积性缺陷。　　　　　　　　　　　　　　　　　　　　　　　　　(　)

9.超声波探伤在对缺陷进行定性和定量的准确判定方面还存在着一定的困难。

(　)

二、选择题

1.水压试验的规范包括环境温度、水的温度及试验压力、保压时间等。水压试验的环境温度应高于(　 　)。

A.5 ℃　　　　　　　　B.20 ℃　　　　　　　　C.40 ℃　　　　　　　　D.60 ℃

2.超声波探伤使用频率大于(　 　)Hz 的声波透射入金属材料的深处。

A.200 000　　　　　　B.20 000　　　　　　　C.2 000　　　　　　　　D.200

3.(　 　)是防止焊接废品产生的重要措施之一。

A.焊接检验　　　　　　B.技术图纸　　　　　　C.焊接工艺　　　　　　D.焊接器件

4.探伤过程中一般安排至少二人承担检测任务,在检测人员中必须一人具有(　 　)级以上检测资格,可当场出具检测报告书。

A. 一   B. 二   C. 三   D. 不需要

5. 焊接检验可分为破坏性检验、（　　）两大类。

A. 超声波检验   B. 射线检验   C. 渗透检验   D. 非破坏性检验

6. 角焊缝尺寸包括焊缝的计算厚度、（　　）、凸度和凹度等。

A. 余高   B. 间隙   C. 焊脚尺寸   D. 焊瘤

7. 水压试验可用作焊接容器的（　　）和强度试验。

A. 致密性试验   B. 冲击试验   C. 疲劳试验   D. 塑韧性试验

四、问答题

1. 为什么要进行焊缝的质量检验？

2. 焊接缺陷检验方法有哪几种？

3. 射线探伤有哪些特点？

4. 简述渗透探伤的原理。

模块八　船用其他焊接方法

项目 8.1　焊接机器人

学习目标

1. 了解工业机器人发展与分类;
2. 熟悉机器人系统的基本构成;
3. 熟悉工业机器人应用;
4. 了解焊接机器人系统;
5. 掌握焊接机器人优势及注意事项。

项目任务

本项目通过对弧焊机器人的设备应用分析,认识焊接机器人(图 8-1-1)机构组成,提高对自动化设备的熟悉程度。随着我国科技的发展和工业需求的增加,焊接技术在工业生产中所占据的分量越来越大,且焊接技术的优良程度直接影响着零件或产品的质量,大力研究并推广焊接机器人技术势在必行,通过不断推动该技术的发展实现制造业由劳动密集型到技术密集型的转变。

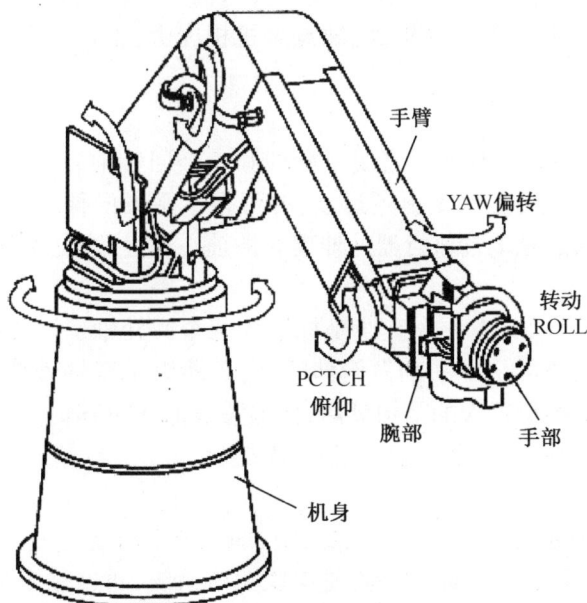

图 8-1-1　焊接机器人

知识能力

8.1.1 工业机器人概述

工业机器人

1. 工业机器人的概念

Robot(机器人)一词,是捷克作家卡尔·恰佩克在于 1920 年发表的科幻剧《罗萨姆的万能机器人》中描述的一个具有人的外表、特征和功能的机器的名称,它成了"机器人"的起源,此后一直沿用至今。我国一般将工业机器人定义为"一种具有高度灵活性的自动化机器,这种机器除了能动作外还应具备一些与人或生物相似的智能,如感知、规划、动作和协同"。

广义地说,工业机器人是一种在计算机控制下的可编程的自动机器,它具有 4 个基本特征:①具有特定的机械机构,其动作具有类似于人或其他生物的某些器官的功能;②具有通用性,可从事多种工作,可灵活改变动作程序;③具有不同程度的智能,如记忆、感知、推理、决策、学习等;④具有独立性,完整的机器人系统在工作中可以不依赖于人的干预。

2. 工业机器人的结构形式

机器人本体的结构形式有多种多样,完全根据任务需要而定,其追求的目标是高精度、高速度、高灵活性、大工作空间和模块化。依机器人运动部件的结构坐标特点不同,工业机器人运动由主构架和手腕完成,主构架具有 3 个自由度,其运动由两种基本运动组成,即沿着坐标轴的直线移动和绕坐标轴的回转运动。

(1)直角坐标型

如图 8-1-2(a)所示,其有三个直线坐标轴。此类机器人的结构和控制方案与机床类似,其到达空间位置的三个运动(x、y、z)由直线构成,运动方向相互垂直,末端操作由附加的旋转机构实现。这种机器人的优点是运动学模型简单,各轴线位移分辨率在操作范围内任一点上均为恒定,控制精度容易提高;缺点是机构庞大,工作空间小,操作灵活性差。简易和专用的工业机器人常采用这种形式。

(2)圆柱坐标型

如图 8-1-2(b)所示,其有两个直线坐标轴和一个回转轴。这种机器人在基座水平转台上装有立柱,水平臂可沿立柱做上下运动,并可在水平方向伸缩。其优点是末端执行器可获得较高的速度;缺点是末端执行器外伸离立柱轴心越远,线位移分辨精度越低。

(3)球坐标型

如图 8-1-2(c)所示,其有一个直线坐标轴和两个回转轴。该类机器人的操作机手臂不仅可绕垂直轴旋转,还可绕水平轴做俯仰运动,且能沿手臂轴做伸缩运动。与其他类型机器人的结构相比,这类机器人的结构灵活,伸缩关节的线位移恒定,但其转动关节在末端执行器上的线位移分辨率是一个变量,控制系统复杂。

(4)关节型

如图 8-1-2(d)所示,其有三个回转轴关节,即三个平面运动关节。该类机器人的外形结构和动作与人的手臂类似,其结构特点是串联关节系统,通过每个关节的旋转运动,最后综合形成机器人末端的运动及位姿。它的优点是结构紧凑、灵活、占地空间小;缺点是运动学模型复杂、高精度控制难度大。目前工业机器人大多采用关节型结构,其原因在于关节型机器人在相同的几何参数和运动参数条件下具有较大的工作空间,手臂的灵活性最大,可使末端执行器的空间位置和姿态调至任意状态,以满足实际作业需要。

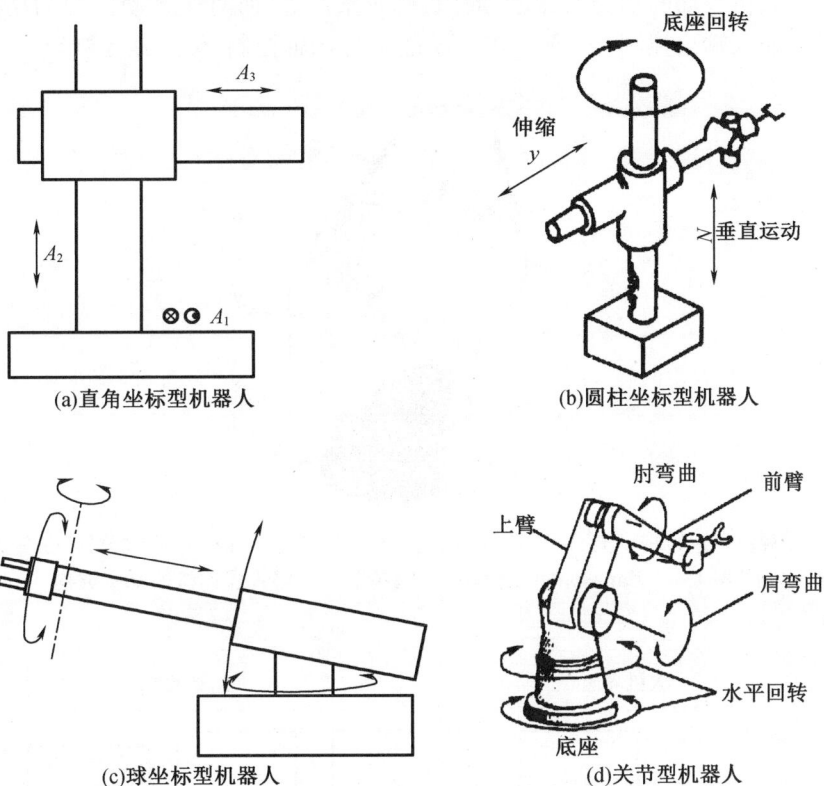

(a)直角坐标型机器人　(b)圆柱坐标型机器人

(c)球坐标型机器人　(d)关节型机器人

图 8-1-2　工业机器人的结构形式

3. 工业机器人的基本组成

如图 8-1-3 所示,工业机器人主要由以下几部分组成:操作机、控制器和示教器。

(1)操作机

操作机是工业机器人的机械主体,是用来完成各种作业的执行机械,主要由驱动装置、传动单元和执行机构组成。驱动装置的受控运动通过传动单元带动执行机构,从而精确地保证末端执行器所要求的

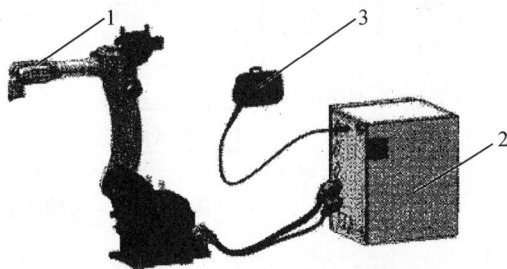

1—操作机(本体);2—控制器;3—示教器。

图 8-1-3　工业机器人的基本组成

位置、姿态和实现其运动。为了适应不同的用途,机器人操作机最后一个轴的机械接口通常是一个连接法兰,可接装不同的机械操作装置(习惯上称为末端执行器),如夹紧爪、吸盘、焊枪等。图 8-1-4 所示为 Panasonic-TA1400 六轴关节型机器人操作机的基本结构。

(2)控制器

如果说操作机是工业机器人的"肢体",那么控制器则是工业机器人的"大脑"和"心脏",它是决定机器人功能和水平的关键部分,也是机器人系统中更新和发展最快的部分。它通过各种控制电路硬件和软件的结合来操纵机器人,并协调机器人与周边设备的关系,

其典型硬件架构如图8-1-5所示。控制器的功能可分为两大部分:人机界面部分和运动控制部分。对应人机界面的功能有显示、通信、作业条件等,而对应运动控制的功能是运动演算、伺服控制、输入输出控制(相当于PLC功能)、外部轴控制、传感器控制等。

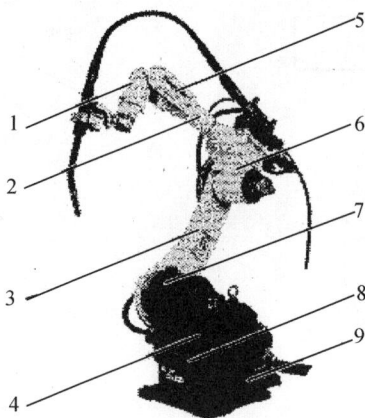

1—手腕;2—小臂;3—大臂;4—腰部;5—腕关节;6—肘关节;7—肩关节;8—腰关节;9—基座。

图8-1-4　Panasonic-TA1400六轴关节型机器人操作机的基本结构

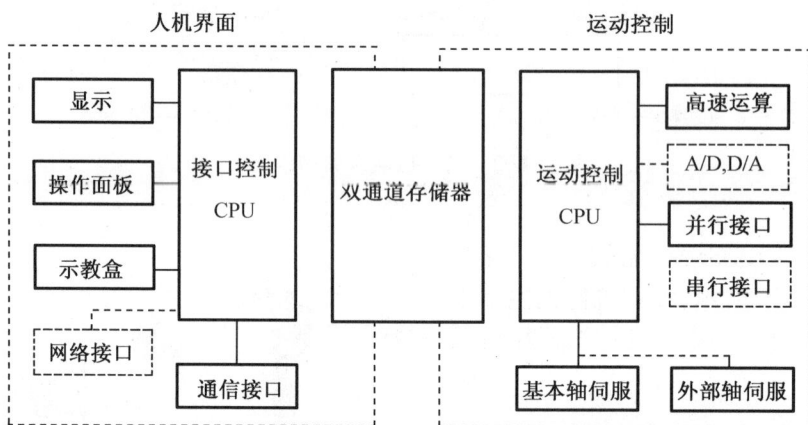

图8-1-5　机器人控制器典型硬件架构

(3)示教器

示教器是人与机器人的交互接口,可由操作者手持移动,使操作者能够方便地接近工作环境进行示教编程。它的主要工作部分是操作键与显示屏。实际操作时,示教器控制电路的主要功能是对操作键进行扫描并将按键信息送至控制器,同时将控制器产生的各种信息在显示屏上进行显示。因此,示教器实质上是一个专用的智能终端,如图8-1-6所示。

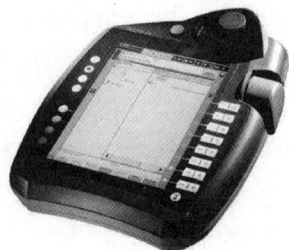

图8-1-6　示教器

8.1.2 焊接机器人的应用

1. 焊接机器人应用背景

工业机器人的出现是人类利用机械进行社会生产历史的一个里程碑。全球诸多国家近半个世纪的机器人使用实践表明,工业机器人的普及是实现生产自动化、提高生产效率、推动企业和社会生产力发展的有效手段。工业制造领域中应用最广泛的机器人是焊接机器人,特别是在汽车制造业中,机器人使用量约占全部工业机器人总量的30%,而其中的焊接机器人数量就占50%左右。

焊接是现代机械制造业中必不可少的一种加工工艺方法,在汽车、工程机械、摩托车制造等行业中占有重要的地位。过去采用人工操作的焊接加工是一项繁重的工作,随着许多焊接结构件的焊接精度和速度要求越来越高,一般工人已难以胜任这一工作。此外,焊接时的电弧、火花及烟雾等对人体会造成伤害,焊接制造工艺的复杂性、劳动强度、产品质量、批量等要求,使得焊接工艺对于自动化、机械化的要求极为迫切,实现机器人自动焊接代替人工操作焊接成为几代焊接人的理想和追求目标。汽车制造的批量化、高效率和对产品质量一致性的要求,使焊接机器人在汽车焊接中获得大量应用。

2. 焊接机器人的优点

焊接机器人是集机械、计算机、电子、传感器、人工智能等多方面知识技术于一体的现代化、自动化设备。焊接机器人主要由机器人和焊接设备两大部分构成。机器人由机器人本体和控制系统组成,如图8-1-7所示。焊接设备以点焊为例,由焊接电源、专用焊枪、传感器、修磨器等部分组成,此外,还有相应的系统保护装置。

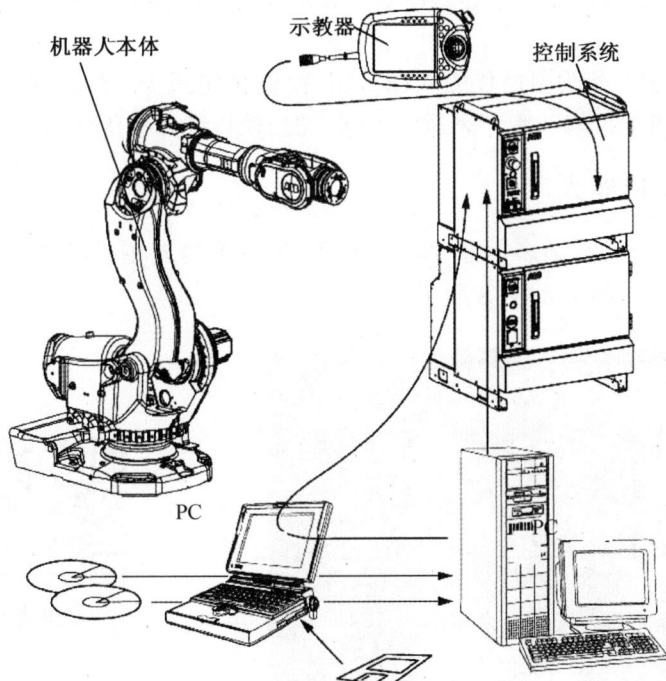

图8-1-7 焊接机器人的机器人的组成

焊接机器人的优点如下：

(1)稳定和提高焊接质量,保证焊缝均匀性;

(2)提高劳动生产率,一天可 24 h 连续工作;

(3)改善工人劳动条件,可以在有毒、有害的环境下工作;

(4)降低对工人操作技术的要求;

(5)可实现小批量产品的焊接自动化;

(6)能在空间站建设、核能设备维修、深水焊接等极限条件下完成人工无法或难以进行的焊接作业。

3.焊接行业中采用焊接机器人的必要性

由于存在焊接烟尘、弧光、金属飞溅,焊机环境恶劣,焊接质量的好坏决定了产品的质量,因此在焊接行业中引入机器人十分必要。

(1)焊接质量稳定并得到提高,均一性得到保障。焊接结果主要受焊接电流、电弧电压、焊接速度及焊丝伸出长度等焊接工艺参数的影响。机器人焊接时,每条焊缝的焊接工艺参数恒定,人为影响比较小。当人工焊接时,焊接速度、焊丝伸出长度等都是变化的,质量的均一性不能保障。

(2)工人劳动条件得到改善。工人在焊接机器人的应用中只负责装卸工件,从而远离了焊接弧光、烟雾和飞溅等,对于点焊工人来说,不用再搬运笨重的手工焊钳,工人的劳动强度得到了改善。

(3)劳动生产率得到提高。机器人不会感到疲劳,可以整天 24 h 连续生产,随着高速高效焊接技术的应用,使用机器人焊接,劳动生产效率得到大大的提高。

(4)产品周期明确,产品产量容易控制。机器人的生产环节是固定的,所以安排生产的计划将会非常明确。

(5)大大缩短了产品改型换代的周期,设备投资相应减少。焊接机器人可以实现小批量产品的自动化,可通过修改程序来适应不同工况,较传统焊接优势明显。

8.1.3 弧焊机器人

由于弧焊工艺早已在诸多行业中得到普及,弧焊机器人在通用机械、金属结构等许多行业中得到广泛运用,如图 8-1-8 所示。

焊接机器人

图 8-1-8 弧焊机器人

1. 弧焊机器人的特点

通常,弧焊过程比点焊过程要复杂得多。工具中心点(tool center point,TCP),也就是焊丝端头的运动轨迹、焊枪姿态、焊接工艺参数都要求精确控制。所以,弧焊机器人除了应具有机器人一般功能外,还必须具备一些适应弧焊要求的功能。

虽然从理论上讲,有五个轴的机器人就可以用于电弧焊,但是对复杂形状的焊缝,用五个轴的机器人会有困难。因此,除非焊缝比较简单,否则应尽量选用六轴机器人,如图8-1-9所示。

弧焊机器人除做"之"字形拐角焊或小直径圆焊缝焊接时,其轨迹应能贴近示教的轨迹之外,还应具备不同摆动样式的软件功能,供编程时选用,以便做摆动焊,而且摆动在每一周期中的停顿点处,机器人也应自动停止向前运动,以满足工艺要求。此外,还应有接触寻位、自动寻找焊缝起点位置、电弧跟踪及自动再引弧功能等。

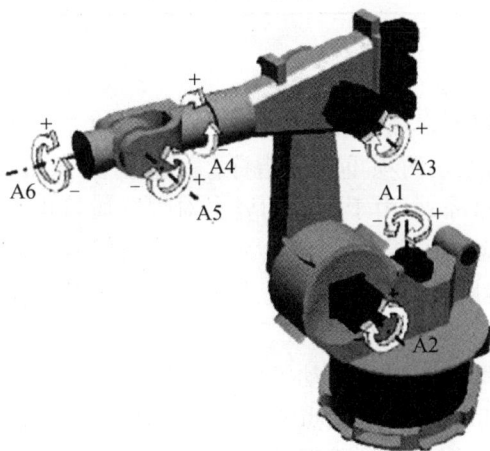

图8-1-9 六轴机器人

2. 弧焊机器人的组成

弧焊机器人主要包括机器人和焊接系统两部分。机器人由机器人本体和控制柜(硬件及软件)组成。弧焊机器人的焊接系统一般由焊机、送丝机构、回转自动变位机、焊枪清洗装置和安全装置等组成。

弧焊机器人多采用气体保护焊方法(MAG、MIG、钨极氩弧焊),通常的晶闸管式、逆变式、波形控制式、脉冲或非脉冲式等的焊接电源都可以装到机器人上进行电弧焊。由于机器人的控制柜采用数字控制,而焊接电源多为模拟控制,所以需要在焊接电源与控制柜之间加一个接口。

3. 弧焊机器人焊缝跟踪传感器

目前,用于焊缝跟踪的非接触式传感器很多,主要有电磁传感器、光电传感器、超声波传感器、红外传感器及视觉传感器等。弧焊机器人使用的传感器特征比较见表8-1-1。

表 8-1-1　弧焊机器人使用的传感器特征比较

传感器类型	抽象特征	功能	评价
触觉	接头坐标	轨迹移动	离线、耗时、减少工作循环
弧信号	接头坐标	焊缝跟踪	在线、无附加设备、低价、不针对所有接头和型号、搭接厚度大(2.5~3 mm)
电感	接头坐标	焊缝跟踪	在线、要求最接近电磁界面
主动视觉	接头坐标、方向及几何形状、焊缝形状	焊缝跟踪、填充金属控制、焊缝检测	在线、所有接头和工艺、极柔顺、高熔解、可编程视野使用强度数据
被动视觉	熔池表面形状、焊丝情况	焊缝跟踪、熔透控制	视工艺而定,应用有限制

4. 弧焊机器人的性能要求

在弧焊作业中,要求焊枪跟踪工件焊道运动,并不断填充金属形成焊缝,因此运动过程中速度的稳定性和轨道精度是两项重要的指标。一般情况下,焊接速度可取 5~50 mm/s,轨道精度可取±(0.2~0.5)mm。由于焊枪的姿态对焊缝质量也有一定的影响,因此希望在跟踪焊道的同时,焊枪姿态的可调范围尽量大。还有其他一些性能要求,如摆动功能、焊接传感器(起始点检测、焊缝跟踪)的接口功能、焊枪防碰功能等。基本要求如下。

(1)焊接规范的设定。起弧、收弧参数。

(2)摆动功能。摆动频率、摆幅、摆动类型的设定。

(3)焊接传感器的接口功能。起始点检测、焊缝跟踪传感器的接口功能。

(4)焊枪防碰功能。当焊枪受到不正常的阻力时,机器人停机,避免操作者和工具受到损坏。

(5)多层焊功能。应用该功能可以在第一层焊接示教完成后,实现其余各层的自动编程。

(6)再引弧功能。引弧失败后,自动重试。这消除了焊接异常(引弧失败)发生时引起的作业中断,最大限度避免了因此而引起的全线停车。

(7)焊枪校正功能。焊枪与工件发生碰撞时,可通过简单操作进行校正。

(8)粘丝自动解除功能。焊接终了时如果检测出焊丝粘丝,则自动再通电解除粘丝,因此不必手工剪断焊丝。

(9)断弧再启动功能。出现断弧时,机器人会按照指定的搭接量返回重新引弧焊接。因此无须补焊作业。

任务实施

现有材质为 Q235,规格为管材 ϕ60 mm×6 mm(壁厚)×40 mm,板材 80 mm×80 mm×6 mm,坡口形式为 30°单边 V 形,管板对接机器人焊接,如图 8-1-10 所示。读懂工程图样,完成机器人焊接及圆弧示教操作,达到工程图样技术要求。

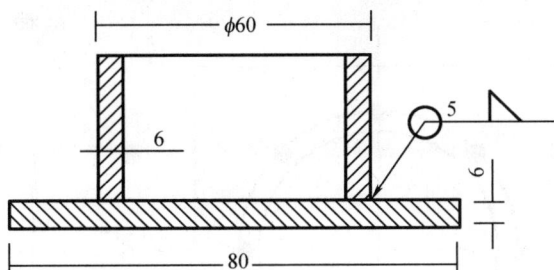

图 8-1-10 管板对接机器人焊接图样

1. 焊前准备

（1）焊接材料

选用 ER50-6 焊丝，直径为 1.0 mm。

（2）焊接设备

选用 ABB 焊接机器人（IRB1410），松下 YD-500GR 型 CO_2 气体保护焊机，电源极性采用直流反接。

（3）CO_2 气体

纯度 ≥99.5%。

（4）焊前清理

由于 CO_2 气体保护焊对铁锈、油污等非常敏感，为了保证焊缝质量，焊接前必须对坡口及其两侧 20 mm 范围内的铁锈、水、油污等杂质进行严格清理。

（5）辅助工、量具

准备手锤、錾子、钢丝刷、工具盒、钢直尺、焊缝测量器等工、量具各一套。

2. 焊接工艺参数

焊接工艺参数见表 8-1-2。

表 8-1-2 焊接工艺参数

焊接层次	焊丝直径/mm	焊丝伸出长度/mm	焊接电流/A	电弧电压/V	气体流量/（L·min⁻¹）
打底层		15~18	90~95	18~20	
填充层	1.0	18~22	110~140	20~22	10~12
盖面层					

2. 任务分析

从图 8-1-11 中读出，管材开单面 V 形坡口 30°，带余高的环形焊缝，机器人操作固定单面焊双面成形。管板对接的组装点固焊缝，是采用两台 CO_2 气体保护焊机完成的。点焊长度应为 50~60 mm；焊缝间距为 500~600 mm，焊接点数 3~5 点为宜。机器人示教时，焊丝伸出长度、焊接速度保持一致，取点不宜选取过多，4~5 点即可。

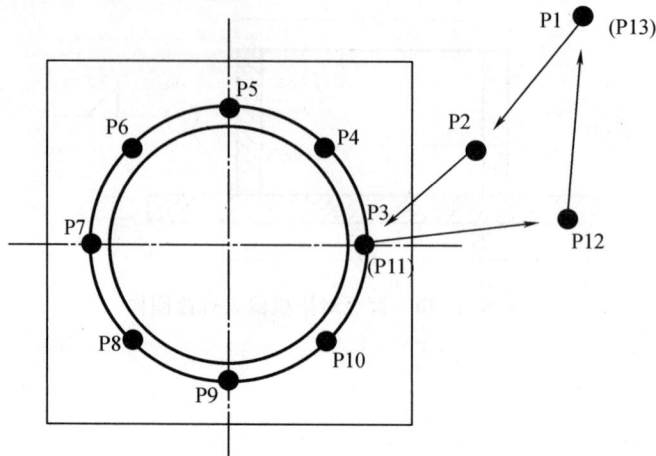

图 8-1-11　管板焊接示教示意图

思考与练习

一、填空题

1. 工业机器人的结构形式分为_____、_____、_____、_____。

2. 工业机器人主要由以下几部分组成：_____、_____和_____。

3. 弧焊机器人主要包括_____和_____两部分。

4. 弧焊机器人焊接系统一般是由_____、_____、_____、焊枪清洗装置和安全装置等组成。

5. 目前,用于焊缝跟踪的非接触式传感器很多,主要有_____、_____、超声波传感器、红外传感器及视觉传感器等。

二、问答题

1. 简述工业机器人的结构形式。

2. 工业机器人的四个基本特征是什么?

3. 简述焊接机器人的优点。

4. 简述弧焊机器人的组成。

项目 8.2　等离子弧焊及电渣焊

学习目标

1. 掌握等离子弧的特性、类型、应用;

2. 了解等离子弧焊设备及工艺参数;

3. 掌握电渣焊的原理和焊接过程;

4. 能够识别不同电极的电渣焊类型;

5. 认识船舶艉柱电渣焊过程。

项目任务

等离子弧焊接是利用等离子弧作焊接热源的熔焊方法,等离子弧焊接具有能量集中、穿透力强的特点;电渣焊是利用电流通过液体熔渣所产生的电阻热进行焊接的熔焊方法。

船舶艉柱形状复杂,质量较大,材质为20#铸钢件,如图8-2-1所示,要用电渣焊焊接成一体。通过对电渣焊焊机、焊丝及焊剂的选用,焊接工艺参数的选择以及合理的焊后热处理安排,熟悉艉柱电渣焊工艺过程。

知识能力

8.2.1 等离子弧焊

1. 等离子弧形成原理

等离子弧焊接是在钨极氩弧焊的基础上发展起来的一种新的熔焊方式。等离子弧是通过外部拘束使自由电弧的弧柱被强烈压缩所形成的电弧。通常

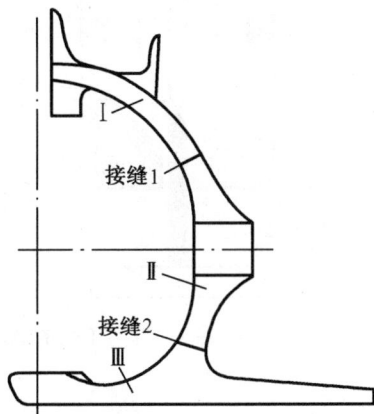

图8-2-1 船舶艉柱电渣焊

情况下,电弧除了受自身磁场和周围环境的冷却拘束外,不受其他拘束,称为自由电弧。如果把钨电极缩到水冷喷嘴内部,并且在水冷喷嘴中通以一定压力和流量的离子气来强迫电弧通过喷嘴孔道,由于电弧弧柱截面受到限制,不能自由扩展,在径向被强烈压缩,因而形成等离子弧,如图8-2-2所示。因此,等离子弧受到了以下三种压缩作用:

①机械压缩作用。即弧柱受喷嘴孔径的限制,其弧柱直径不能自由扩大。

②热收缩效应。水冷喷嘴将靠近喷嘴孔内壁的气体进行强烈冷却,使其温度和电离度均迅速下降,迫使弧柱电流向弧柱中心高温高电离区集中,从而使弧柱横截面进一步减小,而电流密度、温度和能量密度则进一步提高。

③电磁收缩效应。由弧柱中同向电流线之间的相互吸引力所产生的电磁收缩作用,可使弧柱截面进一步缩小。

在上述三种压缩作用中,以喷嘴孔径的机械压缩作用为前提;热收缩效应则是电弧被压缩的最主要原因;电磁收缩效应是必然存在的,它对电弧的压缩也起到一定作用。研究表明,电弧被压缩的程度主要与气体的成分、气体的流量、喷嘴孔道的形状尺寸及电弧电流大小有关。

2. 等离子弧特性

与钨极氩弧相比,等离子弧有如下特性:

①能量特性。等离子弧的最大电压降是在弧柱区里,这是由于弧柱被强烈压缩,使电场强度明显增大的缘故。因此,等离子弧焊主要是利用弧柱等离子体热量加热金属,而钨极氩弧则是利用两极区产生的热量来加热母材和电极金属。等离子弧能量密度可达$10^5 \sim 10^6$ W/cm^2,比钨极氩弧(约10^5 W/cm^{2}以下)高,其温度可达24 000~50 000 K,也高于钨极氩弧(10 000~24 000 K)很多。

②静特性。其静特性曲线接近U形。电弧电压比钨极氩弧高。

③形态。等离子弧的形态呈圆柱形,扩散角为5°左右,在焊接过程中,当弧长发生波动

时,母材的加热面积不会发生明显变化;而钨极氩弧的形态呈圆锥形,其扩散角约45°,对工作距离变化敏感性很大。图8-2-3为等离子弧和钨极氩弧的扩散角。

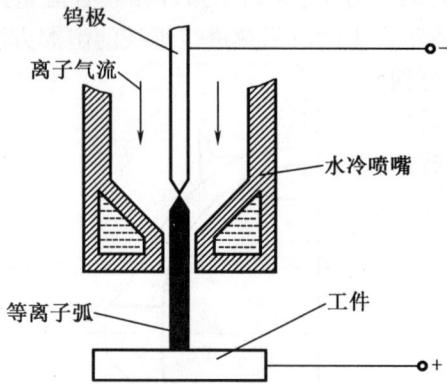

图8-2-2　等离子弧的形成

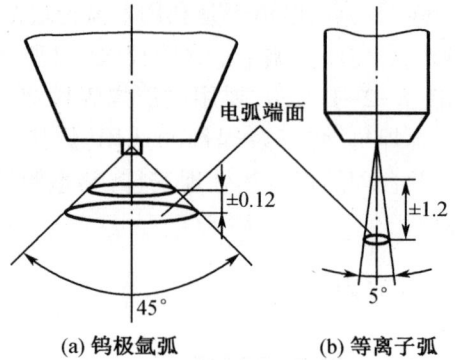

图8-2-3　等离子弧和钨极氩弧的扩散角

④挺直度。由于等离子弧是普通钨极氩弧经压缩而成,故其挺直度比普通钨极氩弧好,焰流速度大,可达300 m/s以上,因而指向性好,喷射有力,熔透能力强。

3.等离子弧类型

按电源接线方式和形成等离子弧的过程不同,等离子弧可分为非转移弧、转移弧和联合弧三种类型。

(1)非转移弧

电源接于钨极和喷嘴之间,在离子气流压送下,弧焰从喷嘴中喷出,形成等离子焰,如图8-2-4(a)所示。工件本身并不通电,而是被间接加热,因此热的有效利用率不高,为10%~20%,这种等离子弧主要用于焊接金属薄板、喷涂和许多非金属材料的切割与焊接。

(2)转移弧

电极接负极,焊件接正极,电弧首先在电极与喷嘴之间引燃,当电极与焊件间加上一个较高的电压后,再转移到电极与焊件间,使电极与焊件间产生等离子弧,这个电弧就称为转移弧,这时电极与喷嘴间的电弧就熄灭,如图8-2-4(b)所示。这类电弧热有效利用率大为提高,所以可用作中、厚板的切割、焊接和堆焊的热源。

(3)联合弧

转移弧和非转移弧同时存在的电弧称为联合弧,如图8-2-4(c)所示。联合弧中转移弧为主弧,用于焊接;而非转移弧在工作中起补充加热和稳定电弧作用,称为维弧。这种等离子弧稳定性好,主要用于微束等离子弧焊接和粉末等离子弧堆焊。

4.等离子弧应用

(1)等离子弧焊接

等离子弧可以焊接高熔点的合金钢、不锈钢、镍及镍合金、钛及钛合金、铝及铝合金等。

(2)等离子弧切割

等离子弧可以切割不锈钢、铸铁、钛、钼、钨、铜及铜合金、铝及铝合金等难于切割的材料。

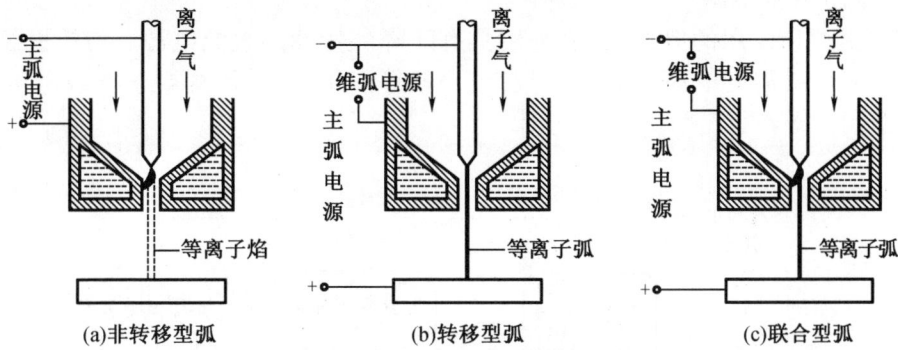

图 8-2-4　等离子弧类型

(3)等离子弧堆焊

等离子弧堆焊可分为粉末等离子弧堆焊和填丝等离子弧堆焊。其特点是堆焊的熔敷速度较高、堆焊层熔深浅、稀释率低,并且稀释率及表面形状易于控制。

(4)等离子喷涂

等离子喷涂是以等离子焰流(即非转移型等离子弧)为热源,将粉末喷涂材料加热并加速,喷射到工件表面上形成喷涂层的工艺方法。

(5)其他应用

等离子弧的温度高、能量集中、气流速度快、可使用各种工作介质,并且它的功率及各种特性均有很大的调节范围,这些特点使得等离子弧能用于高熔点金属的机械加工、快速成型、熔炼、粉末冶金、单晶硅及宝石晶体制造、化工产品的合成等方面,其实际应用前景非常广阔。

5. 等离子弧焊双弧现象

使用转移型等离子弧进行焊接时,等离子弧正常时应稳定在电极与焊件之间燃烧。但由于某些原因,它往往还会在钨极和喷嘴及喷嘴和焊件之间燃烧,而形成与主弧并列的电弧,这种现象就称为双弧现象,如图 8-2-5 所示。产生双弧时,喷嘴就变成并列弧的电极,导致主弧电流下降,破坏了等离子弧的稳定,使焊接或切割过程不能正常进行,严重时甚至可能烧毁喷嘴。双弧产生的主要原因是弧柱与喷嘴之间的隔热绝缘层击穿。

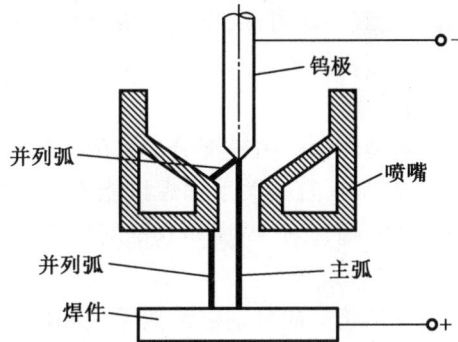

图 8-2-5　双弧现象

6. 等离子弧焊设备

等离子弧焊设备分为手工焊和机械化焊设备两大类。手工焊设备由焊接电源、焊枪、控制电路、气路和水路等部分组成,如图 8-2-6 所示。机械化焊设备由焊接电源、焊枪、焊接小车、控制电路、气路及水路等部分组成。根据不同的需要,还配有送丝机构、机械旋转装置、自动行走机构及装夹机构等。按照焊接电流的大小分,等离子弧焊设备可以分为大电流等离子弧焊接设备和微束等离子弧焊接设备两类。

（1）等离子弧焊电源

等离子弧焊所采用的电源，大多采用具有陡降外特性的直流电源。与钨极氩弧焊相比，等离子弧焊所需的电源空载电压较高，一般等离子弧焊、堆焊要求空载电压在 80 V 以上。

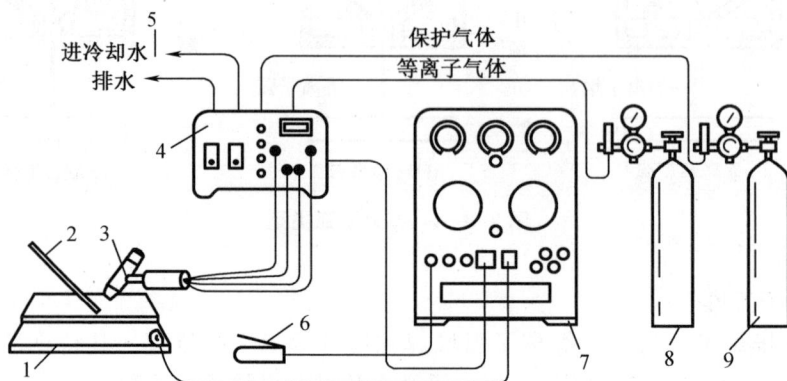

1—工件；2—填充焊丝；3—焊枪；4—控制系统；5—水冷系统；
6—启动开关（常安在焊枪上）；7—电源；8,9—供气系统。

图 8-2-6　手工等离子弧焊设备示意图

电流低于 30 A 的微束等离子弧焊接，都是采用联合弧。因为在焊接过程中需要同时保持非转移弧与转移弧，所以需要采用两个独立的电源。

（2）焊枪

焊枪主要由电极、喷嘴、中间绝缘体、上下焊枪、保护罩、水路、气路等组成。

等离子焊枪的设计应该保证等离子弧燃烧稳定，引弧及其转弧可靠，电弧压缩性好，绝缘、通气及其冷却可靠，更换电极方便，嘴和电极对中好，如图 8-2-7 所示的是电流容量为 300 A、喷嘴采用直接水冷的大电流等离子弧焊枪。

（3）喷嘴

喷嘴是焊枪的关键部分。它的结构形状与几何尺寸，对等离子弧的压缩作用及稳定性有着重要影响，直接关系到焊接能力、使用寿命和焊缝成形质量。喷嘴直径有 3 种形式，分别为单孔喷嘴、多孔喷嘴和双锥度喷嘴，如图 8-2-8 所示。

（4）供气系统

供气系统应能分别供给离子气和保护气体。它分为等离子弧气路、正面保护气路及背面保护气路等。

（5）水路系统

等离子弧的温度很高，可达 10 000 ℃ 以上，为防止喷嘴烧坏和增加对电弧的压缩作用，焊接过程必须对电极和喷嘴进行有效冷却。

7. 等离子弧焊工艺

等离子弧焊的接头形式主要是 I 形对接接头、开单面 V 形和双面 V 形坡口对接接头以及开单面 U 形和双面 U 形坡口的对接接头。除此之处还有角接接头和 T 形接头。

等离子弧焊接时，焊透母材的方式主要有穿透型等离子弧焊和熔透型等离子弧焊（包括微束等离子弧焊）两种。穿透型等离子焊只能在有限板厚内进行焊接；熔透型等离子弧焊主要用于薄板(0.5~2.5 mm)的焊接及厚板的多层焊;15~30 A 的熔入型等离子弧焊接通常称为微束等离子弧焊接。目前已成为焊接金属薄箔的有效方法。常见金属穿透型等离子弧焊接工艺参数见表 8-2-1。

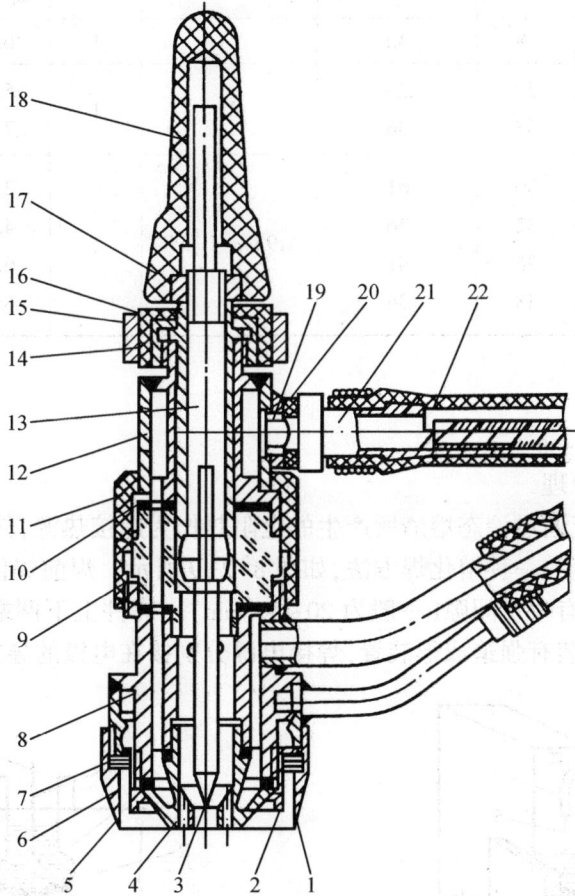

1—保护罩;2—喷嘴压盖;3—钨极;4—喷嘴;5,6,10,19—密封垫圈;7—气筛;8—下枪体;9—绝缘柱;11—绝缘套;12—上枪体;13—钨极夹;14—套筒;15—压紧螺母;16—绝缘帽;17—调节螺母;18—绝缘罩;20—黄铜垫片;21—水电接头;22—绝缘手把。

图 8-2-7 大电流等离子弧焊枪

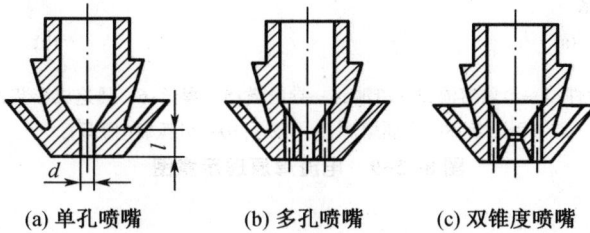

(a) 单孔喷嘴   (b) 多孔喷嘴   (c) 双锥度喷嘴

图 8-2-8 等离子弧焊用喷嘴结构

表 8-2-1　穿透型等离子弧焊接工艺参数

材料	厚度 /mm	电流 /A	电压 /V	焊速 /(cm·min⁻¹)	气体 成分	坡口 形式	气体流量 /(L·min⁻¹)		备注
							离子气	保护气	
碳钢	3.2	185	28	30	Ar	I	6.1	28	
低合 金钢	4.2	200	29	25	Ar	I	5.7	28	
	6.4	275	33	36			7.1		穿透
不锈钢	2.4	115	30	61	Ar95%+H₂5%	I	2.8	17	
	3.2	145	32	76			4.7	17	
	4.8	165	36	41			6.1	21	
	6.4	240	38	36			8.5	24	

8.2.2　电渣焊

1. 电渣焊的基本原理

电渣焊是依靠电流通过液态熔渣所产生的电阻热作为焊接热源,使电极(焊丝或板极)和焊件熔化而形成焊缝的一种熔化焊方法,如图 8-2-9 所示。焊前焊件垂直或接近垂直位置放置,在两工件间留有一定间隙(一般为 20~40 mm)。焊件上下两端分别装设有引出板和引弧板,两侧表面安装有强迫成形装置,焊接电源分别接在电极的导电嘴和焊件上。

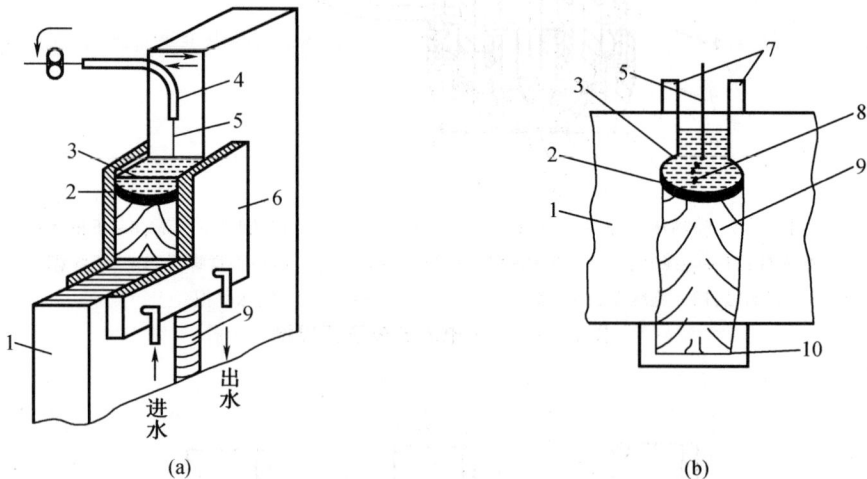

1—焊件;2—金属熔池;3—渣池;4—导电嘴;5—焊丝;6—强迫成形装置;
7—引出板;8—金属熔滴;9—焊缝;10—引弧板(槽形)。

图 8-2-9　电渣焊原理示意图

2. 电渣焊的主要特点

(1)大厚度焊件可一次焊成形

因整个渣池均处于高温下,热源体积大,对于厚度大的焊件,可不开坡口,只需留有一定的装配间隙便可一次焊接成形,一般电渣焊适用于厚度大于 20 mm 的焊件。故电渣焊能以铸-焊或锻-焊结构代替巨大的铸造或锻造的整体结构,可节省大量的金属材料和设备投资。

（2）宜在垂直位置焊接

当焊缝中心线处于垂直位置时,电渣焊形成熔池及焊缝的成形条件最好,焊缝金属中不易产生气孔及夹渣。故电渣焊适合于垂直位置焊缝的焊接,或与地面垂直线的夹角小于30°的小倾斜焊缝的焊接。

（3）经济效果好

由于大厚度焊件焊接可以不开坡口,这样可节约大量金属和加工时间,装配间隙虽然有 20~40 mm,但填充金属量却比埋弧自动焊少得多,焊剂用量只有埋弧自动焊的 1/20~1/15,耗电量也只有埋弧自动焊的 1/3~1/2,所以电渣焊的生产率高,可以说焊件厚度越大经济效益越显著。

（4）焊缝质量好

电渣焊时,由于金属熔池上面覆盖着一定深度的渣池,可以完全避免空气对液态金属的有害作用,熔池存在时间长,可减缓金属熔池的冷却速度,有利于熔池中气体和低熔点夹杂物的排出,因此不易产生气孔和夹渣等焊接缺陷。

（5）焊缝和热影响区晶粒粗大

与其他的大电流熔焊过程不同,电渣焊不是电弧焊过程。与电弧相比,渣池是一个温度较低、热量较均匀、体积较大的热源。这样的热源就决定了焊件加热和冷却速度缓慢,焊缝及热影响区在高温停留时间较长,热影响区较宽,易产生晶粒粗大和过热组织,使焊接接头力学性能下降,冲击韧性降低。故对较重要的结构,一般焊后都需要进行正火处理来细化晶粒,满足力学性能要求。

总之,电渣焊是一种优质、高效、低成本的焊接方法,它为生产和制造大型构件和重型设备开辟了新途径。

3. 电渣焊的种类

根据采用的电极形式不同,常用的电渣焊有丝极电渣焊、板极电渣焊、熔嘴电渣焊和熔管电渣焊四种类型。

（1）丝极电渣焊

丝极电渣焊使用的电极是焊丝,根据焊件的厚度不同又有单丝和多丝之分。使用单根焊丝时,如果焊接过程中不摆动焊丝,一次可焊接焊件厚度为 60 mm 左右,如果焊丝在焊接过程中兼有摆动,则一次焊接焊件厚度可达 150~200 mm,如图 8-2-9 所示。当焊件厚度更大时,可同时采用 2~3 根或更多根焊丝焊接。这种方法适合于焊接较长的直焊缝,也可焊接大型圆形焊件的环形焊缝,但需要配合辅助装置。

（2）板极电渣焊

板极电渣焊是利用金属板条作为熔化电极的,如图 8-2-10 所示。与丝极电渣焊相比,其设备简单,不需要复杂的送丝机构和横向摆动机构,生产率较高。这种方法适合于焊接大断面、焊缝长度不超过 1.5 m 的短焊缝。

（3）熔嘴电渣焊

图 8-2-11 为熔嘴电渣焊的示意图。它是用焊丝和固定在工件间隙中并与工件绝缘的熔嘴共同作为熔化电极的。熔嘴电渣焊所用设备比较简单,焊丝的送进只需一般的送丝机构,适于长焊缝的焊接。

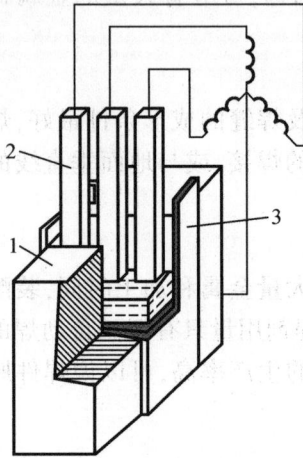

1—工件;2—板极;
3—强迫成形装置。

图 8-2-10 板极电渣焊示意图

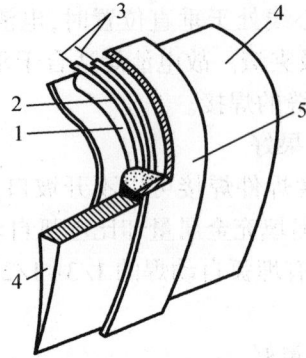

1—工件;2—熔嘴;3—导丝管;
4—焊丝;5—强迫成形装置。

图 8-2-11 熔嘴电渣焊示意图

（4）熔管电渣焊

熔管电渣焊是在熔嘴电渣焊基础上发展起来的,它是用一根外表面涂有药皮的厚壁无缝钢管充当熔嘴,如图 8-2-12 所示。这种方法适于焊接厚度为 18~50 mm 的焊件,可用于船舶结构中的主机座纵横构架角接以及甲板下的纵桁对接。

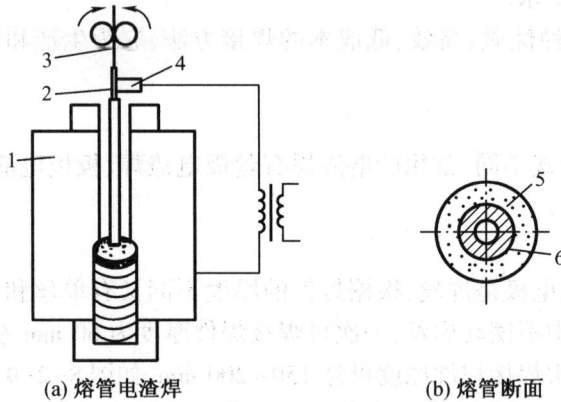

(a) 熔管电渣焊

(b) 熔管断面

1—工件;2—熔管;3—焊丝;4—导电板;5—药皮;6—管极。

图 8-2-12 熔管电渣焊示意图

4.电渣焊的焊接设备及焊接材料

（1）电渣焊的焊接设备

电渣焊设备主要分两个部分即焊接电源和电渣焊机。目前电渣焊电源广泛应用的是具有平特性的交流变压器,即一般的降压变压器,其空载电压较低,但功率大。常用的型号有 BP1-3×l000 型和 BP1-3×3000 型两种焊接变压器。

现有的电渣焊焊机牌号为 HS-1000 型,它适用于丝极和板极电渣焊。用丝极时,可以焊接厚度为 60~500 mm 之间的对接立焊缝,也可以焊接 T 型接头、角接接头;配合回转胎架,还可以焊接直径小于 3 000 mm、壁厚小于 450 mm 的环缝;用板极时,可以焊接板厚小于 800 mm 的对接焊缝。焊机附有三根导丝管,根据焊件厚度可分别使用 1~3 根焊丝。

（2）电渣焊焊接材料

由于电渣焊要求熔化后形成的熔渣具有一定的导电性,所以需要有专用的电渣焊焊剂。常用国产电渣焊专用焊剂为 HJ360(中锰高硅中氟),它主要用于焊接低碳钢和某些低合金钢。电渣焊还可以选用某些埋弧焊剂,如 HJ430 和 HJ431 等。

电渣焊不是通过焊剂向焊缝金属过渡合金元素而是靠电极材料(丝极或板极)。在焊接低碳钢或某些低合金钢时,为了防止气孔和裂纹,并提高焊缝的力学性能,多采用含 Mn、Si 的合金元素作为电极材料,例如 H08Mn2Si、H10Mn2 等焊丝和 H08MnA、H09Mn2 等熔嘴材料。

5.焊接规范及工艺

（1）焊接电流

电流在 200~700 A 时,熔宽随电流的增加而增加,焊缝中母材金属含量由 0 增加到 30%,继续增加电流到 1 000 A 时,熔宽反而减小,焊缝中母材金属含量降低到 20%。当电流超过某一数值继续增加时,渣池的热量虽然增加了,但焊丝送进速度增加,焊丝熔化加快,金属熔池液面上升也快,焊件边缘单位长度所获得的热量相对减少,故熔宽减小。

（2）送丝速度

送丝速度在 100~200 m/h(焊接电流 280~420 A)范围时,随送丝速度增加焊缝熔宽增加;送丝速度超过 200 m/h,随送丝速度的增加熔宽反而减小。

（3）焊接电压

无论在什么情况下提高焊接电压都会使熔宽增大。焊接电压过小,渣池的温度降低,可能发生未焊透;电压过高,渣池过热和沸腾,会破坏焊接过程的稳定。

（4）渣池深度

在其它焊接规范不变条件下,渣池深度增加会导致热量重新分布,即预热母材金属的热量增多,用于溶化焊件边缘的热量减少,因此使熔宽减少。渣池深度由 20 mm 增加到 80 mm 时,焊缝中母材金属含量由 40%减少到 0,即引起未焊透。

（5）焊丝直径

焊丝直径增大,焊缝熔宽随之增加。焊丝直径过大,校直和送丝会发生困难;焊丝直径过小,会影响电渣过程的稳定性。

（6）焊丝干伸长

焊丝送进速度不变,电流随干伸长(即导电嘴导电端到渣池表面间的焊丝长)的增加而减小,因此熔宽随焊丝干伸长的增加而减小,但电渣过程的稳定性将提高。但焊丝干伸长过大时,电渣过程的稳定性会受到破坏。

（7）焊丝的摆动速度

焊丝摆动速度对熔宽的影响与渣池深度的影响相似,摆动速度增加,熔宽减小。摆动速度由 10 m/s 增加到 70 m/s 时,焊缝宽度由 40 mm 减到 20 mm,并出现未焊透。

（8）装配间隙

在电流、电压和渣池深度等条件不变情况下,熔宽随间隙的增大而增加。

任务实施

1. 15 000 t 油船艉柱电渣焊施工

15 000 t 油船艉柱如图 8-2-13 所示。该艉柱形状较复杂,材料为 20# 铸钢件,由于其质量较大,分三段铸造,然后用电渣焊焊接成一体。为了便于进行焊接,分段接缝处可铸成矩形截面,如图 8-2-14 所示。

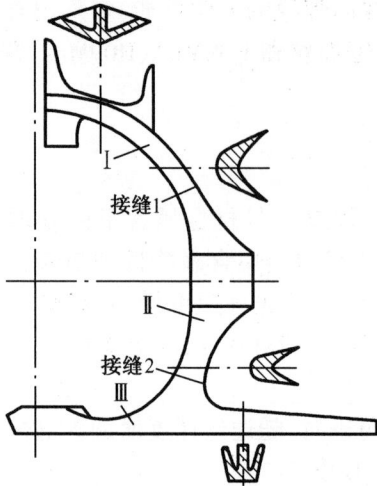

图 8-2-13 艉柱外形和焊缝位置

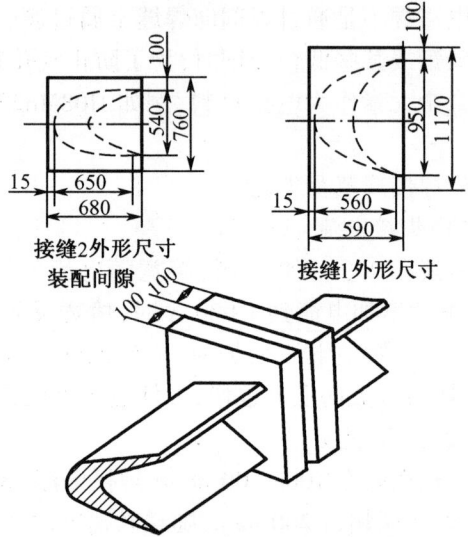

图 8-2-14 艉柱接缝处形状

艉柱因断面形状比较复杂,受振动载荷量大,自重也大,因此大多数是铸钢结构或铸钢与纲板组合结构。大型船舶的铸钢结构艉柱由于受到铸造设备能力的限制,所以需要分段浇铸,然后焊接成整体,一般可采用电渣焊。

2. 焊接工艺

采用两台 HS—1000 型电渣焊焊机,每台用三根焊丝,共六根焊丝同时焊接一条焊缝。视焊接时的气温高低,焊件可预热 200 ℃ 或不预热进行焊接。所用焊丝牌号为 H08Mn2,焊丝直径为 3 mm,焊剂牌号为 HJ431。焊接工艺参数如表 8-2-2 所示。

表 8-2-2 艉柱电渣焊焊接工艺参数

焊接工艺参数	焊缝 1	焊缝 2
焊接电流/A	400	400
焊接电压/V	45~52	45~52
焊丝间距/mm	98	115
焊丝摆动速度/(m/h)	57	57
焊丝与冷却滑块距离/mm	10	10
焊丝在两侧停留时间/s	3~5	3~5
焊丝送进速度/(m/h)	120~150	120~150
焊丝干伸长度/mm	50~70	50~70
渣池深度/mm	65	65

当接缝焊完后,用割炬把多余的焊缝金属切除,以使其符合设计要求。然后立即进行热处理,以改善接头组织和消除焊接应力。在条件不允许时,则必须采用适当的保温措施,以使接头缓慢冷却。焊后热出理规范如图 8-2-15 所示。

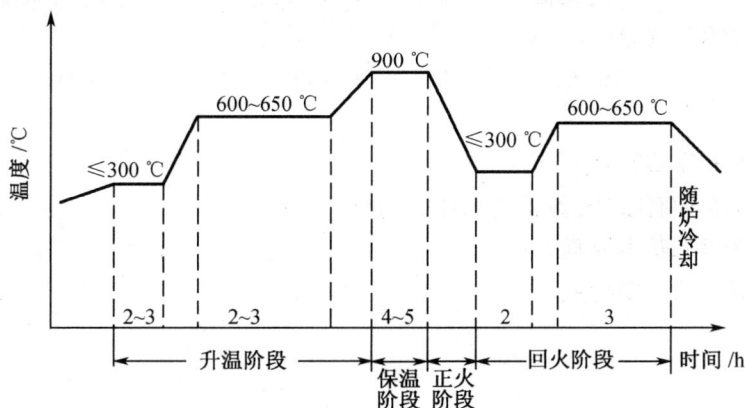

图 8-2-15　艉柱焊后热处理规范

思考与练习

一、填空题

1.等离子弧受到了以下三种压缩作用_____、_____、_____。

2.等离子弧焊主要是利用_____等离子体热量加热金属,而钨极氩弧则是利用_____产生的热量来加热母材和电极金属。

3.等离子弧温度可达_____K,也高于钨极氩弧(10 000~24 000 K)很多。

4.按电源接线方式和形成等离子弧的过程不同,等离子弧可分为_____、_____和_____三种类型。

5._____是焊枪的关键部分,对等离子弧的压缩作用及稳定性有着重要影响。

6.电渣焊是依靠电流通过_____所产生的_____作为焊接热源,使电极(焊丝或板极)和焊件熔化而形成焊缝的一种熔化焊方法。

7.常用的电渣焊有_____、_____、_____和_____四种类型。

二、选择题

1.下列焊接方法中属于高能量密度焊的是(　　　)。

A.电弧焊　　　　　　B.电阻焊　　　　　　C.电渣焊　　　　　　D.等离子弧焊

2.等离子弧焊接得到压缩电弧的主要因素是 (　　　)。

A.机械压缩　　　　　B.热收缩　　　　　　C.电磁收缩　　　　　D.以上都是

3.电渣焊的坡口形式应选择(　　　)。

A.U 形　　　　　　　B.V 形　　　　　　　C.I 形　　　　　　　D.K 形

4.丝极电渣焊时,渣池深度一般为(　　　)。

A.10~20 mm　　　　B.20~30 mm　　　　C.40~70 mm　　　　D.30~40 mm

5.(　　　)电渣焊可焊接大断面的短焊缝。

A.丝极　　　　　　　B.板极　　　　　　　C.熔嘴　　　　　　　D.管状熔嘴

6.（　　）的结构和几何尺寸对等离子弧的压缩作用及稳定性有重要影响。

A. 喷嘴　　　　　B. 焊枪　　　　　C. 电极　　　　　D. 电源

7. 等离子弧焊广泛采用具有（　　）外特性的电源。

A. 上升　　　　　B. 陡降　　　　　C. 缓降　　　　　D. 垂直陡降

8. 常用的等离子气是（　　）。

A. Ar　　　　　B. N_2　　　　　C. CO_2　　　　　D. O_2

三、问答题

1. 等离子弧有哪些特性?
2. 等离子弧类型有哪些,各适用于什么场合?
3. 简述电渣焊的基本原理。
4. 简述电渣焊的主要特点。

参 考 文 献

[1] 张庆红.船用材料与焊接[M].哈尔滨：哈尔滨工程大学出版社,2010.

[2] 曾平.船舶材料与焊接[M].哈尔滨：哈尔滨工程大学出版社,2006.

[3] 王鸿斌.船舶焊接工艺[M].北京:人民交通出版社,2007.

[4] 赵伟兴.船舶电焊工[M].北京:国防工业出版社,2008.

[5] 奚泉.埋弧焊技术[M].北京:中国劳动社会保障出版社,2011.

[6] 葛国政.气体保护焊技术[M].北京:中国劳动社会保障出版社,2012.

参考文献